Meine abenteuerlichen Tage

Der Untergang Frankreichs, 1870-71

Ernest Alfred Vizetelly

Writat

Diese Ausgabe erschien im Jahr 2024

ISBN: 9789359941394

Herausgegeben von
Writat
E-Mail: info@writat.com

Inhalt

VORWORT

Obwohl dieser Band größtenteils autobiographischen Charakter hat, enthält er auch eine Reihe allgemeiner Informationen über den Deutsch-Französischen Krieg von 1870-71, insbesondere über den zweiten Teil dieses großen Kampfes – den sogenannten „Volkskrieg", der auf die Katastrophe von Sedan und den Untergang des Zweiten Französischen Kaiserreichs folgte. Wenn ich dieses historische Thema in mein Buch aufgenommen habe, dann deshalb, weil mir in den letzten Jahren wiederholt aufgefallen ist, dass die Engländer zwar mit den wichtigsten Fakten der Sedan-Katastrophe und den darauffolgenden herausragenden Ereignissen wie der Belagerung von Paris und der Kapitulation von Metz vertraut sind, aber normalerweise sehr wenig über die Art und Weise wissen, wie der Krieg im Allgemeinen von den Franzosen unter der faktischen Diktatur Gambettas geführt wurde. Sollte England jemals von einer großen feindlichen Streitmacht angegriffen werden, wären wir mit unserer sehr begrenzten regulären Armee wahrscheinlich gezwungen, uns weitgehend auf Elemente zu verlassen, die denen ähneln, die von der französischen Nationalverteidigungsregierung von 1870 ins Feld gerufen wurden, nachdem die regulären Armeen des Kaiserreichs entweder bei Sedan vernichtend geschlagen oder bei Metz dicht eingeschlossen worden waren. Aus diesem Grund habe ich mich immer sehr für unsere Territorialstreitkräfte interessiert, da mir klar ist, welche schwere Verantwortung auf sie zukommt, wenn ein mächtiger Feind in diesem Land Fuß fassen sollte. Einige Hinweise auf diese Verantwortung finden Sie in diesem Buch.

Im Großen und Ganzen habe ich jedoch nur eine Skizze des letzten Teils des Deutsch-Französischen Krieges gegeben. Um auf unzählige Einzelheiten einzugehen, hätte ich ein viel längeres Werk schreiben müssen. Ich denke jedoch, dass ich eine Menge präziser Informationen über die Ereignisse geliefert habe, die ich tatsächlich miterlebt habe, und in diesem Zusammenhang vielleicht einige nützliche Einblicke in den Krieg im Allgemeinen gegeben habe; denn viele Dinge, die denen, die ich sah, ähnelten, geschahen unter mehr oder weniger ähnlichen Umständen in anderen Teilen Frankreichs.

Leute, die wissen, dass ich mit den Unzulänglichkeiten der Franzosen in jenen längst vergangenen Tagen vertraut bin und dass ich die Entwicklung der französischen Armee in diesen späteren Zeiten so genau verfolgt habe, wie die meisten Ausländer es können, haben mich oft gefragt, was meiner Meinung nach das Ergebnis eines weiteren deutsch-französischen Krieges sein würde. Viele Jahre lang habe ich einen weiteren Kampf zwischen den beiden Mächten erwartet und mich bereitgehalten, meine Pflicht als

Kriegsberichterstatter zu erfüllen. Lange Zeit dachte ich auch, dass das Signal für diesen Kampf von Frankreich gegeben würde. Aber ich bin nicht mehr dieser Meinung. Ich bin fest davon überzeugt, dass alle französischen Staatsmänner, die diesen Namen verdienen, erkennen, dass es für Frankreich selbstmörderisch wäre, einen Krieg mit seinem furchterregenden Nachbarn zu provozieren. Und gleichzeitig gestehe ich offen, dass ich nicht weiß, was einige Journalisten mit dem meinen, was sie das „Neue Frankreich" nennen. Meiner Meinung nach gibt es überhaupt kein „Neues Frankreich". In den Tagen Mac-Mahons, in den Tagen Boulangers und in anderen Epochen gab es genauso viel Geist, genauso viel Patriotismus wie heute. Die einzige wirkliche Neuheit, die mir im heutigen Frankreich auffällt, ist die Pflege vieler Sportarten und athletischer Übungen. Davon gab es in meiner Jugend tatsächlich sehr wenig. Aber wenn man davon ausgeht, dass die jungen Franzosen von heute athletischer und fitter sind als die meiner Generation, wenn man außerdem davon ausgeht, dass die heutige Organisation und Ausrüstung der französischen Armee der von 1870 weit überlegen ist und dass sich auch die Bedingungen der Kriegsführung stark verändert haben, dann bin ich der Meinung, dass Frankreich, wenn es sich ohne Hilfe auf einen Kampf mit Deutschland einlassen würde, erneut unterlegen wäre, und zwar aus eigener Schuld.

Frankreich weiß genau, dass es nicht annähernd so viele Männer ins Feld schicken kann wie Deutschland, und in der vergeblichen Hoffnung, diesen Mangel auszugleichen, ist es kürzlich von einem zweijährigen zu einem dreijährigen Wehrdienstsystem zurückgekehrt. Letzteres gibt Frankreich zwar eine größere Kampfkraft für die ersten Einsätze eines Feldzugs, aber in jeder anderen Hinsicht ist es bloßes Schwindelei, denn es erhöht die Gesamtzahl der waffenfähigen Franzosen um keinen einzigen Mann. Die Wahrheit ist, dass Frankreich während seiner vierzig Jahre des Wohlstands auf Rassenselbstmord aus war. In dieser ganzen Zeit sind nur etwa 3,5 Millionen Einwohner zu seiner Bevölkerung hinzugekommen, die jetzt noch unter 40 Millionen liegt, während die Bevölkerung Deutschlands sprunghaft zugenommen hat und bei etwa 66 Millionen liegt. Gegenwärtig sinkt die Geburtenrate in Deutschland zwar, aber die zahlenmäßige Überlegenheit, die Deutschland seit dem Krieg von 1870 über Frankreich erlangt hat, ist so groß, dass ich es für unmöglich halte, dass Frankreich in einem Gefecht siegt, wenn es nicht von mächtigen Verbündeten unterstützt wird. Bismarck sagte 1870, Gott sei auf der Seite der großen Bataillone; und diese großen Bataillone kann Deutschland wieder stellen. Ich bin daher der Ansicht, dass es keinen deutsch-französischen Krieg wie den letzten mehr geben kann. Europa ist jetzt praktisch in zwei Lager gespalten, die jeweils aus drei Mächten bestehen, die alle mehr oder weniger in einen deutsch-französischen Kampf verwickelt wären. Die Verbündeten und Freunde auf beiden Seiten sind sich dessen durchaus bewusst und müssen in ihrem eigenen Interesse einen mäßigenden Einfluss ausüben, der zur Wahrung des Friedens beiträgt. Wir haben dies in den Beschränkungen gesehen, die dem jüngsten Balkankrieg auferlegt wurden.

Andererseits passiert natürlich meist das Unerwartete. Und solange Europa im Allgemeinen bis an die Zähne bewaffnet ist und noch immer so viel Eifersucht herrscht, kann keine Macht vernünftigerweise von ihrer Rüstung absehen. Wir, die reichste Nation Europas, geben im Verhältnis zu unserem Reichtum und unserer Bevölkerung weniger für unsere Rüstung aus als jede andere Großmacht. Und doch würden einige unter uns uns dazu aufrufen, unsere Ausgaben zu kürzen und uns dadurch eine Verwundbarkeit zu verschaffen, die einen Feind in Versuchung führen würde. Zweifellos sind die heutigen Rüstungen eine große und schwere Belastung für die Nationen, schreckliche Hindernisse für den sozialen Fortschritt, aber leider stellen sie unsere einzige wirkliche Versicherung gegen den Krieg dar und rechtfertigen auch heute noch, nach so vielen langen Jahrhunderten, die Wahrheit des alten lateinischen Sprichworts: *Si vis pacem, para bellum* .

Ich denke, es ist unnötig, hier den autobiographischen Teil meines Buches zu kommentieren. Er spricht für sich selbst. Er handelt von längst vergangenen Tagen, und in einigen Punkten ist mein Gedächtnis vielleicht etwas lückenhaft. Bei der Vorbereitung meiner Erzählung habe ich jedoch ständig auf meine alten Tagebücher, Notizbücher und frühen Zeitungsartikel zurückgegriffen und mein Bestes getan, um jede Übertreibung zu vermeiden. Ob diese Geschichte einiger meiner jugendlichen Erlebnisse und Eindrücke von Menschen und Dingen erzählenswert war oder nicht, muss ich meinen Lesern überlassen.

EAV

London, *Januar* 1914.

ICH

EINLEITUNG – EINIGE FRÜHE ERINNERUNGEN

Die Familie Vizetelly – Meine Mutter und ihre Verwandten – The *Illustrated Times* und seine Mitarbeiter – Mein unangenehmes Gemüt – Thackeray und meine erste Halbkrone – Schulzeit in Eastbourne – Königin Alexandra – Garibaldi – Ein paar alte Theaterstücke und Lieder – Nadar und der „Riesen"-Ballon – Meine Ankunft in Frankreich – Mein Lehrer Brossard – Berezowskis Versuch, Alexander II. darzustellen – Meine Lehrjahre als Journalist – Mein erster Artikel – Ich treffe einige französische Berühmtheiten – Besuche in den Tuilerien – In Compiègne – Ein paar Worte mit Napoleon III. – Ein „revolutionärer" Bart.

Dies ist ein Zeitalter der „Erinnerungen", und obwohl ich nie eine Rolle in den Angelegenheiten der Welt gespielt habe, habe ich in den 80 Jahren, die ich vor kurzem hinter mir habe, so viele bemerkenswerte Dinge erlebt und so viele bemerkenswerte Menschen getroffen, dass es mir vielleicht gestattet ist, den vielen, die bereits erschienen sind, noch einen weiteren Band persönlicher Erinnerungen hinzuzufügen. Wenn man ein Unterfangen dieser Art beginnt, ist es, wie ich an den vielen Beispielen um mich herum erkenne, üblich, etwas über die eigene Familie und Erziehung zu sagen. Es gibt für mich weniger Grund, von dieser Praxis abzuweichen, da ich im Verlauf des vorliegenden Bandes oft auf einige meiner nahen Verwandten verweisen muss. Vor einigen Jahren war ein angesehener italienischer Philosoph und Autor, Angelo de Gubernatis, so freundlich, mich in ein Wörterbuch der Schriftsteller lateinischer Abstammung aufzunehmen, und erklärte dabei, dass die Vizetellys französischer Herkunft seien. Das war ein ziemlich merkwürdiger Fehler eines italienischen Schriftstellers, denn die Familie stammte ursprünglich aus Ravenna, wo einige ihrer Mitglieder im Mittelalter verschiedene Ämter innehatten. Später flohen einige der Vizzetelli, nachdem sie an einer Verschwörung beteiligt waren, nach Venedig und begannen dort mit der Glasherstellung, bis schließlich Jacopo, von dem ich abstamme, in den ruhevollen Tagen von Königin Elisabeth nach England kam. Von dieser Zeit an bis zu meiner eigenen heirateten die Männer meiner Familie ausnahmslos englische Frauen, sodass in meinen Adern nur sehr wenig italienisches Blut fließen kann.

Eheschließungen sind manchmal von mehr als nur persönlichem Interesse. Ein Punkt ist mir bei den Eheschließungen meiner eigenen Familie besonders aufgefallen: die Vielfalt der englischen Grafschaften, aus denen die Männer ihre Frauen und die Frauen ihre Männer haben. In meinen Familienpapieren finden sich Hinweise auf Cheshire, Lancashire, Yorkshire, Staffordshire, Warwickshire, Leicestershire, Berkshire, Bucks, Suffolk, Kent, Surrey, Sussex und Devonshire sowie Middlesex, auch London genannt. Wir haben uns mit den Johnstons, Burslems, Bartletts, Pitts, Smiths, Wards, Covells, Randalls, Finemores, Radfords, Hindes, Pollards, Lemprières, Wakes, Godbolds, Ansells, Fennells, Vaughans, Edens, Scotts und Pearces verbunden, und ich war das allererste Familienmitglied (nach der Ankunft in England), das eine Ausländerin zur Frau nahm, die Tochter eines Landbesitzers aus Savoyen, der aus den Tissots der Schweiz stammte. Mein älterer Bruder Edward heiratete später ein burgundisches Mädchen namens Clerget, und mein Stiefbruder Frank wählte eine Amerikanerin, *geborene* Krehbiel, zur Frau. Diese Ehen fanden statt, weil die Umstände uns dazu veranlassten, viele Jahre im Ausland zu leben.

Zu den ersten Londoner Pfarreien, mit denen die Familie in Verbindung stand, gehörte St. Botolph's, Bishopsgate, wo mein Vorgänger, der erste Henry Vizetelly, 1691 im Alter von 50 Jahren begraben wurde, und wo mein Vater, der zweite Henry dieses Namens, bald nach seiner Geburt im Jahr 1820 getauft wurde. St. Bride's, Fleet Street, war jedoch viele Jahre lang unsere Pfarrei, wie die Register belegen, obwohl mein Urgroßvater 1781 in der Pfarrei St. Ann's, Blackfriars, wohnte und dort zum Konstabler gewählt wurde. Zu diesem Zeitpunkt schrieb er den Familiennamen, der in alten englischen Registern in verschiedenen Formen auftaucht – Vissitaler, Vissitaly, Visataly, Visitelly, Vizetely usw. –, Vizzetelly, wie aus Dokumenten hervorgeht, die sich heute in der Guildhall Library befinden; aber einige Jahre später ließ er das zweite z weg, vielleicht mit der Absicht, dem Namen ein englischeres Aussehen zu verleihen.

Dieser Urgroßvater von mir war, wie sein Vater vor ihm, Drucker und Mitglied der Stationers' Company. Er war zweimal verheiratet und hatte mit seiner ersten Frau zwei Söhne, George und William, die beide keine Nachkommen hinterlassen haben. Ersterer starb, glaube ich, im Dienst der Honourable East India Company. Im Juni 1775 heiratete mein Urgroßvater jedoch Elizabeth, die Tochter von James Hinde, einem Schreibwarenhändler aus Little Moorfields, und bekam mit ihr erstens eine Tochter, Elizabeth, von der einige der Burslems und Godbolds abstammen, und zweitens Zwillinge, einen Jungen und ein Mädchen, die auf die Namen James Henry und Mary Mehetabel getauft wurden. Ersterer wurde mein Großvater. Im August 1816 heiratete er in St. Bride's Martha Jane Vaughan, die Tochter eines Postkutschenbesitzers aus Chester, und hatte mit ihr eine Tochter, die unverheiratet starb, und vier Söhne – meinen Vater Henry Richard und meine Onkel James, Frank und Frederick Whitehead Vizetelly.

Einiges über meinen Großvater findet sich in den „Rückblicken durch siebzig Jahre" meines Vaters, und ich brauche hier nichts hinzuzufügen. Ich möchte nur sagen, dass James Henry Vizetelly, wie seine unmittelbaren Vorgänger, Drucker und Ehrenbürger der Stadt war. Er war ein kluger

Versdichter und ein so begabter Laienschauspieler, dass er bei bestimmten Gelegenheiten Edmund Kean an der Tafel vertrat, als dieser hoffnungslos betrunken war. Er starb 1840 und hinterließ seinen beiden älteren Söhnen James und Henry die Weiterführung des Druckereigeschäfts, das damals in Räumlichkeiten am Standort des Gebäudes des *Daily Telegraph* in der Fleet Street untergebracht war.

1844 heiratete mein Vater Ellen Elizabeth, das einzige Kind von John Pollard, MD, einem Mitglied der alten Yorkshire-Familie der Pollards von Bierley und Brunton, die heute, so glaube ich, hauptsächlich durch die Pollards von Scarr Hall vertreten wird. John Pollards Frau, Charlotte Maria Fennell, gehörte einer Familie an, die Offiziere für die britische Marine stellte – einer von ihnen diente direkt unter Nelson – und Geistliche für die Church of England. Die Fennells waren über die Mutter der Brontë-Schwestern mit diesen verwandt; eine von ihnen war eng mit Shackle verbunden, der die ursprüngliche Zeitung *John Bull gründete* . Das waren also meine Verwandten mütterlicherseits. Meine Mutter schenkte meinem Vater sieben Kinder, von denen ich das sechste war und zugleich der vierte Sohn. Ich wurde am 29. November 1853 in einem Haus namens Chalfont Lodge in der Campden House Road in Kensington geboren und erinnere mich noch gut an den großen Brand, der das schöne alte historische Herrenhaus zerstörte, das Baptist Hicks erbaut hatte, der einst ein Krämer in Cheapside und schließlich Viscount Campden war. Aber eine andere Szene, die mich mein ganzes Leben lang besonders verfolgt hat, war der plötzliche Tod meiner Mutter in einem Salonwagen eines Schnellzuges auf der Strecke zwischen London und Brighton. Obwohl sie bei schwacher Gesundheit war, dachte niemand, ihr Ende sei so nahe; aber mitten auf der Reise nach London, während der Zug mit voller Geschwindigkeit dahinraste und keine Hilfe zu bekommen war, überkam sie eine plötzliche Schwäche und innerhalb weniger Minuten starb sie. Ich war damals sehr jung, kaum fünf Jahre alt, aber alles steht noch immer mit der Lebendigkeit einer unvergänglichen Erinnerung vor mir. Auch sehe ich wieder diese schöne, intellektuelle Stirn und diese strahlenden Augen, höre diese melodische Stimme und spüre die sanfte Berührung dieser liebevollen mütterlichen Hand. Sie war eine gebildete Frau, die gern Texte vertonte und perfektes Französisch sprach (da sie teilweise in Evreux in der Normandie erzogen worden war). Außerdem verfügte sie über beträchtliche Kenntnisse der griechischen und lateinischen Literatur, wie aus ihren Anmerkungen in einem Exemplar von Lemprières „Klassischem Wörterbuch" hervorgeht, das sich heute in meinem Besitz befindet.

Ungefähr anderthalb Jahre nach meiner Geburt, also mitten im Krimkrieg, gründete mein Vater zusammen mit David Bogue, einem damals bekannten Verleger, eine Zeitschrift namens Illustrated *Times* , die mehrere Jahre lang erfolgreich mit der *Illustrated London News konkurrierte* . Sie kostete drei Pence pro Exemplar, und aus einem alten Memorandum der Drucker, das mir jetzt vorliegt, geht hervor, dass in den Anfangsjahren der Zeitung durchschnittlich 130.000 Exemplare pro Woche gedruckt wurden - eine bemerkenswerte Zahl für diese Zeit, die bei wirklich wichtigen Ereignissen erheblich übertroffen wurde. Mein Vater war Chefredakteur und Geschäftsführer, sein wichtigster Mitarbeiter war Frederick Greenwood, der später die *Pall Mall Gazette gründete*. Ich glaube nicht, dass Greenwoods Verbindung zur *Illustrated Times* oder zu der anderen Zeitschrift meines Vaters, dem *Welcome Guest*, in irgendeinem Bericht über seine Laufbahn erwähnt wird. Zum literarischen Personal gehörten vier der Brüder Mayhew – Henry, Jules, Horace und Augustus, von denen zwei, Jules und Horace, Paten der ersten Kinder meines Vaters aus seiner zweiten Frau wurden. Dann waren da noch William und Robert Brough, Edmund Yates, George Augustus Sala, Hain Friswell, WB Rands, Tom Robertson, Sutherland Edwards, James Hannay, Edward Draper und Hale White (Vater von „Mark Rutherford") sowie mehrere Künstler und Kupferstecher wie Birket Foster, „Phiz." Portch, Andrews, Duncan, Skelton, Bennett, McConnell, Linton, London und Horace Harrall. Ich habe all diese Männer in meinen frühen Jahren kennengelernt, denn mein Vater war sehr gastfreundlich, und sie waren oft Gäste in Chalfont Lodge.

Nach dem Tod meiner Mutter übernahm meine Großmutter, *geborene* Vaughan, die Leitung des Hauses, und ich wurde bald zum Schrecken des Hauses, entwickelte ein äußerst heftiges Temperament und eignete mir den Wortschatz des rohesten Marktträgers an. Mein Eigensinn war wahrscheinlich angeboren (fast alle Vizetellys hatten ihren eigenen impulsiven Willen), und meine blumige Ausdrucksweise hatte ich mir angeeignet, indem ich perverserweise herumlungerte und zuhörte, wann immer es zufällig einen Straßenstreit in Church Lane gab, die ich auf dem Weg zu oder von Kensington Gardens, meinem täglichen Zufluchtsort, überqueren musste. Schon in jungen Jahren begann ich, meinen jüngeren Bruder zu schikanieren, ich widersetzte mich meiner Großmutter, beschimpfte den Hausarzt, weil er mir zu gern graue Pulver zu meinem eigenen Vorteil verschrieb, und benahm mich abscheulich gegenüber der ausgezeichneten Miss Lindup von Sheffield Terrace, die sich bemühte, mir die Grundlagen des Lesens, Schreibens und Rechnens beizubringen. Ich überraschte oder entsetzte die Literaten und Künstler, die die Gäste meines Vaters waren, häufig. Ich hasste es, ständig gefragt zu werden, was ich einmal werden möchte, wenn ich groß bin, und die kleinste Bemerkung versetzte mich in einen wahren Wutanfall. Obwohl ich die Autorität anderer übel nahm, war ich sehr geneigt, selbst Autorität auszuüben – und zwar in einem solchen Ausmaß, dass die Diener meines Vaters im Allgemeinen von mir als „dem jungen Herrn" sprachen, ungeachtet der Existenz meiner älteren Brüder.

Da ich bereits ein gutes Gedächtnis hatte, musste ich verschiedene „Rezitationen" lernen und wurde hin und wieder aufgefordert, hinter den Vorhängen des Esszimmers hervorzutreten und „Mein Name ist Norval" oder „Die spanische Armada" zu wiederholen, um die Freunde meines Vaters zu erfreuen, während sie bei ihrem Wein blieben. Im Allgemeinen kam es zu Katastrophen, entweder ausgelöst durch freundliche Bemerkungen oder gut gemeinte Kritik von Männern wie Sala und Augustus Mayhew, und schließlich wurde ich – während ich unzusammenhängenden Protesten Luft machte – weggetragen, um gründlich gemaßregelt und ins Bett geschickt zu werden.

Zu den wirklichen Berühmtheiten, die gelegentlich in Chalfont Lodge vorbeischauten, gehörte Thackeray, den ich mir noch immer auf der einen Seite des Kamins sitzend vorstelle, während mein Vater auf der anderen Seite saß und ich zwischen ihnen auf dem Kaminvorleger saß. Vorausgesetzt, ich war für mich allein, konnte ich mich recht anständig benehmen, diskret Stillschweigen bewahren und tatsächlich aufmerksam den Gesprächen der Freunde meines Vaters lauschen und dabei eine sehr merkwürdige Mischung von Informationen aufschnappen. Ich war, glaube ich, ein blasser kleiner Kerl mit glattem blondem Haar und einem wehmütigen Gesicht, und kein zufälliger Beobachter hätte geglaubt, dass mein Wesen größtenteils aus Elementen bestand, die in die Zusammensetzung italienischer Räuber, skandinavischer Piraten und wilder Waliser passen. Thackeray jedenfalls schien nicht schlecht von dem kleinen Jungen zu denken, der so ruhig zu seinen Füßen saß. Eines Tages, als er mich und meinen jüngeren Bruder Arthur mit unserer ergebenen Dienerin Selina Horrocks in Kensington Gardens traf, setzte er sein eigenes Diktum in die Tat um, dass man nie einen Schuljungen sehen könne, ohne den Drang zu verspüren, die Hand in die Tasche zu stecken. Dementsprechend schenkte er mir die erste Halbkrone, die ich je besaß, denn obwohl die Geschenke meines Vaters häufig waren, waren sie klein. Ich glaube, es war abgemacht, dass ich die besagte Halbkrone mit meinem Bruder Arthur teilen sollte, aber trotz der vielen Einwände der treuen Selina – einer würdigen Frau aus dem Westen, die weitgehend den Platz meiner Mutter eingenommen hatte – nahm ich das Geschenk in Gänze an mich und wurde aufgrund meiner vielen indiskreten Einkäufe an einem Imbissstand, der, wenn ich mich recht erinnere, an einer Ecke des damals berühmten Kensington Flower Walk stand, schwer krank. Dieser Vorfall muss sich spät in Thackerays Leben ereignet haben. Meine kindliche Erinnerung an ihn ist die eines sehr großen Herrn mit strahlenden Augen.

Die Herrschaft meiner Großmutter im Hause meines Vaters war nicht von langer Dauer, denn im Februar 1861 ging er eine zweite Ehe ein und heiratete bei dieser Gelegenheit eine „schöne Maid of Kent" [Elizabeth Anne Ansell aus Broadstairs; die Mutter meines Stiefbruders Dr. Frank H. Vizetelly,

Herausgeber des „Standard Dictionary", New York.], deren Einzug in unser Haus ich zunächst heftig ablehnte, die mich aber durch ihre unermüdliche Zuneigung und Freundlichkeit sofort für sich gewann und schließlich die beste und treueste Freundin meiner Jugend und frühen Jugend wurde. Meine Umstände änderten sich jedoch bald nach dieser Heirat, denn da ich nun fast acht Jahre alt war, hielt man es für angebracht, mich auf ein Internat zu schicken, sowohl um meinen Verstand zu verbessern als auch um mir einigen Unsinn auszutreiben, was tatsächlich durch die streitbare Freundlichkeit meiner Schulkameraden prompt gelang. Unter den letzteren war einer, der ein paar Jahre älter war als ich, der ein sehr angesehener Journalist wurde. Ich beziehe mich auf den verstorbenen Horace Voules, der lange mit Laboucheres Tagebuch *Truth verbunden war* . Mein Bruder Edward war auch auf derselben Schule und mein Bruder Arthur kam etwas später dorthin.

Sie befand sich in Eastbourne, und in neueren Werken zur Geschichte dieses bekannten Badeortes, der, als ich zum ersten Mal dorthin geschickt wurde, weniger als 6000 Einwohner zählte, wurde viel darüber geschrieben. Die Schule befand sich in der Altstadt oder im Dorf, eine Meile oder mehr vom Meer entfernt, in einem Gebäude namens „The Gables" und war ein Ableger einer früheren alten Schule, die mit der berühmten Pfarrkirche verbunden war. Zu meiner Zeit wurde diese „Akademie" als Privatunternehmen von einem gewissen James Anthony Bown betrieben, einem beleibten alten Herrn mit beträchtlichen Kenntnissen.

Ich war in mancher Hinsicht ungewöhnlich frühreif, und obwohl ich häufig in Schwierigkeiten geriet, weil ich schelmische Streiche spielte – wie zum Beispiel, als ich mich mit anderen zusammentat, um einen widerwärtigen Französischlehrer mit Schusterwachs an seinem Stuhl festzubinden und dadurch eine schöne Hose mit Schraubverschluss zu ruinieren, die er gerade gekauft hatte –, vernachlässigte ich meinen Unterricht nicht, sondern sicherte mir mit beträchtlicher Leichtigkeit eine Reihe von „Preisen". Als ich kaum zwölf Jahre alt war, konnte keiner meiner Schulkameraden – und einige waren sechzehn und siebzehn Jahre alt – mit mir in Latein konkurrieren, in das Bown mich schließlich einzeln einteilte. Ich gewann auch drei oder vier Preise für „herausragende" Leistungen in meinen aufeinanderfolgenden Unterrichtsstunden in englischer Grammatik, wie sie der berühmte Lindley Murray vorschrieb.

Trotz meiner Missetaten (von denen ich zum Glück einige nie zu Gesicht bekam) wurde ich, glaube ich, so etwas wie ein Liebling des ehrenwerten James Anthony, denn er lieh mir interessante Bücher zum Lesen, lud mich gelegentlich zum Abendessen in seine eigenen Gemächer ein und war ab und zu so freundlich, über meine geschwollene Nase oder die Schwärze eines meiner Augen hinwegzusehen, wenn ich mich mit einem Schulkameraden oder einem jungen Dorftrottel gestritten hatte. Normalerweise prügelten wir uns sonntagabends in Love Lane mit den Dorfjungen, nachdem wir über die Mauer des Spielplatzes geklettert waren. Erstens bekam ich den Spitznamen Moses, weil ich beim Cricket ins Schilf fiel, als ich einen Ball fing; und zweitens den der Nasen, weil mein Nasenorgan, wie das von Cyrano de Bergerac, plötzlich riesige Ausmaße annahm, so dass es genug Material für zwei Nasen normaler Größe bot. Seine Größe war größtenteils für meine Niederlagen beim Kämpfen verantwortlich, denn ich fand es schwierig, ein so markantes Organ zu bewachen und zu verhindern, dass mir jemand den Rotwein abzapfte.

Da sich über Generationen hinweg Druckerschwärze mit meinem Blut vermischt hatte, konnte ich dem unfreundlichen Schicksal nicht entgehen, das mich zum Autor von Artikeln und Büchern machte. Zusammen mit einem Freund namens Clement Ireland führte ich eine handschriftliche Schulzeitschrift, die Geschichten von Piraten und Straßenräubern enthielt, illustriert mit grellen Zeichnungen, bei denen viel rote Tinte zum Einsatz kam, um das Blutvergießen darzustellen, das in den verschiedenen Erzählungen so frei floss. Meine Großmutter Vaughan war eine eingefleischte Leserin des *London Journal* und des *Family Herald* , und wann immer ich in den Ferien nach Hause fuhr, stürzte ich mich auf diese Zeitschriften und verschlang einige der Geschichten des Autors von „Minnegrey" sowie Miss Braddons „Aurora Floyd" und „Henry Dunbar". Die Lektüre von Büchern von Ainsworth, Scott, Lever, Marryat, James Grant, GPR James, Dumas und Whyte Melville lieferte mir zusätzliches Material zum Geschichtenerzählen; und so erfand ich wundervolle Mischungen aus allen möglichen Geschichten und erzählte meinen Schulkameraden im Schlafsaal, in dem ich schlief, viele Geschichten, die ich manchmal in Raten lieferte und die eine Woche oder länger aufrechterhalten blieb.

Meine Sommerferien verbrachte ich normalerweise auf dem Land, aber zu anderen Zeiten fuhr ich nach London und wurde mit interessanten Sehenswürdigkeiten verwöhnt. In meinen frühen Jahren sah ich in Kensington oft Königin Victoria und den Prinzgemahl mit ihren Kindern, insbesondere die Prinzessin Royal (Kaiserin Frederick) und den Prinzen von Wales (Edward VII). Als Letztere die „Tochter des Seekönigs von jenseits des Meeres" heiratete – seitdem unsere bewunderte und gnädige Königin Alexandra – und sie zusammen durch die überfüllten Straßen Londons auf ihrem Weg nach Windsor fuhren, kam ich extra aus Eastbourne, um diesen triumphalen Fortschritt mitzuerleben, und selbst jetzt kann ich mir den jungen Prinzen mit seinem runden, pausbäckigen Gesicht und den kleinen Koteletten vorstellen, und die Vision der fast tränenüberströmten Schönheit in Blau und Weiß, die an meinen eifrigen jungen Augen vorbeizog.

Während der Osterferien 1864 kam Garibaldi nach England. Mein Onkel, Frank Vizetelly, war der bedeutendste Kriegsmaler jener Zeit, tatsächlich der Vorgänger des verstorbenen Melton Prior. Er kannte Garibaldi gut, da er ihn zum ersten Mal während des Krieges von 1859 getroffen hatte und ihn später während seines Feldzugs durch Sizilien und dann weiter nach Neapel begleitet hatte – und danach außerdem bei ihm auf Caprera übernachtet hatte. Und so brachte mein Onkel mich und seinen Sohn, meinen Cousin Albert, nach Stafford House (wo er den *Vorspeisentisch einnahm*), und der ernst blickende Liberator tätschelte uns den Kopf, nannte uns seine Kinder und schenkte uns auf Frank Vizetellys Bitte hin Fotos von sich. Ich hätte damals kaum geglaubt, dass ich ihn das nächste Mal in Frankreich sehen würde, am Ende des Krieges mit Deutschland, während dessen mein Bruder Edward zeitweise als einer seiner Ordonnanzoffiziere fungierte.

Mein Vater, der Chefredakteur einer bekannten Londoner Zeitung, bekam oft Karten für das eine oder andere Theater. So sah ich mir während meiner Winterferien viele der alten Pantomimen in Drury Lane und anderswo an. Ich erinnere mich auch gut an Sotherns „Lord Dundreary" und ein Stück namens „The Duke's Motto", das auf Paul Févals Roman „Le Bossu" basierte. Ich war häufig Zeuge der Unterhaltungsdarbietungen von German Reeds, Corney Grain und Woodin, dem cleveren Verwandlungskünstler. Ich erinnere mich auch an Leotard, den Akrobaten in der Alhambra, und an diverse Aufführungen im alten Pantheon, wo ich so beliebte Lieder wie „Der Kapitän mit den Schnurrhaaren" und „Die bezaubernde junge Witwe, die ich im Zug traf" hörte. Niggerlieder waren während meiner Kindheit oft der letzte Schrei, und einige von ihnen, wie „Dixie-land" und „So Early in the Morning", sind mir noch immer in Erinnerung. Dann gab es auch Lieder wie „Billy Taylor", „I'm Afloat", „I'll hang my Harp on a Willow Tree" und eine alberne Komposition, die die Zeilen enthielt:

„Wenn eine Dame
über eine Strickleiter durchbrennt, kann sie gehen, kann sie gehen, kann sie gehen – nach Hongkong – für mich!"

In meiner Schulzeit war das Hohelied jedoch meiner Meinung nach eines, das wir ausnahmslos in den Ferien sangen. Ob es in Eastbourne so üblich war oder aus einer anderen Schule stammte, kann ich nicht sagen. Ich weiß nur, dass die letzte Strophe ungefähr so lautete:

„Magistrorum ist ein Borum,
Hic-haec-hoc hat sich verbeugt. Lasst uns rufen: ‚O Cockalorum!' Das ist jetzt das Lateinische für uns. Alpha, Beta, Gamma, Delta, Auf nach Griechenland, denn wir sind frei! Durcheinander, durcheinander, durchschmelzend, durcheinander, wir sind die Jungs für Fröhlichkeit und Sauferei!"

An dieser Stelle sei bemerkt, dass wir „Cocoalorum" häufig durch den Namen eines besonders widerwärtigen Meisters ersetzten.

Um auf die interessanten Sehenswürdigkeiten meiner Kindheit zurückzukommen: Ich habe einige Erinnerungen an die Ausstellung von 1862, aber ich kann mich lebhafter an einen Besuch im Crystal Palace gegen Ende des folgenden Jahres erinnern, als ich dort das seltsame hausähnliche Ruder des „Riesen"-Ballons sah, in dem Nadar, der Fotograf und Aeronaut, kürzlich mit seiner Frau und anderen eine denkwürdige und katastrophale Flugreise unternommen hatte. Leser von Jules Verne werden sich erinnern, dass Nadar in seiner „Reise zum Mond" eine auffällige Rolle spielt. Eine ganze Gruppe von uns ging zum Palast, um den Wagen des „Riesen" zu sehen, und Nadar, der über sechs Fuß groß war, eine große wirre Mähne aus krausem, flachsblondem Haar, einen roten Schnurrbart und ein rotes Hemd *à la* Garibaldi hatte, führte uns hinein und zeigte uns alle darin enthaltenen Einrichtungen zum Essen, Schlafen und Fotografieren. Ich konnte seinen Worten nicht folgen, denn ich beherrschte damals nur wenige Wörter Französisch und hatte sicherlich keine Ahnung, dass ich eines Tages mit ihm in die Lüfte steigen würde, in einem Wagen ganz anderer Art: in dem Fesselballon, den er während der deutschen Belagerung von Paris zu militärischen Beobachtungszwecken auf dem Place Saint-Pierre in Montmartre installierte.

Irgendwann gab mein Vater seine Anteile an der *Illustrated Times auf* und ging nach Paris, um die Stelle des kontinentalen Vertreters der *Illustrated London News anzutreten* . Mein Bruder Edward, damals Student an der École des Beaux Arts, wurde sein Assistent, und wenig später wurde ich mit meinem Bruder Arthur über den Kanal gebracht, um uns dem Rest der Familie anzuschließen. Wir wohnten zuerst in Auteuil und dann in Passy, wo ich in eine Tagesschule namens Institution Nouissel geschickt wurde, wo Jungen auf die Aufnahme an staatlichen oder städtischen Colleges vorbereitet wurden. Es hatte einige Versuche gegeben, mir in Eastbourne Französisch beizubringen, aber dies war wenig erfolgreich, teilweise, glaube ich, weil ich Vorurteile gegen die Franzosen im Allgemeinen hatte und sie für eine bloße Rasse von Froschfressern hielt, denen wir in Waterloo zu Recht eine Tracht Prügel gezollt hatten. Schließlich wurden meine Vorurteile durch das, was ich von unserem Drillmaster hörte, einem pensionierten Unteroffizier, der auf der Krim gedient hatte und uns einige mitreißende Anekdoten über die Tapferkeit „unserer Verbündeten" an der Alma und anderswo erzählte, in gewissem Maße überwunden. Im Ergebnis brachte mich die Unterhaltung des alten Sergeants „zur Verzweiflung", dass die Franzosen vielleicht doch etwas Gutes haben könnten.

Bei Nouissel eignete ich mir recht schnell einige Sprachkenntnisse an und wurde später einem Privatlehrer anvertraut, einem klugen Schlingel namens

Brossard, der mich auf das Lycée Bonaparte (heute Condorcet) vorbereitete, wo ich schließlich Schüler wurde. Brossard unterrichtete mich weiterhin, damit ich verschiedene Prüfungen bestand und schließlich das übliche *Abitur machte* , ohne das man es damals in Frankreich zu etwas bringen konnte. Auf die gleiche Weise unterrichtete er Evelyn Jerrold, Sohn von Blanchard und Enkel von Douglas Jerrold, die beide eng mit den Vizetellys befreundet waren. Doch obwohl Brossard ein kluger Mann war, hatte er auch keine Prinzipien, und obwohl ich ihm später die Vorstellung beim alten General Changarnier zu verdanken hatte, mit dem er verwandt war, wäre es zweifellos umso besser gewesen, wenn er mich nicht einigen anderen Leuten vorgestellt hätte, mit denen er verbunden war. Er lebte eine Zeit lang mit einer Frau zusammen, die nicht seine Frau war, und verließ sie für ein achtzehnjähriges Mädchen, das er ebenfalls verließ, um sich einem Wesen in Fleischeslust zu widmen, das auf einem Pferd ohne Sattel im Cirque de l'Impératrice ritt. Als ich ihr zum ersten Mal „hinter den Kulissen" vorgestellt wurde, saß sie auf einem Stuhl, rauchte eine rosa Zigarette und sprach mich mit *mon petit an* . Kurz gesagt, die moralische Atmosphäre in Brossards Leben war nicht so, dass sie ihm als Mentor der Jugend zustand.

Lassen Sie mich nun ein wenig zurückgehen. Zur Zeit der großen Pariser Ausstellung von 1867 war ich in meinem vierzehnten Jahr. Die Stadt war damals voller Könige, von denen ich viele bei der einen oder anderen Gelegenheit sah. Ich war mit meinem Vater im Bois de Boulogne, als nach einer großen Parade ein Schuss auf die Kutsche abgefeuert wurde, in der Napoleon III. und sein Gast, Alexander II. von Russland, nebeneinander saßen. Ich sah, wie Stallmeister Raimbeaux vorwärts galoppierte, um die beiden Monarchen abzuschirmen, und ich sah, wie der Täter von einem Sergeant unserer Royal Engineers, die dem britischen Teil der Ausstellung zugeteilt waren, ergriffen wurde. Beide Herrscher standen in der Kutsche auf, um zu zeigen, dass sie unverletzt waren, und später wurde berichtet, dass Kaiser Napoleon zu Kaiser Alexander sagte: „Wenn dieser Schuss von einem Italiener abgefeuert wurde, war er für mich bestimmt; wenn er von einem Polen abgefeuert wurde, war er für Eure Majestät bestimmt." Ob diese Worte wirklich gesprochen wurden oder, wie solche Dinge oft der Fall sind, später von einem klugen Journalisten erfunden wurden, kann ich nicht sagen; Bei dem Mann handelte es sich jedoch um einen Polen namens Berezowski, der später zu lebenslanger Verbannung verurteilt wurde.

Im Zusammenhang mit diesem Attentat auf den Zaren leistete ich meine erste journalistische Arbeit. Auf Anweisung meines Vaters machte ich mir ein paar Notizen und fertigte eine flüchtige kleine Skizze der Umgebung an. Dies und meine Erklärungen ermöglichten es M. Jules Pelcoq, einem belgischen Künstler, den mein Vater hauptsächlich für die *Illustrated London News beschäftigte* , eine Zeichnung anzufertigen, die auf der Titelseite der nächsten Ausgabe dieser Zeitschrift erschien. Ich glaube nicht, dass irgendeine andere Zeitung der Welt in der Lage war, eine bildliche Darstellung von Berezowskis Attentat zu liefern.

Ich glaube, ich habe genug gesagt, um zu zeigen, dass ich ein frühreifer Junge war, vielleicht sogar viel zu frühreif. Allerdings arbeitete ich damals sehr hart. Meine Stunden bei Bonaparte waren von zehn bis zwölf und von zwei bis vier. Ich musste auch Hausaufgaben für das Lycée vorbereiten, Sonderunterricht bei Brossard nehmen und Deutschunterricht bei einem Privatlehrer namens With. Und da mein Bruder Edward nicht mehr als Assistent meines Vaters arbeitete, um sich auf eigene Rechnung dem Journalismus zu widmen, musste ich einen Teil seiner Aufgaben übernehmen. Einer meiner Cousins, Montague Vizetelly (Sohn meines Onkels James, der das Oberhaupt unserer Familie war), kam jedoch aus England, um meinem Vater bei der ernsteren Arbeit zu helfen, die ich aufgrund meiner Jugend noch nicht ausführen konnte. Meine Freizeit verbrachte ich größtenteils damit, Anweisungen an Künstler entgegenzunehmen oder Zeichnungen von ihnen zu holen. In einem Moment war ich vielleicht auf dem Mont-Martre und im nächsten im Quartier Latin und besuchte Pelcoq, Anastasi, Janet Lange, Gustave Janet, Pauquet, Thorigny, Gaildrau, Deroy, Bocourt, Darjou, Lix, Moulin, Fichot, Blanchard oder andere Künstler, die für die *Illustrated London News* arbeiteten. *Gelegentlich wurde eine Skizze nach England geschickt, aber häufiger musste ich eine Zeichnung auf Holz mit der Bahn verschicken. Obwohl ich selbst nie etwas anderes als ein dilettantischer Zeichner war, habe ich im Umgang mit so vielen Dessinateuren* der letzten Jahre des Zweiten Kaiserreichs sicherlich ein kritisches Urteilsvermögen entwickelt und mir Kenntnisse verschiedener künstlerischer Methoden angeeignet .

Nach und nach wurden mir ernstere Aufgaben zugeteilt. Der Entwurf der „Pariser Mode", der damals jeden Monat in den *Illustrated London News erschien* , wurde eine Zeit lang nach bestimmten Kleidern entworfen, die Worth und andere berühmte Kostümbildner für Kaiserinnen, Königinnen, Prinzessinnen, große Damen und Theaterstars anfertigten. Und wenn Pelcoq oder Janet diese Kleider skizzierten (heutzutage würde man sich einfach Fotos besorgen), notierte ich mir von *der Premiere* oder manchmal auch von Worth selbst alle Einzelheiten zu Materialien und Stilen, damit der beschreibende Buchdruck, der die Illustration begleiten sollte, korrekt war.

Auf diese Weise absolvierte ich meine journalistische Ausbildung. Natürlich überarbeitete mein Vater meine Arbeit. Der erste Artikel, der ganz von mir selbst gedruckt wurde, handelte von jener berüchtigten Theaterinstitution, der Claque. Ich schickte ihn an *Once a Week* , das damals von ES Dallas herausgegeben wurde, und da ich wusste, dass er meinen Vater gut kannte, und ich sehr skeptisch war, was die Qualität meines Textes betraf, nahm ich für diesen Anlass ein *Pseudonym an* („Charles Ludhurst"). Natürlich freute ich mich, als ich den Artikel gedruckt sah, und noch mehr, als ich dafür ein paar Guineen erhielt, die ich schnell für Handschuhe, Krawatten und einen Spazierstock ausgab. An dieser Stelle möchte ich sagen, dass wir bei Bonaparte ziemlich großspurige junge Burschen waren. Wir mussten keine scheußlichen, schlecht sitzenden Uniformen tragen wie andere Lycéens, sondern bemühten uns, ein sehr elegantes Erscheinungsbild abzugeben. Daher machten wir es uns zur Gewohnheit, auf dem Weg zum oder vom Lycée Handschuhe zu tragen und Spazierstöcke oder Gehstöcke bei uns zu haben. Ich habe das sogar noch verbessert, indem ich auf dem Blumenmarkt neben der Madeleine „Knopflöcher" kaufte, und diese Idee „setzte sich durch", wie man so schön sagt, und eines Morgens kam es zu einem ziemlichen Tumult, als fast die Hälfte meiner Klassenkameraden Blumen trugen – es war nämlich zufällig La Saint Henri, der *Festtag* des Grafen von Chambord, und sowohl unser Proviseur als auch unser Professor nahmen an, dass dies unsererseits eine aufrührerische Demonstration der Legitimisten war. Es gab jedoch sehr wenige Legitimisten unter uns, obwohl Orleanisten und Republikaner zahlreich waren.

Ich habe bereits erwähnt, dass mein erster Artikel über die Claque handelte, jene Organisation, die gegründet wurde, um Applaus in Theatern zu fördern, da man der Meinung war, dass der Pariser Zuschauer durch eine solche Methode aufgeweckt werden müsse. Brossard hatte mich dem *Sous-Chef* der Claque an der Opéra Comique vorgestellt, und ich erhielt oft Zutritt zu diesem Haus als *Claqueur*. Ich besuchte in derselben Funktion sogar einige andere Theater. Außerdem kannte Brossard verschiedene Autoren und Journalisten und nahm mich mit ins Café de Suède und das Café de Madrid, wo ich einige der Berühmtheiten der damaligen Zeit sah und hörte. Ich kann mir den großen Dumas noch immer vorstellen, wie er mit lauter Stimme und überschwänglichen Gesten einer Gruppe junger „Schmarotzer" etwas vortrug, für die er seine letzten Napoleons ausgab. Ich sehe auch Gambetta – jung, schlank, schwarzhaarig und bärtig, mit einer vollen, sinnlichen Unterlippe – am selben Tisch sitzen wie Delescluze, dessen Haar und Bart, einst rot, zu einem schmutzigen Weiß geworden waren, dessen Figur abgemagert und kantig war und dessen gelbliches, faltiges Gesicht darauf hinzuweisen schien, dass er von einer fixen Idee besessen war. Was diese Idee war, zeigte die Kommune später. Auch kann ich Henri Rochefort und Gustave Flourens zusammen sehen: ersterer gerade und sehnig, mit einem großen Büschel sehr dunkler, lockiger Haare, blitzenden Augen und hohen, ausgeprägten Wangenknochen; während letzterer, groß und kahl, mit langem Schnurrbart und wallendem Bart, einen mit eifriger, herrischer Miene anstarrte, als ob er im Begriff wäre, einen Befehl zu erteilen.

Auch andere Männer, die zum Sturz des Kaiserreichs beitrugen, lernte ich kennen. Als mein Vater in einen kostspieligen Rechtsstreit um ein großes, mit Zinnen versehenes Haus in Le Vésinet verwickelt war, konnte er Jules Favre als seinen Anwalt gewinnen, und ich begleitete ihn mehrmals zu Favres Wohnsitz. An dieser Stelle sei erwähnt, dass mein Vater trotz seines großen Interesses an französischer Literatur die Sprache nicht beherrschte. Er konnte sich kaum darin ausdrücken, und so war es seine Gewohnheit, immer einen seiner Söhne bei sich zu haben, da wir die sprachlichen Fähigkeiten unserer Mutter geerbt hatten. Favres Sprachbeherrschung war großartig, aber seine Redegewandtheit war keineswegs mitreißend, und ich erinnere mich noch gut daran, dass die drei Richter des Berufungsgerichts, als er für meinen Vater plädierte, sich zum Schlafen hinlegten und erst aufwachten, als der Anwalt, der uns gegenüberstand, mit der Faust auf ihn schlug und mit donnernder Stimme brüllte. Da die Richter nie unsere Seite des Falles hörten, sondern nur die unseres Gegners, entschieden sie natürlich gegen uns.

Dann wurde es notwendig, dass mein Vater einige Sparmaßnahmen einführte, und er schickte meine Stiefmutter, ihre Kinder und meinen Bruder Arthur nach Saint Servan in der Bretagne, wo er ein Haus mietete, das „La petite Amélia" hieß, nach der Tochter Georgs III., die während einer Friedenszeit zwischen Frankreich und Großbritannien aus gesundheitlichen Gründen nach Saint Servan ging. Der Großteil unserer Familie zog dorthin und mein Cousin Monty kehrte irgendwann im Jahr 1869 nach England zurück, sodass ich allein mit meinem Vater in Paris blieb. Wir wohnten in einer, wenn man es so nennen möchte, Junggesellenwohnung in der Rue de Miromesnil Nr. 16 in der Nähe des Elysée-Palastes. Der Hauptteil des Hauses wurde vom Grafen und der Gräfin de Chateaubriand und ihren Töchtern bewohnt. Die Gräfin war so freundlich, mir eine gewisse Aufmerksamkeit zu schenken, und als sie später vor der nahenden deutschen Belagerung nach Combourg aufbrach, erteilte sie mir die uneingeschränkte Erlaubnis, bei Bedarf die in den Kellern von Chateaubriand verbliebenen Kohlen und das Holz zu verwenden.

Im Jahr 1869, also zu diesem Zeitpunkt, war ich sechzehn, studierte noch und unterstützte gleichzeitig meinen Vater immer mehr bei seiner journalistischen Arbeit. In seinen „Glances Back" hat er einige der Möglichkeiten beschrieben, die es ihm ermöglichten, das Leben am Hof des Kaiserreichs angemessen bildlich darzustellen. Er hat die Geschichte von Moulin erzählt, dem Polizeiagenten, der häufig über die persönliche Sicherheit des Kaisers wachte und auch Skizzen der Hofveranstaltungen für die *Illustrated London News lieferte* . Napoleon III. ähnelte seinem Großonkel zumindest in einer Hinsicht. Er verstand die Kunst der Werbung voll und ganz und war in seinem Wunsch, in England gut angesehen zu werden, immer bereit, englische Journalisten zu bevorzugen. Während ein gewisser

Teil der Londoner Presse während der gesamten Regierungszeit eine sehr kritische Haltung gegenüber der kaiserlichen Politik beibehielt, ist es sicher, dass einige der Pariser Korrespondenten in engem Kontakt mit der Regierung des Kaisers standen und dass einige von ihnen tatsächlich von ihr subventioniert wurden.

Der in Bezug auf Hof und gesellschaftliche Ereignisse am besten informierte Mann war zweifellos Mr. Felix Whiteburst vom *Daily Telegraph* , an den ich mich gut erinnere. Er hatte Zutritt *in* den Tuilerien und anderswo, und es gab Gelegenheiten, bei denen ihm sehr wichtige Informationen mit dem Ziel übermittelt wurden, sie bald in London zu veröffentlichen. Meistens jedoch beschränkte sich Whiteburst darauf, Ereignisse oder Vorfälle bei Hofe oder in der bonapartistischen High Society aufzuzeichnen. Besorgt darum, niemanden zu beleidigen, beschönigte er normalerweise jeden Skandal, der sich ereignete, oder tat ihn leichtfertig ab, mit der *Désinvolture* eines *Schurken* aus der Regentschaft. Dabei war er ein äußerst liebenswürdiger Mann und sehr herablassend mir gegenüber, wenn wir uns trafen, was manchmal in den Tuilerien selbst vorkam.

Ich musste mehrmals dorthin, um Moulin, den Detektivkünstler, zu treffen, und vor einigen Jahren half mir dies, ein Buch zu schreiben, das mehr als einmal nachgedruckt wurde. [Anmerkung] Ich habe darin viele Notizen verwendet, die ich mir 1869-70 gemacht hatte, insbesondere über die Privatgemächer des Kaisers und der Kaiserin, die Küchen und die Vorbereitungen für Bälle und Bankette. Ich weiß nicht, in welchem Alter ein junger Mann normalerweise seinen ersten Anzug bekommt, aber ich weiß, dass meiner ungefähr zu der Zeit angefertigt wurde, von der ich spreche. Ich war damals, schätze ich, etwa 1,65 m groß, und mein Gesicht ließ die Leute annehmen, ich sei achtzehn oder neunzehn Jahre alt.

[Anmerkung: Das fragliche Werk trug den Titel „Der Hof der Tuilerien, 1852-1870" von „Le Petit Homme Rouge" – ein Pseudonym, das ich seitdem bei der Veröffentlichung anderer Bücher verwendet habe. „Der Hof der Tuilerien" basierte teilweise auf zuvor veröffentlichten Werken, auf einer Menge von Notizen und Notizen meines Vaters, anderer Verwandter und mir selbst sowie auf einigen privaten Papieren eines Verwandten meiner Frau, General Mollard, der sich nach großen Verdiensten in der Tschernaja und Magenta eine Zeit lang Adjutant von Napoleon III. wurde.]

Im Herbst 1869 wurde ich durch zu viel Lernen ziemlich krank – ich hatte bereits begonnen, das römische Recht zu lesen – und als ich mir einen Urlaub sichern konnte, begleitete ich meinen Vater nach Compiègne, wo sich der kaiserliche Hof zu dieser Zeit aufhielt. Wir gehörten nicht zu den eingeladenen Gästen, aber es war vereinbart worden, dass den Vertretern der *Illustrated London News alle Möglichkeiten gegeben werden sollten* , damit die Court *villegiatura* in dieser Zeitschrift vollständig dargestellt werden konnte. Ich muss meine Erlebnisse bei dieser Gelegenheit nicht rekapitulieren. In den „Blicks Back" meines Vaters findet sich ein Bericht über unseren Besuch, und ich habe viele weitere Einzelheiten in meinen „Court of the Tuileries" aufgenommen. Ich möchte jedoch erwähnen, dass ich in Compiègne zum ersten Mal ein paar Worte mit Napoleon III. wechselte.

Eines Tages, als mein Vater krank war (es war sehr kalt), begab ich mich zum Schloss [Wir schliefen im Hôtel de la Cloche, hatten aber praktisch jederzeit *Zutritt zum Schloss.], nur in Begleitung unseres Künstlers, des jungen Monsieur Montbard, der im Quartier Latin damals als „Apollo" bekannt war, wo er die Stammgäste* des Bal Bullier mit einem Choreographiestil entzückte, im Vergleich zu dem die Leistungen, die man später im berüchtigten Moulin Rouge erlebte, unbedeutend gewesen wären. Montbard musste an dem von mir erwähnten Tag ein paar Zeichnungen anfertigen, und während wir mit Monsieur de la Ferrière, dem diensthabenden Kammerherrn, unterwegs waren, erschien plötzlich Napoleon III. vor uns. Als ich ihm vorgestellt wurde, sprach er mich sofort auf Englisch an und erzählte mir, dass er oft die *Illustrated London News lese* und dass die Illustrationen des französischen Lebens und der Pariser Neuerungen (für die er sich so sehr interessierte) sehr gut gelungen seien. Er fragte mich auch, wie lange ich schon in Frankreich sei und wo ich die Sprache gelernt hätte. Dann bemerkte er, dass es kurz vor dem *Frühstück sei* , und sagte Monsieur de la Ferrière, er solle dafür sorgen, dass Montbard und ich angemessen unterhalten würden.

Ich glaube nicht, dass ich damals irgendwelche besonderen politischen Ansichten hatte. Montbard war jedoch ein Republikaner – eigentlich ein zukünftiger Kommunard – und ich weiß, dass er seine praktisch erzwungene Einführung in das sogenannte „Badinguet" nicht schätzte. Dennoch gelang es ihm, einigermaßen höflich zu sein, und erlaubte dem Kaiser, die Skizze zu inspizieren, die er anfertigte. An diesem Abend sollte im Schloss eine Theateraufführung stattfinden, und es war bereits vereinbart worden, dass Montbard dabei sein sollte. Als der Kaiser jedoch hörte, dass es aufgrund der großen Nachfrage der örtlichen Magnaten und der Offiziere der Garnison unmöglich gewesen war, meinem Vater und mir Sitzplätze zu besorgen, war er so freundlich zu sagen, nachdem ich erklärt hatte, dass die Unpässlichkeit meines Vaters ihn daran hindern würde, daran teilzunehmen: „Wenn Sie wollen, finden Sie einen kleinen Platz für diesen jungen Mann. Es ist nicht so toll, und ich bin sicher, dass es ihm Spaß machen wird." M. de la Ferrière verbeugte sich, und so kam es, dass ich die Vorstellung doch noch miterlebte, auf einem Hocker hinter einigen äußerst schönen Frauen sitzend, deren weiße Schultern meine Aufmerksamkeit wiederholt von der Bühne ablenkten. In Bezug auf Montbard gab es ein paar kleine Probleme, da M. de la Ferrière das Aussehen seines „revolutionär aussehenden Bartes" nicht mochte, dessen Anblick, so sagte er, die Kaiserin sehr erschrecken könnte. Montbard weigerte sich jedoch empört, ihn abzurasieren, und zehn Monate später waren die „revolutionären Bärte" vorherrschend, da die Macht und der Pomp des Kaiserreichs inmitten all der Katastrophen der Invasion hinweggefegt worden waren.

- 19 -

II

Der Ausbruch des deutsch-französischen Krieges

Napoleons Pläne für einen Krieg mit Preußen – Die Garde Mobile und die französische
Armee im Allgemeinen – Ihre Bewaffnung – Die „weißen Blusen" und die Unruhen in Paris – Der Kaiser und die Wahlen von 1869 – Die Angelegenheiten von Troppmann und Pierre Bonaparte – Hauptmann Dennis Bingham – Das Ministerium Ollivier – Französische Feldzugspläne – Frossard und Bazaine – Die Verhandlungen mit Erzherzog Albert und dem Grafen Vimeroati – Der von Bismarck aufgezwungene Krieg – Ich rufe „Berlin!" – Die kaiserliche Garde und General Bourbaki – Mein Traum, einen Krieg zu erleben – Mein Onkel Frank Vizetelly und seine Feldzüge – „Die Belagerung von Peking" – Organisation der französischen Streitkräfte – Der Informationsdienst – Ich werde Zeuge der Abreise Napoleons III. und des kaiserlichen Prinzen aus Saint Cloud.

In den Jahren 1868 und 1869 herrschte in Frankreich nicht wenig Unruhe. Der Ausgang des Schleswig-Holsteinischen Krieges und des Krieges zwischen Preußen und Österreich im Jahr 1866 hatten viele französische Politiker beunruhigt. Napoleon III. hatte als Gegenleistung für seine Neutralität in diesen Zeiten eine territoriale Entschädigung erwartet, und es ist sicher, dass Bismarck als erster preußischer Minister ihn glauben ließ, er könne sich für seine Nichteinmischung in die oben genannten Konflikte entschädigen. Nachdem Preußen seine Ziele erreicht hatte, schenkte es den Vorschlägen des französischen Kaisers jedoch kein Gehör, und von diesem Moment an war ein deutsch-französischer Krieg unvermeidlich. Obwohl, wie ich mich gut erinnere, in Paris eine regelrechte „Wut" auf Bismarck „diesen" und Bismarck „jenen" herrschte – insbesondere auf die Bismarckfarbe, einen Farbton von Havannabraun – war der preußische Staatsmann, der den Mann des Schicksals so erfolgreich „ausgetrickst" hatte, zweifellos ein sehr gehasster und gefürchteter Mensch unter den Parisern, zumindest unter all jenen, die an die Zukunft Europas dachten. Die preußische Politik war jedoch nicht der einzige Grund zur Sorge in Frankreich, denn zur gleichen Zeit gewann die republikanische Opposition gegen die kaiserliche Autorität in den großen Städten stetig an Stärke, und die politischen Zugeständnisse, mit denen Napoleon III. sie zu entwaffnen suchte, ermutigten sie nur, neue Forderungen zu stellen.

Bei der Planung eines Krieges gegen Preußen ließ sich der Kaiser sowohl von nationalen als auch von dynastischen Erwägungen beeinflussen. Der Aufstieg Preußens – das Oberhaupt des Norddeutschen Bundes geworden war – war ohne Zweifel nicht nur eine Bedrohung für die französische Vorherrschaft auf dem Kontinent, sondern auch für die allgemeinen Interessen Frankreichs. Andererseits war das Ansehen des Kaiserreichs in Frankreich selbst durch die diplomatischen Niederlagen, die Bismarck Napoleon zugefügt hatte, ernsthaft beschädigt worden, und es schien, dass nur ein erfolgreicher Krieg gegen die Macht, von der Frankreich diese aufeinanderfolgenden Abfuhren erhalten hatte, das besagte Ansehen wiederherstellen und den Fortbestand der Bonaparte-Dynastie sichern konnte.

Trotz unzähliger Enthüllungen geben viele Autoren auch heute noch Deutschland, genauer gesagt Preußen, vertreten durch Bismarck, die alleinige Verantwortung für den Deutsch-Französischen Krieg. Das ist jedoch ein großer Irrtum. Ein Kräftemessen wurde von beiden Seiten als unvermeidlich angesehen und beide Seiten trugen dazu bei, es herbeizuführen. Bismarcks Anteil an dem Konflikt bestand darin, Feindseligkeiten herbeizuführen, indem er dafür den seiner Ansicht nach günstigen Zeitpunkt für sein Land wählte und dadurch Kaiser Napoleon daran hinderte, seine Pläne zu verwirklichen. Letzterer hatte nicht vor, den Krieg vor Anfang 1871 zu erklären; der preußische Staatsmann führte ihn im Juli 1870 herbei.

Bald nach 1866 begab sich der Kaiser wirklich auf den Kriegspfad. Ein großer Militärrat wurde einberufen und verschiedene Maßnahmen zur Stärkung der Armee ersonnen. Der wichtigste Schritt war die Schaffung einer Territorialstreitmacht namens Garde Mobile, die mehr als eine halbe Million Mann umfassen sollte. Marschall Niel, der damalige Kriegsminister, versuchte, dieses Vorhaben umzusetzen, wurde jedoch durch Geldmangel behindert. Heutzutage denke ich oft an Niel und die Garde Mobile, wenn ich von Lord Haldane, Colonel Seely und unseren eigenen „Terriern“ lese. Manchmal kommt es mir so vor, als sei die Uhr mehr als vierzig Jahre zurückgedreht worden.

Niel starb im August 1869 und hinterließ seine Aufgabe in einem äußerst unvollendeten Zustand, und Marschall Le Boeuf, der ihm nachfolgte, führte sie auf sehr kleinmütige Weise fort. Die reguläre Armee wurde jedoch in einem passablen Zustand gehalten, obwohl sie nie so stark war, wie sie auf dem Papier schien. Es gab ein System, bei dem ein zahlungsfähiger Wehrpflichtiger dem Dienst entgehen konnte, indem er einen *Ersatzmann stellte*. Ursprünglich wurde von ihm erwartet, dass er seinen *Ersatzmann* selbst stellte; letztendlich musste er jedoch nur einen Geldbetrag an die Militärbehörden zahlen, die sich verpflichteten, einen Mann zu finden, der seinen Platz einnahm. Leider wurden in Tausenden von Fällen über einen Zeitraum von mehreren Jahren hinweg die *Ersatzleute* überhaupt nicht gestellt. Ich behaupte nicht, dass das Geld absolut zweckentfremdet wurde, aber es wurde für andere militärische Zwecke zweckentfremdet, und infolgedessen gab es immer einen erheblichen Mangel an dem jährlichen Kontingent.

Für das leibliche Wohl der Männer wurde jedenfalls gut gesorgt. Mein persönlicher Kumpel bei Bonaparte war der Sohn eines Generals, und ich besuchte mehr als eine Kaserne oder ein Lager. Zweifellos gab es immer reichlich gutes und gesundes Essen. Außerdem waren die Männer gut bewaffnet. Alle Militärbehörden sind sich, glaube ich, einig, dass das Chassepot-Gewehr - erfunden um 1866 - dem Dreyse-Zündnadelgewehr, das in der preußischen Armee im Einsatz war, überlegen war. Und dann gab es noch Oberst de Reffyes Maschinengewehr oder *Mitrailleuse* , in gewissem Sinne der Vorläufer von Gatling und Maxim. Es wurde, glaube ich, erstmals 1863 konstruiert, und offiziellen Angaben zufolge gab es drei oder vier Jahre später mehr als 20 *Mitrailleuse* -Batterien. Was andere Waffen anbelangt, waren die der Franzosen denen der Deutschen allerdings unterlegen, wie in Sedan und anderswo schlüssig bewiesen wurde. In vieler Hinsicht ging die Arbeit an der Armeereform, die General Trochu in einer berühmten Broschüre und andere Offiziere in Berichten an den Kaiser und das Kriegsministerium öffentlich empfohlen hatten, nur sehr langsam voran und wurde durch eine Reihe von Erwägungen behindert. Die jungen Männer aus den großen Städten waren von der Idee, in der neuen Garde Mobile zu dienen, nicht gerade angetan. Da sie dem Dienst in der regulären Armee entgangen waren, indem sie sich eine Befreiungsnummer zogen oder Ersatzsoldaten bezahlten , betrachteten sie es als sehr ungerecht, dass sie überhaupt zum Dienst herangezogen wurden, und als sie 1868 zum ersten Mal eingezogen wurden, kam es in verschiedenen Teilen Frankreichs zu schweren Unruhen. Viele von ihnen erkannten die Notwendigkeit der Sache nicht. Es gab keine große Welle des Patriotismus, die durch das Land schwappte. Die deutsche Gefahr war noch nicht allgemein erkennbar. Darüber hinaus schüttelten viele Verfechter der kaiserlichen Autorität missbilligend den Kopf über diesen Plan, so viele junge Männer zu rekrutieren und zu bewaffnen, die plötzlich zu Revolutionären werden und ihre Waffen gegen die Mächte der Zeit richten könnten.

La Lanterne , herrschte in Paris große Unruhe . Eine Ausgabe nach der anderen dieses bitterbösen Ergusses wurde beschlagnahmt und konfisziert, und mehr als einmal sah ich, wie wachsame Detektive den Leuten auf der Straße Exemplare entrissen. Im Juni 1869 fanden Parlamentswahlen statt, die von Krawallen auf den Boulevards begleitet wurden. Damals entstand die Legende der „weißen Bluse", da behauptet wurde, dass viele der Randalierer *agent provocateurs* im Sold der Polizeipräfektur waren und weiße Blusen trugen, damit sie den Sergeants de ville und den Gardes de Paris bekannt waren, die gerufen wurden, um die Unruhen zu unterdrücken. Auf den ersten Blick mag es lächerlich erscheinen, dass eine Regierung einen Aufruhr nur anzetteln sollte, um ihn niederzuschlagen. Doch allgemein herrschte die Auffassung, dass die Behörden Unruhen herbeiführen wollten, um erstens die Mittelklassen durch die Aussicht auf eine gewaltsame Revolution in Angst und Schrecken zu versetzen und sie so dazu zu bewegen, bei den Wahlen für die Regierungskandidaten zu stimmen. Und zweitens, um einige der vielen echten Revolutionäre dazu zu bewegen, sich an den Unruhen zu beteiligen, und zwar so, dass ein Vorwand für ihre Verhaftung entstand.

Ich war mit meinem Mentor Brossard und meinem Bruder Edward eines Nachts im Juni zusammen, als auf dem Boulevard Montmartre ein „Madeleine-Bastille"-Omnibus umgeworfen und zwei oder drei Zeitungskioske als Barrikade aufgestellt wurden, deren Zweck keineswegs klar war. Die große Menge der Spaziergänger schien die Sache als Riesenspaß zu betrachten, bis plötzlich die Polizei auftauchte, gefolgt von einigen berittenen Männern der Garde de Paris, woraufhin die lachenden Zuschauer in Angst und Schrecken gerieten und plötzlich um ihr Leben rannten. Mit meinen Gefährten beobachtete ich die Szene vom *Zwischengeschoss* des Café Mazarin aus. Es war die erste Angelegenheit dieser Art, die ich je miterlebt hatte, und aus diesem Grund prägte sie sich mir lebhafter ein als mehrere spätere und ernstere. Im Handumdrehen waren alle kleinen Tische vor den Cafés verlassen, und tragikomisch war der Anblick der vielen Frauen mit goldenen Haarknoten, die mit ihren erschrockenen Begleitern davonhuschten und hin und wieder über einen umgestürzten Stuhl stolperten, während die verfolgende Kavallerie lautstark über die Bürgersteige klapperte. Ein Londoner könnte sich eine Vorstellung von der Szene machen, indem er sich einen Angriff von Leicester Square nach Piccadilly Circus zu der Zeit vorstellt, zu der die Coventry Street am vollsten von unerwünschten Personen beiderlei Geschlechts ist.

Die Mehrheit der Weißblusen und ihrer Freunde kam unverletzt davon, und die Polizei und die Wachen wandten ihre Gewalt vor allem gegen die Zuschauer der ursprünglichen Unruhen auf. Ob diese von den Behörden heimlich zu einem der von mir zuvor genannten Zwecke inszeniert worden waren, muss immer ein strittiger Punkt bleiben. Auf jeden Fall veranlasste es die Pariser nicht, für die Regierungskandidaten zu stimmen. Jeder Abgeordnete, der bei dieser Gelegenheit für die Stadt zurückkehrte, war ein Gegner des Kaiserreichs, und in späteren Jahren erzählte mir ein ehemaliger Hofbeamter, dass Napoleon, als er das Ergebnis der Abstimmung erfuhr, in Bezug auf die von ihm favorisierten Kandidaten sagte: „Nicht einer! Nicht ein einziger!" Die Undankbarkeit der Pariser, wie der Kaiser es nannte, war ihm immer ein Dorn im Auge; doch hätte er bedenken sollen, dass in der Vergangenheit die Mehrheit der Pariser selten, wenn überhaupt, auf der Seite der etablierten Autorität gestanden hatte.

Später in diesem Jahr kam es zu der berühmten Affäre um die Pantin-Verbrechen, und ich war mit meinem Vater anwesend, als Troppmann, der brutale Mörder der Familie Kinck, vor den Schwurgerichten vor Gericht stand. Aber mein Vater ließ mich, ganz zu Recht, nicht mitkommen, als er der Hinrichtung des Übeltäters vor dem Gefängnis von La Roquette beiwohnte. Einige Jahre später jedoch war ich Zeuge der Hinrichtung von Prévost an derselben Stelle; und zu einem späteren Zeitpunkt wohnte ich sowohl dem Prozess als auch der Hinrichtung von Caserio – dem Mörder von Präsident Carnot – in Lyon bei. Nach Troppmanns Fall kam es Anfang 1870 zum Verbrechen des sogenannten Wildschweins von Korsika, Prinz Pierre Bonaparte (Großvater der heutigen Prinzessin Georg von Griechenland), der den jungen Journalisten Victor Noir erschoss, als dieser mit Ulrich de Fonvielle, einem Aeronauten und Journalisten, unterwegs war, um ihn im Namen des unbezähmbaren Henri Rochefort herauszufordern. Ich erinnere mich, wie ich einen unserer Künstler, Gaildrau, begleitete, als eine Skizze des Tatorts angefertigt wurde, des Salons des Prinzen in Auteuil, einem eigenartigen halbrunden, getäfelten und weiß gestrichenen Raum, der in dem eingerichtet war, was wir in England als geschmacklosen viktorianischen Stil bezeichnen würden. Anlässlich von Noirs Beerdigung befanden sich mein Vater und ich auf den Champs Elysées, als der stürmische Revolutionszug, in dem Rochefort eine auffällige Figur machte, die berühmte Allee entlangfegte, auf der die siegreichen Deutschen etwas mehr als ein Jahr später marschieren sollten. In der Nähe des Rond-Point wurde der *Zug* von der Polizei aufgelöst und auseinandergetrieben, die äußerst gewalttätig vorging. Rochefort, der auf dem Duellplatz tapfer genug war, fiel in Ohnmacht und wurde in einem Fahrzeug weggebracht, da seine Position als Mitglied der gesetzgebenden Körperschaft ihn vorübergehend vor Verhaftungen schützte. Innerhalb eines Monats saß er jedoch hinter Schloss und Riegel, und im Norden von Paris kam es zu heftigen Unruhen.

Im Frühjahr reiste mein Vater als Sonderbeauftragter der *Illustrated London News* und der *Pall Mall Gazette nach Irland* , um die Lage der Pächter und die dort damals weit verbreiteten Agrarverbrechen zu untersuchen. In der Zwischenzeit blieb ich praktisch „auf mich allein gestellt" in Paris, obwohl ich oft mit meinem älteren Bruder Edward zusammen war. Etwa zu dieser Zeit begann außerdem ein Freund meines Vaters, sich sehr für mich zu interessieren. Es handelte sich um Captain the Hon. Dennis Bingham, ein Mitglied der Familie Clanmorris und der regelmäßige Korrespondent der *Pall Mall Gazette* in Paris. Später wurde er als Autor verschiedener Werke über die Bonapartes und die Bourbonen sowie eines Bandes mit Erinnerungen an das Leben in Paris bekannt, in dem ich ein- oder zweimal erwähnt werde. Bingham war mit einer sehr charmanten Dame aus der Familie Laoretelle verheiratet, die einige Historiker nach Frankreich brachte, und ich wurde in ihrem Haus in der Nähe des Arc de Triomphe stets sehr freundlich empfangen. Außerdem nahm mich Bingham in meiner Freizeit oft mit und stellte mich mehreren prominenten Leuten vor. Später, während der Straßenkämpfe bei der Auflösung der Kommune im Jahr 1871, erlebten wir einige dramatische Abenteuer zusammen, und einmal rettete Bingham mir das Leben.

Die ersten Monate des Jahres 1870 vergingen sehr schnell, und es gab eine Vielzahl interessanter Ereignisse. Emile Ollivier war inzwischen Ministerpräsident geworden, und eine Ära liberaler Reformen schien begonnen zu haben. Außerdem schien die bezaubernde Frau des Ministers ihrerseits entschlossen, die Kleiderordnung ihres Geschlechts zu reformieren, denn sie stellte sich entschieden gegen die extravaganten Toiletten der Hofdamen und erschien wiederholt in den Tuilerien in der unauffälligsten Kleidung, die sie jedoch durch den bloßen Kontrast dort sehr auffallen ließ. Die Mäzeninnen der großen *Modeschöpfer* waren ziemlich wütend, eine solche Lektion von einer *Kleinbürgerin zu hören* ; aber alle, die die Ansichten teilten, die Präsident Dupin einige Jahre zuvor über den „zügellosen Luxus der Frauen" geäußert hatte, waren natürlich erfreut.

Die Versuche ihres Mannes, politische Reformen durchzuführen, waren sicherlich gut gemeint, aber die Republikaner betrachteten ihn als Abtrünnigen und die älteren Imperialisten als Eindringling, und nichts, was er tat, war befriedigend. Das Zugeständnis des Rechts auf öffentliche Versammlungen führte zu häufigen Unruhen in Belleville und Montmartre, und die zunehmende Pressefreiheit wirkte nur als Anreiz für Gewalt in der Sprache. Als es jedoch zu einem Plebiszit kam – dem letzten der Herrschaft –, um die Meinung des Landes zu den vom Kaiser und Ollivier geplanten Reformen zu ermitteln, drückte eine große Mehrheit ihre Zustimmung zu ihnen aus, und so schien das „liberale Kaiserreich" fest etabliert zu sein. Wenn jedoch die Nation als Ganzes gewusst hätte, was hinter den Kulissen vor sich ging, sowohl im diplomatischen als auch im militärischen Bereich, wäre das Ergebnis des Plebiszits wahrscheinlich ganz anders ausgefallen.

Bereits am Tag nach dem Krieg zwischen Preußen und Österreich (1866) hatte der Kaiser, wie ich bereits erwähnte, begonnen, einen Feldzugsplan gegen die ehemalige Macht auszuarbeiten, wobei er General Lebrun, seinen *Adjutanten , und General Frossard, den Gouverneur des jungen kaiserlichen Prinzen, zu seinen persönlichen Vertrauten in dieser Angelegenheit machte .* Marschall Niel war als Kriegsminister über die Konferenzen des Kaisers mit Lebrun und Frossard informiert, scheint jedoch nicht direkt an den ausgearbeiteten Plänen beteiligt gewesen zu sein. Ursprünglich handelte es sich dabei um reine Verteidigungspläne, die für jede Invasion französischen Territoriums von jenseits des Rheins gedacht waren. Oberst Baron Stoffel, der französische Militärattaché *in* Berlin, hatte das Kriegsministerium in Paris häufig vor der Möglichkeit eines preußischen Angriffs und der Stärke der preußischen Waffen gewarnt, die, wie er schrieb, König Wilhelm (mit Unterstützung der anderen deutschen Herrscher) in die Lage versetzen würden, eine Streitmacht von fast einer Million Mann nach Elsaß-Lothringen zu schicken. Darüber hinaus erfuhr General Ducrot, der die Garnison in Straßburg befehligte, viele Dinge, die er seinem Verwandten, dem Baron de Bourgoing, einem der Stallmeister des Kaisers, mitteilte.

Es besteht kein Zweifel, dass diese verschiedenen Mitteilungen Napoleon III. erreichten; und obwohl er sowohl die Aussagen von Stoffel als auch die von Ducrot als übertrieben betrachtet haben mag, war er sicherlich davon ausreichend beeindruckt, um die Vorbereitung bestimmter Pläne anzuordnen. Frossard entwarf, basierend auf den Operationen der Österreicher im Dezember 1793 und unter Berücksichtigung der Methoden, mit denen Hoche mit der Moselarmee und Pichegru mit der Rheinarmee sie von der französischen Grenze zurückdrängten, einen Verteidigungsplan, in dem er die Schlacht bei Wörth voraussah, aber aufgrund falscher Informationen die wahrscheinliche Zahl der Kämpfer stark falsch berechnete. Er legte in seinem Plan dar, dass die kaiserliche Regierung unmöglich zulassen könne, dass Elsaß-Lothringen und die Champagne ohne ein Kräftemessen von Anfang an angegriffen würden; und Marschall Bazaine, der irgendwann eine Kopie von Frossards Plan mit Anmerkungen versehen hatte, gab zu verstehen, dass er diesem Diktum zustimmte, fügte jedoch bedeutsam hinzu, dass gute taktische Maßnahmen ergriffen werden sollten. Er selbst widersprach Frossards Plänen und sagte, er sei kein Befürworter einer Frontalverteidigung, sondern halte es für besser, dem Feind in die Flanken und in den Rücken zu fallen. Doch wie wir wissen, führte Mac-Mahon die Schlacht bei Wörth unter Bedingungen, die in vieler Hinsicht denen ähnelten, die Frossard vorhergesehen hatte.

Die rein defensiven Pläne, an denen Napoleon III. zunächst arbeitete, wurden jedoch 1868 durch offensive Pläne ersetzt, an denen General Lebrun sowohl in militärischer als auch in diplomatischer Hinsicht eine wichtige Rolle spielte. Erst im März 1870 kam Erzherzog Albert von Österreich nach Paris, um mit dem französischen Kaiser zu konferieren. Sie besprachen Lebruns Feldzugsplan, und Marschall Le Boeuf sowie die Generäle Frossard und Jarras waren in die Verhandlungen eingeweiht. Es wurde vorgeschlagen, dass Frankreich, Österreich und Italien gemeinsam in Deutschland einmarschieren sollten; und laut Le Boeuf könnte die erstgenannte Macht innerhalb von zwei Wochen 400.000 Mann an der Grenze stationieren. Sowohl Österreich als auch Italien benötigten jedoch 42 Tage, um ihre Streitkräfte zu mobilisieren, obwohl ersteres anbot, in der Zwischenzeit zwei Armeekorps bereitzustellen. Als Lebrun später nach Wien reiste, um eine positive Entscheidung zu treffen und Einzelheiten zu regeln, wies Erzherzog Albert darauf hin, dass der Krieg im Frühjahr beginnen müsse, da die Norddeutschen die Kälte und Feuchtigkeit eines Winterfeldzugs weitaus besser vertragen würden als die Verbündeten, sagte er. Dies war eine absolut richtige Vorhersage, die durch alles, was im Winter 1870/71 in Frankreich geschah, voll und ganz bestätigt wurde.

Doch Preußen erfuhr, was sich zusammenbraute. Österreich wurde von Ungarn an Preußen verraten, und Italien und Frankreich konnten sich in der Rom-Frage nicht einigen. Prinz Napoleon (Jérome) war zunächst an den Verhandlungen beteiligt, die schließlich von Graf Vimercati, dem italienischen Militärattaché in Paris, geführt wurden . Napoleon weigerte sich jedoch standhaft, seine Truppen aus dem Kirchenstaat abzuziehen und Viktor Emanuel die Besetzung Roms zu gestatten. Hätte er in diesen Punkten nachgegeben, wäre Italien ihm sicherlich beigetreten, und Österreich – so sehr es den ungarischen Staatsmännern auch missfallen haben mochte – wäre aller Wahrscheinlichkeit nach seinem Beispiel gefolgt. Durch die Politik, die er in dieser Angelegenheit verfolgte, verlor der französische Kaiser alles und verhinderte nichts. Einerseits wurde Frankreich besiegt und das Kaiserreich der Bonapartes brach zusammen, andererseits wurde Rom Italiens wahre Hauptstadt.

Bismarck war keineswegs geneigt, die Verhandlungen über ein antipreußisches Bündnis ausreifen zu lassen. Sie zogen sich beträchtlich hin, aber die Regierung Napoleons III. war darüber nicht besonders beunruhigt, da sie sich sicher war, dass die französischen Truppen von Anfang an siegen würden und dass Italien und Österreich schließlich Unterstützung leisten würden. Bismarck jedoch beschleunigte die Ereignisse. Bereits im Vorjahr war Prinz Leopold von Hohenzollern-Sigmaringen Kandidat für den spanischen Thron gewesen. Diese Kandidatur war zurückgezogen worden, um einen Konflikt zwischen Frankreich und Deutschland abzuwenden; doch nun wurde sie auf Veranlassung Bismarcks wiederbelebt, um einen solchen herbeizuführen.

Ich denke, ich habe genug gesagt, um zu zeigen – um Deutschland gegenüber fair zu sein –, dass der Krieg von 1870 kein grundloser Angriff auf Frankreich war. Die Ereignisse – wie die Ems-Affäre –, die unmittelbar dazu führten, waren letztlich nur von untergeordneter Bedeutung, obwohl sie zum Zeitpunkt ihres Auftretens eine so große Rolle spielten. Ich erinnere mich gut an die große Aufregung, die in Paris während der wenigen bangen Tage herrschte, als für den Mann auf der Straße die Frage von Krieg oder Frieden auf der Kippe zu stehen schien, obwohl diese Frage in Wirklichkeit für beide Seiten bereits praktisch entschieden war. Nach allem zu urteilen, was uns in den letzten vierzig Jahren offenbart wurde, glaube ich nicht, dass der Premierminister M. Emile Ollivier in der Lage gewesen wäre, die Entscheidung des schicksalsträchtigen Konzils von Saint Cloud zu ändern, selbst wenn er daran teilgenommen hätte. Die Mehrheit der kaiserlichen Räte war von vielen Wahnvorstellungen besessen und zu sehr auf einen Erfolg gehofft, um zurückzuweichen, und außerdem waren Bismarck und Moltke nicht geneigt, Frankreich zurückweichen zu lassen. Sie waren bereit und wussten genau, dass eine Chance eine großartige Sache ist.

Am 15. Juli las der Herzog von Gramont, der kaiserliche Außenminister, seine denkwürdige Erklärung vor der gesetzgebenden Körperschaft vor, und zwei Tage später wurde eine formelle Kriegserklärung unterzeichnet. Paris geriet sofort in einen regelrechten Begeisterungsrausch, obwohl die Provinzen, wie wir aus allen Telegrammen der Präfekten der Departements wissen, im Allgemeinen den Wunsch hegten, den Frieden zu wahren.

Da ich in Paris lebte und damals sehr wenig über den Rest Frankreichs wusste – denn ich hatte meine Sommerferien lediglich in Badeorten wie Trouville, Deauville, Beuzeval, St. Malo und St. Servan verbracht –, wurde ich zweifellos vom Pariser Fieber angesteckt und wage zu behaupten, dass ich manchmal in den allgemeinen Chor „À Berlin!" einstimmte. Obwohl ich noch ein kleiner Junge war, teilte ich trotz meiner Frühreife das allgemeine Vertrauen in die französische Armee. Viele englische Militärs teilten dieses Vertrauen. Nur diejenigen, die wie Captain Hozier von *der Times* die preußischen Methoden während des Siebenwöchigen Krieges 1866 aufmerksam beobachtet hatten, erkannten klar, dass das norddeutsche Königreich über eine durch und durch gut organisierte Kampfmaschinerie verfügte, die von äußerst fähigen Offizieren geführt wurde und so etwas wie eine Revolution in der Kriegskunst herbeiführen konnte.

Frankreich galt damals als stärker, als es in Wirklichkeit war. An der guten körperlichen Verfassung seiner Männer konnte kein Zweifel bestehen. Jeder, der die großen militärischen Paraden jener Zeit miterlebte, war beeindruckt von der Haltung der Truppen und ihrer Tüchtigkeit unter den Waffen. Und niemand hatte erwartet, dass sie den Deutschen zahlenmäßig so unterlegen sein würden, wie es sich herausstellte, und dass die Generäle sich als so unterlegen im geistigen Kaliber gegenüber den Befehlshabern der gegnerischen Streitkräfte erweisen würden. Die Pariser Garnison war allerdings kein wirklicher Maßstab für die französische Armee im Allgemeinen, obwohl Ausländer dazu neigten, diese nach dem zu beurteilen, was sie in der Hauptstadt von ihr sahen. Die dort stationierten Truppen waren größtenteils ausgesuchte Männer, die Garnison bestand größtenteils aus der kaiserlichen Garde. Letztere bot immer einen glänzenden Auftritt, nicht nur wegen ihrer etwas auffälligen Uniformen, die manchmal an die des Ersten Kaiserreichs erinnerten, sondern auch wegen der guten *körperlichen Verfassung der Männer* und ihrer allgemeinen militärischen Fähigkeiten. Sie kämpften sicherlich gut in einigen der früheren Schlachten des Krieges. Ihr Kommandant war General Bourbaki, ein stattlicher, soldatisch aussehender Mann, der Enkel eines griechischen Piloten, der während der Ägyptenexpedition Napoleons als Vermittler zwischen Napoleon I. und seinem Bruder Joseph fungierte. Dieser ursprüngliche Bourbaki war es, der

Napoleon Josephs geheime Briefe überbrachte, in denen Josephines Fehlverhalten in Abwesenheit ihres Mannes gemeldet wurde. Dieses Fehlverhalten duldete Napoleon damals, obwohl es ihm neun Jahre vor seiner Entscheidung zu einer Scheidung Anrecht gewährt hätte.

Angesichts des Anblicks der Kaisergarde ständig vor Augen konnten die Pariser im Juli 1870 nicht an eine mögliche Niederlage glauben, und außerdem glaubten sie im ersten Moment nicht, dass die süddeutschen Staaten sich Norddeutschland gegen Frankreich anschließen würden. Napoleon III. und seine vertrauten Berater wussten jedoch genau, was sie von diesem Punkt halten sollten, und die Wahnvorstellungen des einfachen Mannes verschwanden, als Bayern, Württemberg, Baden und Hessen-Darmstadt am 20. Juli ihre Absicht verkündeten, Preußen und den Norddeutschen Bund zu unterstützen. Dennoch ließen sich die Pariser davon nicht entmutigen, und die Rufe „Nach Berlin! Nach Berlin!" waren so häufig wie eh und je.

Es war schon lange mein Traum, das große Drama des Krieges zu sehen und daran teilzunehmen. Ich nehme an, alle Jungen kommen mit einem kämpferischen Instinkt auf die Welt. Und es muss auch wenige geben, die nie „Soldat spielen". Mein eigenes Interesse an Krieg und Soldatentum war seit meiner frühesten Kindheit stetig geweckt worden. Zunächst einmal war ich unaufhörlich mit all den Kriegsszenen konfrontiert, die in der *Illustrated Times* und der *Illustrated London News abgebildet waren* ; diese Zeitschriften wurden mir regelmäßig jede Woche zugeschickt, als ich noch ein kleiner Junge in Eastbourne war. Außerdem übte die Karriere meines Onkels Frank Vizetelly eine seltsame Faszination auf mich aus. Er wurde im September 1830 in der Fleet Street geboren und war der jüngste der drei Brüder meines Vaters. Er wurde bei Gustave Doré ausgebildet, wurde Künstler für die Illustrated Press und vertrat 1850 die *Illustrated Times* als Kriegsmaler in Italien, wobei er zeitweise bei den französischen und zeitweise bei den sardischen Streitkräften war. Dies war der erste seiner vielen Feldzüge. Seine Dienste wurden später von der *Illustrated London News in Anspruch* genommen und er begleitete Garibaldi als nächstes von Palermo nach Neapel. Als dann der Bürgerkrieg in den Vereinigten Staaten ausbrach, begab er sich mit Howard Russell dorthin und als er feststellte, dass ihm auf Seiten der Union Hindernisse in den Weg gelegt wurden, reiste er „unter der Erde" nach Richmond und schloss sich den Konföderierten an. Der verstorbene Herzog von Devonshire, der verstorbene Lord Wolseley und Francis Lawley waren unter seinen nachfolgenden Gefährten. Eine Zeit lang teilten er und der Erstgenannte sich dasselbe Zelt und liehen sich gegenseitig Socken und Hemden.

Hin und wieder kam Frank Vizetelly jedoch nach dem Durchbrechen der Blockade nach England, blieb einige Wochen in London und brach dann erneut nach Amerika auf, wobei er auf seinem Weg erneut die Blockade durchbrach. Dies tat er mindestens dreimal. Sein nächster Feldzug war der Krieg von 1866, als er mit dem österreichischen Kommandanten Benedek unterwegs war. Einige Jahre danach blieb er in London und half seinem ältesten Bruder James bei der Herausgabe der wahrscheinlich ersten Gesellschaftszeitschrift, *Echoes of the Clubs*, zu der Mortimer Collins und der verstorbene Sir Edmund Monson maßgeblich beitrugen. Frank Vizetelly kehrte jedoch noch einmal nach Amerika zurück, diesmal mit Wolseley auf der Red-River-Expedition. Später war er mit Don Carlos in Spanien und mit den Franzosen in Tunis, von wo aus er nach Ägypten weiterreiste. Er starb auf dem Feld im Einsatz, als Hicks Paschas kleine Armee in den Denais von Kaschgil im Sudan vernichtet wurde.

In früheren Jahren, als Frank Vizetelly aus Italien oder Amerika zurückkehrte, war er oft im Haus meines Vaters in Kensington, und ich hörte ihn über Napoleon III., MacMahon, Garibaldi, Victor Emmanuel, Cialdini, Robert Lee, Longstreet, Stonewall Jackson und Captain Semmes sprechen. Zwischendurch sah ich alle Kupferstiche, die nach seinen Skizzen angefertigt worden waren, und betrachtete ihn und sie mit einer Art kindlicher Ehrfurcht. Ich kann ihn mir noch immer vorstellen, einen stämmigen, stämmigen, großen und stämmig aussehenden Mann mit kurzen dunklen Haaren, blauen Augen und einem großen roten Schnurrbart. In meiner Jugend, als Anonymität im Journalismus eine fast universelle Regel war, war er mit Abstand das bekannteste Mitglied unserer Familie. So wie jeder von Howard Russell, dem Kriegskorrespondenten der *Times*, *gehört hatte*, hatten die meisten Leute auch von Frank Vizetelly gehört, dem Kriegsmaler der *Illustrated*. Er stand übrigens im Dienst der *Graphic*, als er getötet wurde.

Ich erinnere mich noch gut daran, wie ich mich abwechselnd amüsierte und abstieß über die französische Theaterdarstellung eines englischen Kriegskorrespondenten, die in einem spektakulären Militärstück aufgeführt wurde, das ich kurz nach meiner Ankunft in Paris sah. Es hieß „Die Belagerung von Peking" und war von Mocquard, dem Sekretär Kaiser Napoleons, ausgeheckt worden. Für die ganze „komische Affäre" in der Angelegenheit sorgte ein sogenannter Kriegskorrespondent der *Times*, der in einem Tropenhelm mit einem grünen Derby-Schleier herumstolzierte und mit einem tragbaren Schreibtisch und einem riesigen Regenschirm ausgestattet war. Dieser rotnasige und rotbärtige Mensch sprach ständig davon, dies und jenes für „die erste Zeitung des ersten Landes der Welt" tun zu müssen, und um eine bessere Sicht auf ein Gefecht zu haben, stellte er sich absichtlich zwischen die französischen und chinesischen Kämpfer. Ich hätte seine Albernheiten zweifellos besser amüsiert, wenn ich nicht bereits gewusst hätte, dass sich englische Kriegskorrespondenten nicht so idiotisch benehmen. Und ich verließ die Vorstellung mit einem starken Groll gegenüber einer so unerhörten Karikatur eines Berufsstandes, zu dessen Mitgliedern mein Onkel zählte, den ich so sehr bewunderte.

Was auch immer meine Träume gewesen sein mögen, ich hätte kaum damit gerechnet, dass ich während des Deutsch-Französischen Krieges selbst diesen Beruf ergreifen würde. Die Lycées lösten sich in einem Durcheinander auf, und mein Vater beschloss, mich zu meiner Stiefmutter und den jüngeren Familienmitgliedern nach Saint-Servan zu schicken, da er vorhatte, mit meinem älteren Bruder Edward an die Front zu gehen. Doch Simpson, der erfahrene Künstler aus dem Krimkrieg, kam herüber, um sich der sogenannten Rheinarmee anzuschließen, und mein Bruder, der ein Engagement von der *New York Times erhielt*, machte sich auf eigene Faust auf den Weg. So wurde ich umgehend nach Paris zurückbeordert, wo mein Vater zu bleiben beschlossen hatte. Damals dauerte die Reise von der Bretagne in die Hauptstadt viele lange und ermüdende Stunden, und ich schaffte sie in einem Drittklasse-Waggon eines Zuges, der vollgestopft war mit Soldaten aller Waffengattungen, Kavallerie, Infanterie und Artillerie. Die meisten von ihnen waren betrunken, und die Derbheit ihrer Sprache und Manieren war fast unglaublich. Diese schreckliche Nacht, die ich auf dem Boden eines langsam fahrenden und holprigen Zuges verbrachte [Damals gab es in den französischen Waggons der dritten Klasse keine gepolsterten Sitze.], inmitten betrunkener und vulgärer Kameraden, ermöglichte mir sozusagen einen Blick auf die andere Seite des Bildes - das heißt auf einige Dinge, die sich hinter dem Glanz des Krieges verbergen.

Es muss etwa der 25. Juli gewesen sein, als ich nach Paris zurückkehrte. Gerade war ein Dekret erlassen worden, das die Kaiserin in Abwesenheit des Kaisers zur Regentin ernannte, der das Kommando über die Rheinarmee übernehmen sollte. Ursprünglich war geplant, dass es drei französische Armeen geben sollte, aber während der Konferenzen mit Erzherzog Albert im Frühjahr wurde dieser Plan zugunsten einer einzigen Armee unter dem Kommando von Napoleon III. aufgegeben. Die Idee hinter der Änderung bestand darin, einen Überschuss an Stabsoffizieren zu vermeiden und die Zahl der tatsächlichen Kämpfer zu erhöhen. Sowohl Le Boeuf als auch Lebrun stimmten der Änderung zu, und dies scheint darauf hinzudeuten, dass es auf französischer Seite bereits Bedenken hinsichtlich der geringeren Stärke ihrer Truppen gab. Die Armee wurde in acht Abteilungen aufgeteilt, d. h. sieben Armeekorps und die Kaiserliche Garde. Bourbaki kommandierte, wie bereits erwähnt, die Garde, und an der Spitze des Armeekorps standen (1) MacMahon, (2) Frossard, (3) Bazaine, (4) Ladmerault, (5) Failly, (6) Canrobert und (7) Félix Douay. Sowohl Frossard als auch Failly wurden jedoch zunächst Bazaine unterstellt. Der Leiter des Nachrichtendienstes war Oberst Lewal, der es unter der Republik zum General und Kriegsminister brachte und einige empfehlenswerte Werke über Taktik schrieb; und ihm direkt unterstanden Oberstleutnant Fay, später ebenfalls ein bekannter General, und Hauptmann Jung, der vielleicht am besten für seine Untersuchungen zum Geheimnis des Mannes mit der eisernen Maske in Erinnerung geblieben ist. Ich nenne diese Namen, weil, wie bekannt diese drei Männer in späteren Jahren auch geworden sein mögen, der französische Nachrichtendienst zu Beginn des Krieges ohne Zweifel äußerst fehlerbehaftet war und für einige der Katastrophen verantwortlich war, die sich ereigneten.

Als ich nach Paris zurückkehrte, bestand eine meiner ersten Aufgaben darin, Moulin zu suchen, den Detektiv-Künstler, den ich in meinem ersten Kapitel erwähnte. Ich fand ihn in seinem etwas schäbigen Haus im Quartier Mouffetard, umgeben von einer Horde Kinder, und er teilte mir sofort mit, dass er einer der „Agenten" sei, die den Kaiser auf dem Feldzug begleiten sollten. Die etwas verschwenderische kaiserliche *Equipage* , über die Zola in „Der Untergang" so oft sprach, war, glaube ich, bereits nach Metz geschickt worden, wo der Kaiser sein Hauptquartier aufschlagen wollte, und die Eskorte der Cent Gardes war im Begriff, dorthin zu eilen. Moulin sagte mir jedoch, dass er und zwei seiner Kollegen im selben Zug wie Napoleon reisen würden, und man einigte sich darauf, dass er die Skizzen, die er von Zeit zu Zeit anfertigen könnte, entweder nach Paris oder nach London schicken sollte, je nachdem, was sich als am praktischsten erweisen würde. Er schlug vor, dass es eine Skizze von der Abreise des Kaisers aus Saint Cloud geben sollte, und dass ich ihn bei dieser Gelegenheit begleiten und sie ihm abnehmen sollte, um Verzögerungen zu vermeiden. Wir fuhren also am 28. Juli gemeinsam hinunter, erhielten umgehend Zutritt zum Schloss, wo Moulin einige Anweisungen entgegennahm, und begaben uns dann zum Abstellgleis im Park, von wo der kaiserliche Zug abfahren sollte.

Offiziere und hohe Beamte, fast alle in Uniform, gingen ständig zwischen dem Abstellgleis und dem Schloss hin und her, und bald erschien die kaiserliche Gesellschaft, wobei der Kaiser zwischen der Kaiserin und dem jungen kaiserlichen Prinzen stand. Eine ganze Menge Würdenträger folgte. Ich kann mich nicht erinnern, Emile Ollivier gesehen zu haben, obwohl er anwesend gewesen sein muss, aber ich bemerkte insbesondere Rouher, den einst allmächtigen Minister, der heute Vizekaiser genannt wurde und später Präsident des Senats wurde. Trotz seiner Beleibtheit ging er mit äußerst entschlossenen Schritten, hielt seinen Kopf sehr aufrecht und sprach mit seiner gewohnt lauten Stimme. Der Kaiser, der die Ausgehuniform eines Generals trug, sah sehr ernst und fahl aus. Die Krankheit, die schließlich zu seinem Tod führte, war bereits ernst geworden [ich habe in meinen beiden Büchern „Der Hof der Tuilerien, 1862-1870" (Chatto und Windus) und „Das republikanische Frankreich, 1870-1912" (Holden und Hardingham) viele Einzelheiten darüber gegeben], und nur wenige Tage später, nämlich während der Saarbrücken-Affäre (2. August), war er schmerzlich davon betroffen. Trotzdem hatte er sich verpflichtet, das Kommando über die französische Armee zu übernehmen! Der kaiserliche Prinz, damals vierzehn Jahre alt, trug ebenfalls eine Uniform, da vereinbart worden war, dass er seinen Vater an die Front begleiten sollte, und er schien äußerst aufgeregt und ruhelos zu sein und wandte sich wiederholt um, um Bemerkungen mit dem einen oder anderen Offizier in seiner Nähe auszutauschen. Die Kaiserin, die sehr einfach gekleidet war, lächelte ein- oder zweimal als Antwort auf einige Worte, die ihr Mann sagte, aber größtenteils sah sie genauso ernst aus wie er. Was auch immer Emile Ollivier über den Beginn dieses Krieges mit leichtem Herzen gesagt haben mag, sicher ist, dass diese beiden Herrscher Frankreichs in dieser Stunde des Abschieds die Tragweite der auf dem Spiel stehenden Fragen erkannten. Nachdem sie sich zum Abschied einen Kuss gegeben hatten, nahm die Kaiserin ihren eifrigen kleinen Sohn in die Arme und umarmte ihn liebevoll, und als wir ihr Gesicht das nächste Mal sahen, konnten wir die Tränen in ihren Augen sehen. Der Kaiser nahm bereits seinen Platz ein, und der Junge sprang ihm schnell hinterher. Hat sich die Kaiserin in diesem Moment gefragt, wann, wo und wie sie sie das nächste Mal wiedersehen würde? Vielleicht tat sie es. Alles war jedoch schnell zur Abfahrt bereit. Als der Zug sich in Bewegung setzte, winkten sowohl der Kaiser als auch der Prinz aus den Fenstern, während alle begeisterten kaiserlichen Würdenträger ihre Hüte schwenkten und einen langgezogenen Ruf „Vive l'Empereur!" ausstießen. Es war vielleicht nicht so laut, wie es hätte sein können; aber es waren ja auch meist ältere Männer. Moulin hatte während der Pause etwas in der Art einer Daumennagelskizze angefertigt; Ich hatte mir auch selbst ein paar Notizen gemacht und eilte daher nach Paris zurück.

Drittes Kapitel

AUF DEM WEG ZUR REVOLUTION

Erste französische Niederlagen – Gerüchte über einen großen Sieg – Die Marseillaise, Capoul und Marie Sass – Edward Vizetelly bringt Neuigkeiten aus Forbach nach Paris – Wieder Émile Ollivier – Sein Sturz – Cousin Montauban, Comte de Palikao – Englische Kriegskorrespondenten in Paris – Gambetta nennt mich „einen kleinen Spion" – Weitere französische Niederlagen – Palikao und die Verteidigung von Paris – Heldentaten einer Belagerung – Verwundete kehren von der Front zurück – Wilde Berichte über französische Siege – Die Steinbrüche von Jaumont – Die anglo-amerikanische Ambulanz – Die Neuigkeiten aus Sedan – Salas unangenehmes Abenteuer – Der Untergang des Kaiserreichs.

Ich glaube, es waren zwei Tage nach der Ankunft des Kaisers in Metz, als die ersten Deutschen – eine Abteilung Badener – französisches Territorium betraten. Dann kam es am 2. August zum erfolgreichen französischen Angriff auf Saarbrücken, eine unbedeutende Angelegenheit, die aber in guter Erinnerung blieb, da der junge kaiserliche Prinz bei dieser Gelegenheit die „Feuertaufe" erhielt. Passenderweise wurden die Truppen, deren Erfolg er miterlebte, von seinem verstorbenen Gouverneur, General Frossard, kommandiert. Wichtiger war das Gefecht bei Weißenburg zwei Tage später, als eine Division der Franzosen unter General Abel Douay von weit überlegenen Kräften überrascht und völlig überwältigt wurde, wobei Douay selbst während der Kämpfe getötet wurde. Noch zwei weitere Tage vergingen, und dann besiegte der Kronprinz von Preußen – der spätere Kaiser Friedrich – Mac-Mahon bei Wörth trotz heftigen Widerstands der französischen Kürassiere unter General Vicomte de Bonnemains, der an Heldentum grenzte. Später heiratete der Sohn des Generals eine hübsche und wohlhabende junge Dame aus der Bourgeoisie namens Marguerite Crouzet, von der er sich jedoch scheiden lassen musste und die später als Geliebte von General Boulanger berüchtigt wurde.

Merkwürdigerweise verbreitete sich am selben Tag der Katastrophe von Wörth das Gerücht eines großen französischen Sieges in Paris. Mein Vater hatte Gelegenheit, mich zu seinen Bankiers in der Rue Vivienne zu schicken, und als ich mich auf den Weg zu den Boulevards machte, denen ich folgen wollte, war ich erstaunt, die Ladenbesitzer eifrig die dreifarbigen Flaggen aufstellen zu sehen, die sie gewöhnlich am Festtag des Kaisers (15. August) zeigten. Niemand wusste genau, wie die Gerüchte über den Sieg entstanden waren, niemand konnte genaue Einzelheiten über den angeblichen großen Erfolg angeben, aber jeder glaubte daran, und die Begeisterung war allgemein. Es war etwa mittags, als ich mich in die Rue Vivienne begab, und nachdem ich dort meine Geschäfte erledigt hatte, bog ich in den Place de la Bourse ein, wo sich eine riesige Menschenmenge versammelt hatte. Auch die Stufen der Börse waren mit Menschen bedeckt, und inmitten einer Myriade eifriger Gestikulationen stieg ein wahres Stimmengewirr zum blauen Himmel auf. Einer der grünen Omnibusse, die damals von der Börse nach Passy fuhren, wartete auf dem Platz und konnte wegen der Menschenmenge nicht abfahren. Auf einmal, inmitten einer Szene großer Aufregung und wiederholter Rufe von „La Marseillaise!" „La Marseillaise!", stiegen drei oder vier gut gekleidete Männer auf das Fahrzeug, wandten sich dem Mob von Spekulanten und Schaulustigen zu, der die Stufen der Börse bedeckte, und riefen ihnen wiederholt zu: „Ruhe! Ruhe!" Der Tumult ließ etwas nach, und daraufhin nahm einer der Omnibusfahrer, ein gutaussehender schlanker junger Mann mit einem kleinen Schnurrbart, seinen Hut ab, hob den rechten Arm und begann die Kriegshymne der Revolution zu singen. Als die Strophe zu Ende war, stimmte die ganze Versammlung den Refrain an.

Seit den Tagen des Staatsstreichs war die Marseillaise in Frankreich verboten. Die offizielle kaiserliche Melodie war „Partant pour la Syrie", ein Militärmarsch, komponiert von der Mutter des Kaisers, Königin Hortense, mit Texten von Graf Alexandre de Laborde, der darin einen schönen jungen Ritter darstellte, der vor seiner Abreise nach Palästina zur Heiligen Jungfrau betete und sie um ihre Güte bat, er möge sich als „der tapferste Tapfere erweisen und die schönste Schöne lieben". Während der zwanzig Jahre der Herrschaft des dritten Napoleon hatte Paris die Klänge von „Partant pour la Syrie" viele tausend Mal gehört und war ihrer, obwohl sie recht melodisch waren, gründlich überdrüssig geworden. Um die Begeisterung der Bevölkerung für den Krieg anzufachen, hatte das Kabinett Ollivier das Spielen und Singen der lange verbotenen „Marseillaise" genehmigt. Obwohl die Überlebenden des Krieges von 1848 sie noch in guter Erinnerung hatten und sie sogar von den jungen Republikanern von Belleville und dem Quartier Latin gesummt wurde, erwies sie sich für die Hälfte der Bevölkerung als völlig neuartig und wurde von diesem Zeitpunkt an bis heute immer wieder gehört.

Der junge Sänger, der es an jenem schicksalsträchtigen Tag in Wörth vom Dach eines Omnibusses der Passy-Bourse sang, behauptete, ein Tenor zu sein, war aber eigentlich ein Tenorino, da seine Stimme weitaus mehr Süße als Kraft besaß. Er war bereits bekannt und beliebt, denn er hatte die Rolle des Romeo in Gounods bekannter Oper übernommen, die auf dem Shakespeare-Stück basiert. Wie viele andere Sänger wäre Victor Capoul vielleicht schon bald in Vergessenheit geraten, aber ein merkwürdiger Umstand, der nichts mit dem Gesang zu tun hatte, verbreitete und verewigt seinen Namen. Er entwickelte eine besondere Art, sein Haar zu frisieren, indem er einen Teil davon in einer Art Halbkreis über die Stirn „klebte"; und der neue Stil, der sich unter jungen Parisern „durchsetzte", die „Coiffure Capoul", ging schließlich um die Welt. Sie wird in einigen Porträts von König Georg V. veranschaulicht.

In jenen Kriegstagen sang Capoul die „Marseillaise" entweder an der Opéra Comique oder am Théâtre Lyrique; an der Oper wurde sie jedoch von Marie Sass gesungen, die damals auf dem Höhepunkt ihres Ruhms war. Ich kam ein paar Jahre später mit ihr in Kontakt, als sie in den Pariser Vororten lebte, und mehr als einmal, als wir beide im selben Zug in die Stadt fuhren, hatte ich die Ehre, ihr beim Aussteigen zu helfen – was keine leichte Angelegenheit war, da la Sass die dickste und schwerste aller Premierendamen war, *die* ich je gesehen hatte.

Am selben Tag, an dem Mac-Mahon bei Wörth besiegt wurde, erlitt Frossard bei Forbach eine schwere Niederlage. Mein älterer Bruder Edward [geboren am 1. Januar 1847 und somit 1870 in seinem 24. Lebensjahr] war Zeuge dieses Gefechts. Er war, wie ich bereits erwähnte, für eine amerikanische Zeitschrift an die Front gegangen. Da es ihm unmöglich war, die Nachricht von dieser schweren französischen Niederlage zu telegraphieren, schaffte er es, mit einer Lokomotive nach Paris zu gelangen, und kam in unserer Wohnung in der Rue de Miromesnil an, schwarz aussah wie ein Kohlenschlepper. Als er Ryan, dem Pariser Vertreter der *New York Times*, seinen Bericht über die Angelegenheit überreicht hatte, wurde angedeutet, dass seine Informationen vielleicht für den französischen Kriegsminister von Nutzen sein könnten. Also eilte er zum Ministerium, wo die Nachrichten, die er mitbrachte, die Bestürzung der Beamten noch verstärkten, die ohnehin schon unter den ersten Nachrichten von der Katastrophe von Wörth taumelten.

Paris, das über einen imaginären Sieg jubelte, war über die Nachrichten von Wörth und Forbach außer sich vor Wut. Die Regierung fürchtete bereits ein revolutionäres Unterfangen und erklärte die Stadt für belagert, wodurch sie unter militärische Autorität gestellt wurde. Obwohl kürzlich zusätzliche Männer in die Nationalgarde aufgenommen worden waren, wurde deren Bewaffnung absichtlich verzögert, und zwar aus Angst vor revolutionären Unruhen, die das *Gefolge* der Kaiserin-Regentin in Saint Cloud vom Moment der ersten Niederlagen an befürchtete. Ich erinnere mich, dass ich eines Tages Anfang August auf dem Place Vendôme Zeuge einer sehr turbulenten Versammlung von Nationalgardisten wurde, die dorthin geströmt waren, um Waffen vom Premierminister zu fordern, d. h. von Emile Ollivier, der neben dem Amt des Premierministers, also dem „Ratsvorsitz", auch die Ämter des Siegelbewahrers und des Justizministers innehatte; dieses Ministerium hatte damals seine Büros in einem der Gebäude am Place Vendôme. Ollivier reagierte auf die Demonstration, indem er auf dem Balkon seines Privatzimmers erschien und eine kurze Rede hielt, in der er vage versprach, der Forderung des Volkes nachzukommen. Tatsächlich geschah dies während seiner Amtszeit jedoch nicht.

Während ich diese Zeilen schreibe, höre ich, dass dieser viel gescholtene Staatsmann gerade in Saint Gervais-les-Bains in Haute-Savoie verstorben ist (20. August 1913). Er wurde im Juli 1825 in Marseille geboren und wurde 88 Jahre alt. Seine zweite Frau (geb. Gravier), die ich in einem früheren Kapitel erwähnte, überlebt ihn. Ich möchte sein Andenken nicht übermäßig belasten. Er stammte jedoch aus einer sehr republikanischen Familie und in seinen früheren Jahren zeigte er persönlich, was als äußerst überzeugter Republikaner zu gelten schien. Als er 1857 zum ersten Mal als Mitglied der gesetzgebenden Körperschaft gewählt wurde, erklärte er öffentlich, dass er vor dieser im Wesentlichen bonapartistischen Versammlung als eines der Gespenster des Verbrechens des Staatsstreichs erscheinen würde. Doch später lockte ihn M. de Morny mit einem lukrativen Posten im Zusammenhang mit dem Suezkanal. Später war ihm die Kaiserin wohlgesonnen und schließlich übernahm er das Amt des Kaisers, wobei er fast alle seiner früheren Freunde und Kollegen vor den Kopf gestoßen hat.

Regime zu etablieren . Aber obwohl unter seiner Schirmherrschaft verschiedene Reformen durchgeführt wurden, ist es ganz sicher, dass man ihm keine völlig freie Hand ließ. Auch wurde er nicht völlig ins Vertrauen gezogen, was die geheime diplomatische und militärische Politik des Kaisers betraf. Das wurde durch die Rede selbst bewiesen, in der er davon sprach, den Krieg mit Preußen „mit leichtem Herzen" zu beginnen; denn in seinen nächsten Sätzen sprach er davon, dass dieser Krieg Frankreich absolut aufgezwungen worden sei und dass er und seine Kollegen alles getan hätten, was menschlich und ehrenhaft möglich gewesen sei, um ihn zu vermeiden. Sicherlich hätte er nicht ganz so gesprochen, wenn er damals gewusst hätte, dass Bismarck den Krieg nur aufgezwungen hatte, um die Absicht Kaiser Napoleons zu vereiteln, im darauffolgenden Frühjahr in Deutschland einzumarschieren. Die öffentliche Provokation von Preußens Seite war, wie ich bereits gezeigt habe, lediglich ihre Antwort auf die geheime Provokation Frankreichs, wie alle Verhandlungen mit Erzherzog Albert im Namen Österreichs und mit Graf Vimercati im Namen Italiens belegen. Über all diese Angelegenheiten war Ollivier bestenfalls sehr unvollständig informiert. Schließlich sei daran erinnert, dass er beim Konzil in Saint Cloud, bei dem der Krieg endgültig beschlossen wurde, abwesend war.

Am Sonntagmorgen des 7. August – dem Tag nach Wörth und Forbach – kam Kaiserin Eugénie in aller Eile und in großer Not von Saint Cloud in die Tuilerien. Die Lage war sehr ernst, und die Minister hielten besorgte Konferenzen ab. Als die gesetzgebende Körperschaft am nächsten Tag zusammentrat, verurteilten mehrere Abgeordnete die Art und Weise, in der die Militäroperationen durchgeführt wurden, aufs Schärfste. Ein

Abgeordneter, ein gewisser Guyot-Montpeyroux, der für seine unverblümte Sprache bekannt war, entsetzte die ergebeneren Imperialisten, indem er die französischen Streitkräfte als eine von Eseln geführte Löwenarmee beschrieb. Am folgenden Tag traten Ollivier und seine Kollegen von ihrem Amt zurück. Ihre Position war unhaltbar geworden, obwohl sie in Bezug auf die Militäroperationen kaum oder gar keine Verantwortung trugen. Der Kriegsminister, General Dejean, war lediglich ein Lückenbüßer gewesen, der ernannt worden war, um die Maßnahmen durchzuführen, die vereinbart worden waren, bevor sein Vorgänger, Marschall Le Boeuf, als Generalmajor der Armee an die Front gegangen war.

Gefolge der Kaiserin herrschte jedoch die Meinung, dass der neue Premierminister ein energischer Militärmann sein sollte, der sich zudem dem kaiserlichen *Regime verpflichtet* fühlte. Da die Marschälle und die meisten der bedeutenden Generäle der Zeit bereits im Feld dienten, war es schwierig, eine prominente Persönlichkeit mit den gewünschten Qualifikationen zu finden. Schließlich konnte die Kaiserin jedoch dazu überredet werden, einem Offizier, den sie persönlich nicht mochte, ein Telegramm zu schicken, nämlich General Cousin-Montauban, Comte de Palikao. Er war sicherlich und aus gutem Grund dem Kaiserreich ergeben und hatte sich in der Vergangenheit zweifellos als energischer Mann erwiesen. Aber zu diesem Zeitpunkt war er in seinem 75. Jahr im Amt – eine Tatsache, die von Historikern des Deutsch-Französischen Krieges oft übersehen wird – und aus genau diesem Grund hatte man beschlossen, seine Bewerbung abzulehnen und ihn in Lyon zurückzulassen, wo er die letzten fünf Jahre die Garnison kommandiert hatte, obwohl er sich gleich beim Ausbruch der Feindseligkeiten um ein Kommando im Feld beworben hatte.

Dreißig Jahre seines Lebens hatte Palikao in Algerien verbracht und die meiste Zeit davon gegen die Araber gekämpft. 1860 wurde er jedoch zum Befehlshaber der französischen Chinaexpedition ernannt, wo er mit einer kleinen Truppe mit größter Kraft Feindseligkeiten führte, die ihm gegenüberstehenden Horden von Chinesen wiederholt dezimierte oder zerstreute und gemeinsam mit den Engländern Peking siegreich einnahm. Auf der Expedition lastete ein gewisser Makel aufgrund der Plünderung des Sommerpalastes des chinesischen Kaisers, aber die alleinige Verantwortung für diese Affäre konnte nicht dem französischen Befehlshaber zugeschoben werden, da er nur fortsetzte und vollendete, was die Engländer begonnen hatten. Nach seiner Rückkehr nach Frankreich ernannte ihn Napoleon III. zum Comte de Palikao (der Name ist einem seiner chinesischen Siege entnommen) und bat außerdem die gesetzgebende Körperschaft, ihm eine *Dotation zu gewähren* . Dies wurde jedoch durch den Plünderungsskandal im Sommerpalast verhindert, sehr zum Ärger des Kaisers, und nach dem Fall des Kaiserreichs stellte sich heraus, dass das Kriegsministerium auf ausdrücklichen Befehl Napoleons einen Betrag von etwa 60.000 Pfund an Palikao gezahlt hatte, wobei dieser Geldbetrag (gemäß der damaligen Praxis) für anderen als den im Haushaltsvoranschlag ursprünglich vorgesehenen Zweck verwendet wurde.

Dies war nicht allgemein bekannt, als Palikao Ministerpräsident wurde. Er war damals das, was man einen sehr gut erhaltenen alten Offizier nennen könnte, aber seine Lunge war durch eine lange zurückliegende Schusswunde etwas angegriffen, und dies gab er mehr als einmal als Grund dafür an, auf Interpellationen im Plenum äußerst kurz zu antworten. Als die Lage immer schlimmer wurde, wurde dieses Lungenleiden zudem zu einem guten Vorwand, bei bestimmten unpassenden Gelegenheiten absolutes Schweigen zu bewahren. Wenn Palikao jedoch sprechen wollte, tat er dies oft unwahrheitsgemäß und fügte der Suppressionio *veri wiederholt die Suggestio falsi* hinzu. Tatsächlich hatte er, wie andere glühende Anhänger der Dynastie, Angst, die Pariser den wahren Stand der Dinge wissen zu lassen. Außerdem war er selbst oft nicht darüber informiert. Er trat sein Amt an (er war der dritte Kriegsminister in fünfzig Tagen), ohne die geringste Kenntnis des kaiserlichen Feldzugsplans oder der im Falle weiterer französischer Rückschläge zu ergreifenden Schritte zu haben, und dieser 70-jährige Offizier, der aus Erfahrung sehr wohl wusste, wie man mit Arabern und Chinesen umgeht, aber noch nie mit europäischen Truppen zu kämpfen gehabt hatte, stand vor einer Herkulesaufgabe. Trotzdem zeigte er in seiner neuen halbpolitischen und halbmilitärischen Position Eifer und Tatendrang. Er unterstützte Mac-Mahon sehr bei der Neuaufstellung seiner Armee in Châlons, er plante die Aufstellung von drei weiteren Armeekorps und er begann damit, Paris in einen Verteidigungszustand zu versetzen, während sein Kollege Clément Duvernois, der neue Handelsminister, begann, Schaf- und Ziegenherden zusammenzutreiben, damit die Stadt im Falle einer Belagerung über die notwendigen Lebensgrundlagen verfügen konnte.

Zu dieser Zeit gab es in Paris eine ganze Reihe englischer „Kriegs"- und „eigener" Korrespondenten. Die ersteren waren größtenteils aus Metz zurückgekehrt, wohin sie sich begeben hatten, als der Kaiser an die Front aufbrach. Anfangs schien es, als würden die Franzosen ausländischen Journalisten gestatten, sie auf ihrem „Spaziergang nach Berlin" zu begleiten, doch als sich Rückschläge einstellten, wurde Zeitungsleuten jegliche offizielle Anerkennung verweigert, und außerdem hatten einige Vertreter der Londoner Presse in Metz eine sehr unangenehme Zeit, da sie dort als Spione verhaftet und verschiedenen Demütigungen ausgesetzt wurden. Ich weiß nicht mehr, ob sie nach Paris zurückbeordert wurden oder ob sie sich freiwillig in die Hauptstadt zurückzogen, als ihre Lage bei der Armee unhaltbar wurde; jedenfalls kamen sie in der Stadt an und blieben dort eine

Zeit lang, wobei sie täglich Symposien im Grand Café an der Ecke der Rue Scribe an den Boulevards abhielten.

Von Zeit zu Zeit ging ich mit meinem Vater dorthin, und inmitten dieser Galaxie journalistischer Talente traf ich einige Männer, mit denen ich in meiner Kindheit gesprochen hatte. Einer von ihnen war zum Beispiel George Augustus Sala, und ein anderer war Henry Mayhew, der berühmte Autor von „London Labour and the London Poor“, der von seinem Sohn Athol begleitet wurde. Rückblickend scheint es mir, dass weder Sala noch Henry Mayhew trotz all ihrer brillanten Begabung als Korrespondenten vor Ort geeignet waren, und sie waren in Paris sicherlich viel besser aufgehoben als im Hauptquartier der Rheinarmee. Zu den ansässigen Korrespondenten, die die Zusammenkünfte im Grand Café besuchten, gehörten Captain Bingham, Blanchard (Sohn von Douglas) Jerrold und der flotte Bower, der einmal wegen einer Affäre, *bei* der er der Geschädigte war, auf Leben und Tod vor Gericht gestellt und aufgrund des „ungeschriebenen Gesetzes“ freigesprochen worden war. Wenn ich in den vergangenen mehr als vierzig Jahren einen raubeinigen älteren Herrn in einer gelbbraunen Weste und einer weißgepunkteten blauen Krawatte sah, musste ich instinktiv an Bower denken, der während der gesamten Belagerung von Paris eine ebensolche Weste und Krawatte, den glänzendsten aller Seidenhüte und die formschönsten aller Lackstiefel trug und gern über die Vorzüge von gekochtem Strauß und gedünstetem Elefantenfuß schwadronierte, zwei teure Leckerbissen, die er in seinem Club genoss, nachdem die Bewohner des Jardin des Plantes niedergemetzelt worden waren.

Bower vertrat den *Morning Advertiser*. Ich kann mich nicht erinnern, Bowes vom *Standard* bei den erwähnten Zusammenkünften gesehen zu haben, oder Crawford von der *Daily News*, der seine Pariser Briefe so lange in einem kleinen Café gegenüber der Börse schrieb. Aber sicherlich sah ich Labouchere zum ersten Mal im Grand Café, der wie Sala im benachbarten Grand Hotel untergebracht war und bald als „belagerter Bewohner“ der *Daily News berühmt wurde*. Was Mr. Thomas Gibson Bowles betrifft, der die *Morning Post* während der deutschen Belagerung vertrat, sah ich ihn zum ersten Mal in der britischen Botschaft, als er einen schönen kleinen Schnurrbart hatte (um den ich ihn sehr beneidete) und sein Haar schön in der Mitte gescheitelt trug. *Eheu! fugaces labuntur anni*.

Sala war der Mittelpunkt dieser Zusammenkünfte im Grand Café, immer ausgelassen fröhlich, es sei denn, das Gespräch drehte sich um die Aussichten der französischen Streitkräfte, woraufhin er sie unaufhörlich beschimpfte. Blanchard Jerrold, der mit dem Spionagesystem des Kaiserreichs bestens vertraut war, warnte Sala wiederholt, vorsichtig zu sein – aber vergebens; und das Endergebnis seiner Offenheit war ein sehr unangenehmes Abenteuer am Vorabend des Untergangs des Kaiserreichs. In Gegenwart all dieser angesehenen Männer der Schreibkunst bewahrte ich selbst, wie es meinem Alter entsprach, meist ein sehr diskretes Schweigen, hörte aufmerksam zu, öffnete aber selten meine Lippen, es sei denn, um eine weitere Tasse Kaffee oder einen *Sirop de Groseille* oder *Grenadine anzunehmen oder abzulehnen* . Ich rührte bei meinen Mahlzeiten nie ein Rauschmittel an, außer Rotwein, und obwohl ich in meinen Tagen in Eastbourne, wie die meisten Jungen meiner Zeit, mit einer Tonpfeife und etwas dunklem Shag experimentiert hatte, rauchte ich nicht. Mein Vater war persönlich ein großer Zigarrenliebhaber, aber wenn er mich beim Rauchen einer Zigarren erwischt hätte, hätte er mich, glaube ich, niedergeschlagen.

Im Zusammenhang mit diesen Grand Café-Treffen erlebte ich eines Tages ein kleines Abenteuer. Es war vereinbart worden, dass ich mich dort mit meinem Vater treffen sollte, und als ich von der Madeleine in die Boulevards einbog, kam ich langsam an der Rue Basse du Rempart vorbei, die damals Rue Basse du Rempart hieß. Ich dachte an irgendetwas – ich weiß nicht mehr, was, aber auf jeden Fall war ich in Gedanken versunken und folgte unabsichtlich den Schritten zweier schwarz gekleideter Herren, die in ein Gespräch vertieft waren. Ich war mir ihrer Anwesenheit fast nicht bewusst und hörte jedenfalls kein Wort von dem, was sie sagten. Aber plötzlich drehte sich einer von ihnen um und sagte wütend zu mir: „Veux-tu bien t'en aller, petit espion!" oder: „Hau ab, kleiner Spion!" Ich wachte sozusagen auf, sah ihn an und erkannte zu meinem Erstaunen Gambetta, den ich bereits mehrere Male gesehen hatte, als ich mit meinem Mentor Brossard entweder im Café de Suède oder im Café de Madrid war. Gleichzeitig drehte sich jedoch auch sein Begleiter um und es stellte sich heraus, dass es Jules Simon war, der mich durch einen seiner Söhne kannte. Das war ein Glücksfall, denn er rief sofort aus: „Aber nein! Es ist der junge Vizetelly, ein Freund meines Sohnes", und fügte hinzu: „Wollten Sie mit mir sprechen?"

Ich verneinte, sagte, ich hätte ihn von hinten nicht einmal erkannt und versuchte zu erklären, dass ich ihm und Monsieur Gambetta rein zufällig gefolgt sei. „Sie kennen mich also?", rief der zukünftige Diktator etwas scharf aus, worauf ich erwähnte, dass man mich mehr als einmal auf ihn aufmerksam gemacht hatte, vor allem, als er in der Gesellschaft von Monsieur Delescluze war. „Ah, oui, fort bien", antwortete er. „Es tut mir leid, wenn ich so gesprochen habe. Aber" – und hier wandte er sich an Simon – „man weiß nie, man kann nie genug Vorsicht walten lassen. Der Spanier würde uns beide gern nach Mazas schicken." Mit „dem Spanier" meinte er natürlich die Kaiserin Eugénie, so wie die Leute Marie-Antoinette meinten, wenn sie während der ersten Revolution von „der Österreicherin" sprachen. Damit war die Sache erledigt. Sie schüttelten mir beide die Hand, ich lüftete meinen Hut und eilte weiter ins Grand Café, wo ich sie ihrem privaten Gespräch überließ. Dies war das erste Mal, dass ich mit Gambetta ein Wort wechselte. Der Vorfall muss sich kurz nach seiner Rückkehr aus der Schweiz zugetragen haben, wohin er in voller Erwartung des Triumphs der französischen Waffen gereist war, aber sofort nach seiner Rückkehr von den ersten Katastrophen hörte. Simon und er waren durch ihre Opposition gegen das Kaiserreich natürlich miteinander verbunden, aber sie waren Männer mit sehr unterschiedlichen Charakteren, und etwa sechs Monate später waren sie sich uneins.

Während Palikaos Amtszeit überschlugen sich die Ereignisse. Gambetta belebte einen früheren Vorschlag Jules Favres und schlug der gesetzgebenden Körperschaft die Bildung eines Komitees zur Nationalen Verteidigung vor, und schließlich wurde eines ernannt; aber das einzige Mitglied der Opposition, das darin aufgenommen wurde, war Thiers. Mitte August kam es in La Villette zu einigen revolutionären Unruhen. Dann, nach der berühmten Konferenz in Châlons, bei der Rouher, Prinz Napoleon und andere die Situation mit dem Kaiser und Mac-Mahon besprachen, wurde Trochu zum Militärgouverneur von Paris ernannt, wo er sich bald mit Palikao anlegte. In der Zwischenzeit erlebten die Franzosen unter Bazaine, dem der Kaiser den Oberbefehl überlassen musste – insbesondere die Abgeordneten der Opposition bestanden auf Bazaines Ernennung an seiner Stelle –, einen Rückschlag nach dem anderen. Auf die Schlacht von Courcelles oder Pange am 14. August folgte zwei Tage später die von Vionville oder Mars-la-Tour, und nach weiteren zwei Tagen kam es zum großen Kampf von Gravelotte, und Bazaine wurde auf Metz zurückgeworfen.

Auf der Konferenz von Châlons war beschlossen worden, dass der Kaiser nach Paris zurückkehren und Mac-Mahons Armee sich ebenfalls in Richtung Hauptstadt zurückziehen sollte. Doch Palikao telegraphierte an Napoleon: „Wenn Sie Bazaine aufgeben, wird es in Paris eine Revolution geben und Sie selbst werden von allen feindlichen Streitkräften angegriffen. Paris wird sich gegen jeden Angriff von außen verteidigen. Die Befestigungen sind fertiggestellt." Es wurde argumentiert, dass der Plan zur Rettung Bazaines erfolgreich gewesen wäre, wenn er sofort und in Übereinstimmung mit Palikaos Ideen in die Tat umgesetzt worden wäre; doch der ursprüngliche Plan wurde geändert, es kam zu Verzögerungen und die Franzosen wurden von den Deutschen überholt, die sie bei Sedan einholten. Was Palikaos Aussage angeht, dass die Befestigungen von Paris zum Zeitpunkt der Absendung seines Telegramms fertiggestellt waren, so war das absolut unwahr. Die Bewaffnung der vorgelagerten Forts hatte kaum begonnen und auf keiner der 95 Bastionen der Wälle war ein einziges Geschütz in Stellung. Andererseits tat Palikao sicherlich alles, was er für die Stadt tun konnte. Er hatte das bereits erwähnte Verteidigungskomitee gebildet, und unter seiner Schirmherrschaft wurde der Graben vor den Wällen über die 69 nach Paris führenden Straßen gelegt, während an allen diesen Stellen Zugbrücken mit bewaffneten Lünetten davor errichtet wurden. Außerdem wurden vor einigen der vorgelagerten Forts oder an Stellen, wo es Lücken in der Kette der Verteidigungswerke gab, Schanzen errichtet.

Gleichzeitig wurden Schiffskanonen aus Cherbourg, Brest, Lorient und Toulon zusammen mit Marinekanonenschützen zu ihrer Bedienung angefordert. Auch Matrosen, Zollbeamte und Provinzgendarmen wurden in beträchtlicher Zahl nach Paris gebracht. Mobilgarden, Franctireurs und sogar Feuerwehrleute kamen ebenfalls aus den Provinzen, während die Arbeit zur Versorgung der Stadt zügig voranschritt, wobei die Kammer nie zögerte, alle geforderten Gelder zu bewilligen. Während viele Neuankömmlinge in Paris waren, verließen gleichzeitig auch viele die Stadt. Die allgemeine Angst vor einer Belagerung breitete sich rasch aus. Jeden Tag brachen Tausende wohlhabender Bürger auf, um sich aus der Gefahrenzone zu bringen; und gleichzeitig wurden Tausende von Ausländern ausgewiesen, mit der Begründung, dass sie im Falle einer Belagerung bloß „nutzlose Münder" wären. Im Gegensatz zu diesem Exodus stand der große Zustrom von Menschen aus den Vororten von Paris. Sie strömten unaufhörlich aus Villen, Landhäusern und Bauernhöfen in die Stadt und nutzten alle möglichen Fahrzeuge, um ihre Möbel und andere Haushaltswaren, ihr Getreide, Mehl, Wein und andere Produkte zu transportieren. Fast an jedem Stadttor stand ein Block, so viele Menschen suchten Schutz innerhalb der Schutzwälle, die auf Veranlassung von Thiers etwa dreißig Jahre zuvor errichtet worden waren.

Obwohl die Deutschen noch nicht wirklich auf Paris marschierten – Bazaines Armee musste eingekesselt und Mac-Mahons Armee ausgeschaltet werden, bevor ein effektiver Vormarsch auf die französische Hauptstadt möglich war –, glaubte man in der Stadt und ihren Vororten, der Feind könne jeden Moment eintreffen. Die allgemeine Besorgnis verstärkte sich, als in der Nacht des 21. August eine große Gruppe invalider Männer, die bei Weißenburg oder Wörth gekämpft hatten, nach Paris eindrang. Sie sahen aus, als wären sie von der Schlacht und der Reise gezeichnet, einige mit bandagierten Köpfen, andere mit den Armen in Schlingen und wieder andere hinkten mit Hilfe von Stöcken dahin. Es ist schwer zu begreifen, durch welche Verirrung die Behörden den Parisern diesen traurigen Einblick in das Unglück Frankreichs ermöglichten. Die betreffenden Männer hätten überhaupt nicht nach Paris geschickt werden dürfen. Man hätte sie auch anderswo versorgen können. Tatsächlich berührte der traurige Anblick alle, die ihn sahen. Manche waren darüber wütend, andere deprimiert und wieder andere beinahe verängstigt.

Als eine Art Gegenpol zu diesem düsteren Schauspiel begannen jedoch neue Gerüchte über französische Erfolge zu kursieren. Es gab einen Bericht, dass Bazaines Armee die gesamte Kavallerie von Prinz Friedrich-Karl vernichtet hatte, und insbesondere gab es einen höchst sensationellen Bericht darüber, wie drei deutsche Armeekorps, darunter die berühmten weißen Kürassiere, denen Bismarck angehörte, in die „Steinbrüche von Jaumont" gestürzt und dort völlig vernichtet worden waren! Ich will nicht behaupten, dass es keinen Ort namens Jaumont gibt, aber ich kann keinen solchen Ort in Joannes ausführlichem Wörterbuch der französischen Gemeinden finden, und möglicherweise war er ebenso mythisch wie die angebliche deutsche Katastrophe, deren Gerüchte die Stimmung der getäuschten Pariser vorübergehend wiederbelebten, die sich besonders darüber freuten, dass das verhasste Regiment Bismarcks vernichtet worden war.

Etwa am 30. August kam ein Freund meines ältesten Bruders Adrian, ein Mediziner namens Blewitt, in Paris an, um sich einer anglo-amerikanischen Ambulanz anzuschließen, die in Zusammenarbeit mit dem Roten Kreuz gegründet wurde. Dr. Blewitt sprach ein wenig Französisch, kannte sich in der Stadt aber nicht gut aus, und ich wurde beauftragt, ihm während seines Aufenthalts dort zu helfen. Ein interessanter Bericht über die Aktivitäten der betreffenden Ambulanz wurde vor etwa sechzehn oder siebzehn Jahren von Dr. Charles Edward Ryan aus Glenlara, Tipperary, geschrieben, der ihr angehörte. Ihre Leiter waren Dr. Marion-Sims und Dr. Frank, weitere waren Dr. Ryan, wie bereits erwähnt, und Dr. Blewitt, Webb, May, Nicholl, Hayden, Howett, Tilghmann und nicht zuletzt der spätere Sir William MacCormack. Dr. Blewitt hatte eine Reihe von Geschäften mit den Beamten des französischen Roten Kreuzes zu erledigen, und ich begleitete ihn bei seinen Gesprächen mit dem ehrwürdig aussehenden Präsidenten, dem Grafen von Flavigny, und anderen. Es ist interessant, sich daran zu erinnern, dass die Gesellschaft bei Ausbruch des Krieges nur über ein Einkommen von 5 Pfund, 6 Schillingen und 3 Pence verfügte, dass ihre Einnahmen bis zum 28. August jedoch auf fast 112.000 Pfund angestiegen waren. Bis Oktober hatte sie mehr als 100.000 Pfund für die Organisation von 32 Feldambulanzen ausgegeben. Ihre Gesamtausgaben während des Krieges überstiegen eine halbe Million Pfund, und in ihren verschiedenen Feld-, Stadt- und Dorfambulanzen wurden nicht weniger als 110.000 Männer versorgt und gepflegt.

In Paris hatte die Gesellschaft ihren Sitz im Palace de l'Industrie auf den Champs Elysées, und zu den Mitgliedern ihres Hauptausschusses gehörten mehrere hochrangige Damen. Ich erinnere mich noch gut daran, dort die große Modeikone Marquise de Galliffet gesehen zu haben, deren aufwendige Ballkleider ich mehr als einmal bei Worth bewundert hatte, die aber, nachdem das Unglück über Frankreich hereingebrochen war, wie alle ihre Freunde sehr schlicht in Schwarz gekleidet war. Im Palais de l'Industrie traf ich auch Mme de MacMahon, klein und rundlich, aber voller Würde und Energie, wie es sich für eine Tochter der Castries gehört. Ich erinnere mich an eine kurze

Ansprache, die sie an die Anglo-American Ambulance hielt, als diese Paris verließ, und in der sie den Mitgliedern für ihren Mut und ihre Hingabe dankte, sich zu melden, und ihr Vertrauen und das aller ihrer Freunde in die freundlichen Dienste ausdrückte, die sie zweifellos jedem Leidenden zukommen lassen würden, der in ihre Obhut käme.

Ich begleitete den Krankenwagen auf seinem Weg durch Paris zum Bahnhof Eastern Hallway. Als er vor dem Palais de l'Industrie anhielt, hielt Graf de Flavigny seinerseits eine kurze, aber gefühlvolle Rede, und unmittelbar danach setzte sich der *Trauerzug* in Bewegung. An der Spitze des Zuges standen drei junge Damen, die Töchter von Dr. Marion-Sims, die jeweils die Flaggen Frankreichs, Englands und der Vereinigten Staaten trugen. Dann kamen die Chefchirurgen, die Assistenzchirurgen, die Ankleider und Krankenpfleger, mit einigen Wagen voller Vorräte am Ende. Ich erinnere mich, dass ich zwischen Dr. Blewitt und Dr. May ging. Auf beiden Seiten des Zuges standen Mitglieder des Roten Kreuzes, die Stöcke oder Stangen mit Spendensäcken trugen, in die schnell Geld zu regnen begann. Wir überquerten den Place de la Concorde, bogen in die Rue Royale ein und folgten dann den Hauptboulevards bis, glaube ich, zum Boulevard de Strasbourg. Auf beiden Seiten standen Menschenmassen, und wir kamen zwangsläufig nur langsam voran, da wir den Zuschauern genügend Zeit geben wollten, ihre Spenden in die Sammelbeutel zu werfen. Aus dem Cercle Impérial an der Ecke der Champs Elysées, aus dem Jockey Club, dem Turf Club, der Union, den Chemins-de-Fer, den Ganaches und anderen Clubs auf oder neben den Boulevards kamen Diener, oft in Livreen, die sowohl Banknoten als auch Gold mit sich trugen. Jeder schien darauf erpicht zu sein, etwas zu geben, und ein Vertreter der Gesellschaft erzählte mir später, dass die Sammlung die größte war, die sie jemals zustande gebracht hatte. Auch entlang der gesamten Route herrschte große Begeisterung, Rufe wie „Vivent les Anglais! Vivent les Américains!" schallten von allen Seiten.

Der Zug, mit dem die Ambulanz Paris verließ, fuhr erst sehr spät am Abend ab. Vor der Abfahrt aßen die meisten von uns in einem Restaurant in der Nähe des Bahnhofs zu Abend. Bei dieser Mahlzeit wurde nicht wenig Champagner getrunken, und da ich an den Schaumwein der Marne nicht gewöhnt war, stieg er mir, fürchte ich, ein wenig in den Kopf. Allerdings wurden meine Dienste als Dolmetscher mehr als einmal von einigen Mitgliedern der Ambulanz in Anspruch genommen, die bestimmte Fragen an die Bahnbeamten stellen wollten; und ich erinnere mich, dass der Sous-Chef de Gare mir eine äußerst höfliche Verbeugung machte, als die Frage aufkam, wie ich den Bahnhof betreten und verlassen und den Bahnsteig ohne Hindernisse wieder erreichen könne – da die Abfahrt des Zuges lange auf sich warten ließ – *und* er antwortete: „À vous, messieurs, tout est permis. Es gibt keine Vorschriften für Sie!" Endlich fuhr der Zug los und setzte seinen

Weg nach Soissons fort, wo er am 29. August bei Tagesanbruch ankam. Der Krankenwagen beeilte sich dann, MacMahon zu treffen, und erreichte ihn gerade rechtzeitig, um in Sedan gute Dienste leisten zu können. Ich möchte hier nur hinzufügen, dass mein Freund Dr. Blewitt mit Dr. Frank in Balan und Bazeilles war, wo das Gemetzel so schrecklich war. Den Rest der dramatischen Geschichte des Krankenwagens müssen Sie auf den äußerst interessanten Seiten von Dr. Ryan nachlesen.

Während die Pariser mit Geschichten darüber unterhalten wurden, wie der Prinz von Sachsen-Meiningen seiner Frau geschrieben hatte, dass die deutschen Truppen fürchterlich unter wunden Füßen litten, waren diese Truppen Mac-Mahons Streitkräften tatsächlich deutlich überlegen. Am 30. August wurde General de Failly bei Beaumont schwer geschlagen, und am folgenden Tag war Mac-Mahon gezwungen, nach Sedan vorzurücken. Die ersten Berichte, die Paris erreichten, deuteten wie üblich auf einen sehr günstigen Ausgang der dortigen Kämpfe hin. Mein Freund Captain Bingham erhielt jedoch einige richtige Informationen – ich glaube, von der britischen Botschaft – und ich habe immer angenommen, dass er es war, der als Erster einem der Abgeordneten der Oppositionspartei die schreckliche Wahrheit mitteilte, der sich beeilte, sie Thiers zu überbringen. Die Schlacht von Sedan wurde am Donnerstag, dem 1. September, geschlagen; aber erst am Samstag, dem 3. September, schilderte Palikao das Desaster in der Kammer, indem er erklärte, dass es Mac-Mahon nicht gelungen sei, sich mit Bazaine zu vereinigen, und dass er nach abwechselnden Rückschlägen und Erfolgen - das heißt, dass er einen Teil der deutschen Armee in die Maas getrieben hatte - gezwungen gewesen sei, sich nach Sedan und Mézières zurückzuziehen, wobei ein Teil seiner Streitkräfte zudem gezwungen gewesen sei, die belgische Grenze zu überqueren.

Dieses Geflecht von Ungenauigkeiten, das vielleicht dazu gedacht war, die Wirkung der deutschen Siegestelegramme abzumildern, die den ungläubigen Parisern nun bekannt wurden, wurde wenige Stunden später in Stücke gerissen, als sich die gesetzgebende Körperschaft zu einer Nachtsitzung versammelte. Palikao musste dann zugeben, dass die französische Armee und Kaiser Napoleon sich den siegreichen deutschen Truppen ergeben hatten. Jules Favre, der anerkannte Führer der republikanischen Opposition, brachte daraufhin einen Antrag auf Entthronung ein und schlug vor, die Exekutivgewalt einem Parlamentsausschuss zu übertragen. Gemäß der Praxis der Kammer musste Farves Antrag an ihre *Büros* oder ordentlichen Ausschüsse weitergeleitet werden, und so kam es in dieser Nacht zu keiner Entscheidung, sondern man einigte sich darauf, dass die Kammer am nächsten Tag um die Mittagszeit wieder zusammentreten sollte.

Die Abgeordneten trennten sich zu sehr später Stunde. Mein Vater und ich gehörten zu den besorgten Menschen, die sich auf dem Place de la Concorde versammelt hatten, um den Ausgang der Debatte abzuwarten. Von allen Seiten war wildes Gerede zu hören, Verwünschungen wurden gegen das Kaiserreich ausgesprochen, und es wurde bereits angedeutet, dass das Land an Ausländer verkauft worden sei. Als die Menge schließlich äußerst unruhig wurde, beschlossen die Behörden, die aufgrund des im Ausland herrschenden revolutionären Geistes ihre Vorsichtsmaßnahmen getroffen hatten, sie zu zerstreuen. Während des Abends war eine beträchtliche Gruppe berittener Gardes de Paris im oder in der Nähe des Palais de l'Industrie stationiert worden, und nun galoppierten sie auf Anweisung ihres Kommandanten plötzlich die Champs Elysées hinunter und räumten den Platz, wobei sie die Menschen um die Brunnen und die sitzenden Statuen der Städte Frankreichs herumjagten, bis sie entweder über die Kais, die Rue de Rivoti oder die Rue Royale flohen. Die Tatkraft, die die Truppen an den Tag legten, schien kein gutes Omen für die Gegner des Kaiserreichs zu sein. Zweifellos lag bereits eine Revolution in der Luft, doch alles deutete darauf hin, dass die Behörden durchaus darauf vorbereitet waren, ihr entgegenzutreten, und aller Wahrscheinlichkeit nach auch erfolgreich.

Nur mit Mühe gelang es meinem Vater und mir, den Polizisten auszuweichen und die Avenue Gabriel zu erreichen, von wo aus wir uns auf den Heimweg machten. Inzwischen war es in anderen Teilen von Paris zu Unruhen gekommen. Auf dem Boulevard Bonne Nouvelle war eine Gruppe von Demonstranten mit der Polizei zusammengestoßen, die mehrere von ihnen festnahm. Wie ich bereits erwähnt habe, schienen die Behörden also so wachsam und energisch wie immer zu sein. Aber zweifellos waren in dieser Nacht des Samstags, des 3. September, die geheimen republikanischen Vereinigungen sehr aktiv und schickten das *Mot d'Ordre* von einem Teil der Stadt in den anderen, damit alles für die Revolution bereit war, wenn die gesetzgebende Körperschaft am nächsten Tag zusammentrat.

In eben dieser letzten Nacht des Kaiserreichs erlebte George Augustus Sala das sehr unangenehme Abenteuer, das ich zuvor erwähnte. Am Abend ging er wie üblich ins Grand Café, und als er dort Blanchard Jerrold traf, versuchte er ihn zu einem Abendessen im Café du Helder zu überreden. Sala war in noch gesprächigerer Stimmung als sonst und – nachdem er nun von der Katastrophe von Sedan gehört hatte – mehr denn je geneigt, seine Verachtung der Franzosen in Bezug auf militärische Angelegenheiten zum Ausdruck zu bringen. Jerrold lehnte die Einladung ab, da er, wie er später in meiner Gegenwart zu meinem Vater sagte, befürchtete, dass es zu einigen Unannehmlichkeiten kommen könnte, da Sala trotz aller Proteste nicht aufhören würde, „zu vergasen". In Bezug auf diesen Ausdruck ist es etwas amüsant, sich daran zu erinnern, dass Sala einmal für sich selbst eine beleuchtete Visitenkarte entworfen hatte, auf der seine Initialen GAS in goldenen Buchstaben erschienen, wobei das A von einer Gaslampe durchschnitten wurde, die viele helle Lichtstrahlen ausstrahlte, während darunter eine Schriftrolle mit dem passenden Motto „Dux est Lux" stand.

Aber um auf meine Geschichte zurückzukommen: Jerrold hatte die Einladung abgelehnt; Sala begab sich allein ins Café du Helder, ein Lokal, das in jener Kaiserzeit besonders von Offizieren der Pariser Garnison und Offizieren aus den Provinzen auf Urlaub besucht wurde. Es war der Gipfel der Torheit, wenn jemand an einem solchen Ort die französische Armee „heruntermachte", es sei denn, er wollte tatsächlich eine Reihe von Duellen auf dem Gewissen haben. Es stimmt, dass sich am Abend des 3. September möglicherweise nur wenige oder gar keine Militärs im Helder aufhielten. Sicher ist jedoch, dass Sala, während er im Hauptraum oben zu Abend aß, mit anderen Leuten ins Gespräch kam, unvorsichtig sprach, wie er es seit einer Woche getan hatte, und beim Verlassen des Lokals kurzerhand verhaftet und zur Polizeistation am Boulevard Bonne Nouvelle gebracht wurde. Die Zellen dort waren bereits mehr oder weniger voll mit Schlägern, die während der Unruhen früher am Abend verhaftet worden waren, und als ein Polizeibeamter Sala in ihre Mitte stieß und ihn gleichzeitig einen niederträchtigen preußischen Spion nannte, erwachte sofort der Patriotismus der anderen Gefangenen, obwohl es sich bei ihnen größtenteils um völlige Schurken handelte, die nur einen Aufruhr verursacht hatten, um ihre Taschen zu füllen.

Sala wurde nicht nur schwer misshandelt, sondern auch Demütigungen ausgesetzt, die nur Rabelais oder Zola (auf unterschiedliche Weise) angemessen hätten beschreiben können; und erst am Morgen konnte er mit dem Manager des Grand Hotels, wo er wohnte, Kontakt aufnehmen. Der Manager informierte die britische Botschaft über seine missliche Lage, und ich glaube, es war Mr. Sheffield, der sich zur Polizeipräfektur begab, um einen Befehl zu Salas Freilassung zu erwirken. Man erzählte mir damals, dass Lord Lyons' Vertreter in der Präfektur bereits große Verwirrung vorfand. Es hatte eine Massenpanik von Beamten gegeben, von denen kaum einer auf seinem Posten war, so dass er sich unangemeldet in das Allerheiligste des Präfekten begab. Dort fand er Monsieur Piétri damit beschäftigt, zusammen mit einem Vertrauten eine große Zahl kompromittierender Papiere zu vernichten. Er leerte in schneller Folge Kisten und Fächer und warf deren Inhalt auf ein bereits riesiges Feuer, das unaufhörlich geschürt wurde, damit es schneller brennen konnte. Piétri unterbrach seine Arbeit nur, um einen Befehl zur Freilassung Salas zu schreiben, und ich habe dies immer als den letzten offiziellen Befehl des berühmten Präfekten des Zweiten Kaiserreichs verstanden. Es stimmt, dass er sich vor seiner Flucht nach Belgien in den Tuilerien vorgestellt hatte, aber die Kaiserin war, wie wir wissen, jedem bewaffneten Konflikt mit der Bevölkerung von Paris abgeneigt. Tatsächlich hatte die Präfektur in der Nacht des 3. September ihre letzten Kräfte verbraucht. In dem Zustand der Desorganisation, in dem sie am Morgen des 4. war, hätte sie die Revolution nicht bekämpfen können. Wie sich bald herausstellen wird, waren die Polizisten, die in der Nacht des 3. zum 4. dazu abkommandiert worden waren, am nächsten Tag bei der Bewachung der Zugänge zum Palais Bourbon zu helfen, dazu überhaupt nicht in der Lage.

Tatsächlich herrschte vielerorts Unordnung. Mein Vater war kürzlich in ein Dilemma geraten, was die Anforderungen der *Illustrated London News betraf*. Damals war die universelle Handkamera mit Schnappschussfunktion unbekannt. Jede Szene, die in der Zeitung abgebildet werden sollte, musste skizziert werden, und angesichts aller Verteidigungsvorbereitungen, die getroffen wurden, stellte sich die Frage, was skizziert werden durfte und was nicht. General Trochu war Gouverneur von Paris, und man richtete diesbezüglich Anträge an ihn. Es kam eine Antwort, in der eine Referenz der britischen Botschaft verlangt wurde, bevor irgendeine Genehmigung erteilt werden konnte. Zu gegebener Zeit wurde ein Brief von der Botschaft eingeholt, der, glaube ich, nicht von Lord Lyons selbst unterzeichnet war, sondern von einem der Sekretäre – vielleicht Sir Edward Malet oder Mr. Wodehouse oder sogar Mr. Sheffield. Jedenfalls beauftragte mich mein Vater am Morgen des 4. September, der die Angelegenheit unbedingt regeln wollte, den Brief der Botschaft zu Trochus Quartier im Louvre zu bringen. Hier fand ich große Verwirrung vor. Niemand widmete sich auch nur im Geringsten der offiziellen Arbeit. Die *Büros* waren halb verlassen. Die Beamten kamen und gingen unaufhörlich oder versammelten sich in kleinen Gruppen in den Gängen und auf den Treppen. Sie sahen alle äußerst aufgeregt aus und unterhielten sich besorgt und aufgeregt miteinander. Ich konnte niemanden finden, der sich um irgendwelche Angelegenheiten kümmerte, und wusste nicht, was ich tun sollte, als sich eine Tür öffnete und ein General in Freizeituniform auf der Schwelle eines großen und elegant eingerichteten Zimmers erschien.

Ich erkannte sofort Trochus extrem kahlen Kopf und sein entschlossenes Kinn, denn seit seiner Ernennung zum Gouverneur war Paris mit Porträts von ihm überflutet. Ich glaube, er hatte die Tür geöffnet, um nach einem Offizier zu suchen, aber als er mich mit einem Brief in der Hand dort stehen sah, fragte er, was ich wollte. Ich antwortete, dass ich einen Brief von der britischen Botschaft mitgebracht hätte, und er dachte vielleicht, ich sei ein Botschaftsbote. Jedenfalls nahm er den Brief von mir und sagte knapp: „C'est bien, je m'en occuperai, revenez cet après-midi." Mit diesen Worten trat er zurück ins Zimmer und legte den Brief vorsichtig auf mehrere andere, die ordentlich auf einem Beistelltisch angeordnet waren.

Der Vorfall war an sich trivial, doch gewährte er einen Einblick in Trochus Charakter. Hier war der Mann, der in seinen früheren Jahren die französische Expedition auf die Krim auf eine Weise organisiert hatte, die der unseren weit überlegen war; ein Mann mit Methode, Ordnung und Präzision, der vollkommen geeignet war, die Verteidigung von Paris vorzubereiten, wenn auch nicht, die Armee des Staates ins Feld zu führen. So kurz mein Gespräch auch war, konnte ich nicht umhin zu bemerken, wie vollkommen ruhig und selbstbeherrscht er war, denn sein Verhalten kontrastierte stark mit dem besorgten oder aufgeregten Verhalten seiner Untergebenen. Doch er befand sich in der äußersten Krise seines Lebens. Das Kaiserreich fiel, am Vorabend war ihm ein erstes Machtangebot unterbreitet worden; und ein zweites Angebot, das er schließlich annahm, stand beinahe unmittelbar bevor [siehe mein Buch „Republican France“, S. 8.]. Doch an jenem Morgen der Revolution wirkte er so kühl wie eine Gurke.

Ich verließ den Louvre und ging in Richtung Rue Royale, da wir mit meinem Vater vereinbart hatten, dass wir in einem bekannten Restaurant dort *frühstücken würden* . Es hieß „His Lordship's Larder“ und war vor allem ein englisches Haus, obwohl der Wirt den deutschen Namen Weber trug. Er und seine Familie erstickten unglücklicherweise in den Kellern ihres Hauses während eines der Brände, die die Blutige Woche der Kommune kennzeichneten. Als ich meinen Vater traf, also etwa am Mittag, sahen die Straßen, durch die ich selbst ging, nicht besonders bedrohlich aus. Es war ein schöner, heller Sonntag, und wie an solchen Tagen üblich, waren viele Leute unterwegs. Unter den Männern überwogen sicherlich die neu eingezogenen Nationalgardisten, aber unter ihnen befanden sich viele in Zivilkleidung, und es fehlte nicht an Frauen und Kindern. Was Unruhen anging, sah ich keine Anzeichen davon.

Wie mir jedoch später Delmas, der Wirt des Café Grétry, erzählte, war die Lage an jenem Morgen auf den Boulevards und besonders auf dem Boulevard Montmartre ganz anders. Um zehn Uhr hatten sich dort tatsächlich große Menschenmengen versammelt, und die Aufregung wuchs rasant. Die gleichen Worte waren in aller Munde: „Sedan – die ganze französische Armee genommen – das Schwert des elenden Kaisers übergeben – unwürdig zu herrschen – entthront ihn!“ So wie in einer anderen Krise der französischen Geschichte Männer auf die Stühle und Tische im Garten des Palais Royal geklettert waren, um Monsieur und Madame Véto anzuprangern und die Pariser zum Marsch nach Versailles aufzufordern, so kletterten jetzt andere auf die Stühle vor den Boulevard-Cafés, um das Kaiserreich anzuprangern und zu einem Marsch nach dem Palais Bourbon aufzufordern, wo die gesetzgebende Körperschaft gerade zusammentreten sollte. Und inmitten des allgemeinen Lärms herrschte beharrlich ein Schrei. Er lautete: „Déchéance! Déchéance! – Entthronung! Entthronung!“

[Anmerkung: Dies war ein kleines Café am Boulevard des Italiens, das für seine Ruhe am Nachmittag bekannt war, obwohl es am Abend aufgrund seiner Nähe zur „Petite Bourse“ (die auf dem Gehsteig davor stattfand) von lauten Spekulanten heimgesucht wurde. Captain Bingham, mein Vater und ich besuchten das Café Grétry lange Zeit und schrieben dort oft unsere „Pariser Briefe". Nach dem Krieg zogen Bingham und ich ins Café Cardinal, wo uns das ewige Klappern der Dominosteine jedoch sehr störte. Aus diesem Grund und um näher an einem Club zu sein, dem wir beide angehörten, zogen wir schließlich ins Café Napolitain. Ein Grund dafür, seine Artikel im Café statt im Club zu schreiben, war, dass man im Café jederzeit Boten mit den neuesten Nachrichten empfangen konnte; außerdem waren die Nachmittagszeitungen sofort verfügbar.]

Die Menge wurde mit jedem Augenblick größer. Ständig kamen Neuankömmlinge aus den östlichen Bezirken über die Boulevards und aus dem Norden über den Faubourg Montmartre und die Rue Drouot, während aus dem Süden – dem Quartier Latin und seiner Umgebung – Kontingente über die Pont St. Michel und die Pont Notre Dame und von dort an den Halles vorbei den Boulevard de Sebastopol und die Rue Montmartre entlang zogen. Warum die Elemente des Quartier Latin nicht direkt von ihrer eigenen Seite des Flusses auf den Palais Bourbon vorrückten, kann ich nicht genau sagen; aber ich glaube, man hielt es für wünschenswert, sich zunächst mit den revolutionären Elementen des nördlichen Paris zusammenzutun. All dies geschah, während mein Vater und ich unser Essen einnahmen. Als wir kurz vor ein Uhr die „Larder" verließen, hatten sich alle kleinen Gruppen von Nationalgardisten und Zivilisten, die wir zu früherer Stunde herumspazieren gesehen hatten, auf dem Place de la Concorde versammelt. Sie waren dorthin gelockt worden durch die Nachricht von der außerordentlichen Sonntagssitzung, bei der das gesetzgebende Gremium zweifellos wichtige Entscheidungen treffen würde.

Es sollte hinzugefügt werden, dass fast alle Nationalgardisten, die sich vor ein Uhr auf dem Place de la Concorde versammelten, absolut unbewaffnet waren. Zu dieser Stunde jedoch marschierte eine große Truppe von ihnen, etwa zwei Bataillonen gleich, von den Boulevards die Rue Royale herunter, und diese Männer (vor ihnen marschierte ein einzelner Trommler) trugen einige Chassepots und andere Fusils- *à-tabatière,* und in den meisten Fällen hatten sie zudem ihre Bajonette aufgepflanzt. Sie gehörten zum Norden von Paris, obwohl ich nicht genau sagen kann, zu welchen Bezirken, noch weiß ich genau, auf wessen Befehl sie versammelt und angewiesen worden waren, zum Palais Bourbon zu marschieren, was sie schnell taten. Aber es ist sicher, dass die ganze Gärung des Morgens und alles, was danach geschah, das Ergebnis der Nachtarbeit der geheimen republikanischen Komitees war.

Als die Wachen weitermarschierten, erschallten laute Rufe von „Déchéance! Déchéance!", die sofort von den Zuschauern aufgegriffen wurden. In der Frage der Entthronung des Kaisers schien tatsächlich vollkommene Einstimmigkeit zu herrschen. Sogar die hier und da verstreuten Soldaten –

ein paar Linienrichter, ein paar Zuaven, ein paar Turcos, einige von ihnen Invaliden aus Mac-Mahons Streitkräften – stimmten eifrig in den allgemeinen Ruf ein und begannen, den Wachen auf den Place de la Concorde zu folgen. Ich glaube, nie war dieser Platz überfüllter gewesen – nicht einmal in den Tagen, als er als Place Louis Quinze bekannt war und Hunderte von Menschen dort zu Tode gequetscht wurden, während sie Zeuge eines Feuerwerks anlässlich der Vermählung des zukünftigen Ludwig XVI. und Marie Antoinette wurden, nicht einmal, als er zum Place de la Révolution geworden war und von allen bevölkert war, die den aufeinanderfolgenden Hinrichtungen des letzten Königs und der letzten Königin der alten französischen Monarchie beiwohnen wollten. Vom Ende der Rue Royale bis zur Brücke, die über die Seine zum Palais Bourbon führt, vom Tor des Tuileriengartens bis zu den Pferden von Marly am Eingang der Champs Elysées, rund um den Obelisken von Luxor und die Springbrunnen, die wie gewöhnlich im hellen Sonnenschein plätscherten, der vom blauen Himmel fiel, entlang aller Balustraden, die die sitzenden Statuen der Städte Frankreichs verbanden, sah man hier, dort und tatsächlich überall Menschenköpfe. Und der Lärm war allgemein. Der große Platz war wieder ein Platz der Revolution geworden, und doch blieb er auch ein Platz der Eintracht, denn es herrschte absolute Übereinstimmung unter den hunderttausend oder hundertfünfzigtausend Menschen, die ihn zu ihrem Versammlungsort gewählt hatten, eine Übereinstimmung, die durch den universellen und nie endenden Ruf „Entthronung!" bezeugt wurde.

Als die bewaffneten Nationalgarden aus der Rue Royale hervortraten, griff ihr einsamer Trommler nach seinen Stöcken. Doch der Trommelwirbel war im allgemeinen Lärm kaum zu hören, und die Menge war so dicht, dass die Männer nur sehr langsam vorrücken konnten. Eine Zeit lang brauchten sie einige Minuten, um nur wenige Schritte zu machen. In der Zwischenzeit lösten sich die Reihen der Männer hier und da, andere Leute kamen unter sie, und schließlich wurden mein Vater und ich von dem Strom erfasst und, immer noch etwas langsam, in Richtung Pont de la Concorde mitgerissen. Ich habe kürzlich gelesen, dass die Brücke von berittenen Männern der Garde de Paris (dem Vorgänger der heutigen Garde Républicaine) verteidigt wurde; ein französischer Schriftsteller sprach in seiner Erinnerung an die Szene von „den Helmen der Männer, die im Sonnenschein glitzerten". Aber das ist reine Einbildung. Die Brücke wurde von einem Polizeikordon verteidigt, der vor einer großen Einheit mobiler Gendarmerie aufgestellt war. Diese trugen die bekannten dunkelblauen *Käppis mit weißen Borten* und dunkelblaue Tuniken mit weißen Achseln. Wie ich bereits sagte, kamen wir zunächst nur langsam auf diese Verteidigungstruppe zu; doch plötzlich wurden wir von anderen Männern, die uns von den Boulevards gefolgt waren, weitergedrängt. Eine Minute später kam es zu einem abrupten Halt, woraufhin wir dem Druck von hinten nur mit großer Mühe standhalten konnten.

Endlich gelang es mir, mich auf die Zehenspitzen zu stellen. Unsere ersten Reihen hatten eine Bresche in die Reihen der Sergeants-de-Ville geschlagen, aber vor uns standen die berittenen Gendarmen, deren Offizier plötzlich einen Befehl gab und sein Schwert zog. Einen Augenblick lang sah ich ihn deutlich: sein Gesicht war bleich. Doch auf seinen Befehl folgte ein plötzliches Rasseln, denn seine Männer antworteten darauf, indem sie ihre Säbel zogen, die bedrohlich blitzten. Eine Minute, vielleicht zwei Minuten vergingen, während der Druck in unserem Rücken immer noch und immer stärker wurde. Ich weiß nicht, was genau an der Spitze unserer Kolonne geschah: Der Aufruhr war größer denn je, und es schien, als würden wir im nächsten Moment angegriffen, überfahren, niedergemäht oder zerstreut werden. Ich glaube jedoch, dass der Offizier, der die Gendarmen befehligte, angesichts dieser großen Menschenmenge und angesichts der allgemeinen Missbilligung des Kaiserreichs, das Frankreich Niederlage, Invasion und Demütigung gebracht hatte, davor zurückschreckte, seine Befehle auszuführen. Es muss eine kurze Unterredung mit den Anführern unserer Kolonne gegeben haben. Jedenfalls öffneten sich plötzlich die Reihen der Gendarmen, und viele von ihnen begaben sich auf die Fußwege der Brücke, über die unsere Kolonne im Laufschritt raste und jubelnde Rufe von „Vive la République!" ausstieß. Es war fast ein Wettrennen, wer als Erster den Palais Bourbon erreichen würde. Die hinteren trieben die Vordersten immer weiter vorwärts, und es blieb keine Zeit, sich umzusehen. Aber in einer Art flüchtiger Vision sah ich die Gendarmen auf beiden Seiten von uns ihre Pferde zügeln; und hier und da glänzten Medaillen auf ihren dunklen Tuniken, und es schien mir, als ob mehr als ein Gesicht einen wütenden Ausdruck trug. Diese Männer hatten unter den Reichsadlern gekämpft, sie waren für ihre Tapferkeit im Krimkrieg, im Italienischen Krieg und im Cochin-China-Krieg ausgezeichnet worden. Sie waren allesamt Veteranen und treue Diener des Kaiserreichs und sahen das *Regime*, für das sie gekämpft hatten, zusammenbrechen. Hätte ihr kommandierender Offizier es befohlen, hätten sie uns wohl angreifen können; Aber sie hatten der Disziplin gehorcht und ihre Reihen geöffnet, und nun überrollte sie der Wille des Volkes.

Keiner unserer Kolonne hatte eine besonders bedrohliche Miene; das allgemeine Verhalten ließ eher auf freudige Erwartung schließen. Doch nachdem wir die Brücke überquert hatten, gab es eine erneute Pause an den Toren, die die Stufen des Palais Bourbon versperrten. Hier hatte sich die Infanterie mit ihren Chassepots in Bereitschaft versammelt. Eine weitere sehr kurze, aber aufregende Pause folgte. Dann wurden die Linienrichter zurückgezogen, die Tore schwangen auf und alle stürmten die Stufen hinauf. Ich wurde hin und her getragen und schließlich vom Portikus in das

Gebäude, wo ich es schaffte, neben einer der Statuen in der „Salle des Pas Perdus" anzuhalten. Ich suchte nach meinem Vater, konnte ihn aber nicht sehen und blieb ziemlich lange in meiner Ecke eingeklemmt. Schließlich jedoch vertrieb mich ein weiterer Ansturm von Eindringlingen, und ich wurde mit vielen anderen in die Kammer selbst gespült. Dort herrschte alles Aufruhr und Verwirrung. Es waren nur sehr wenige Abgeordnete anwesend. Die öffentlichen Galerien, die Sitze der Abgeordneten, der Halbkreis vor der Tribüne waren voll mit Nationalgardisten. Einige standen auf dem Stenografentisch und auf den Stühlen der Platzanweiser unterhalb der Tribüne. Andere standen auf den Stufen der Tribüne. Und auf der Tribüne selbst stand Gambetta mit seinem Hut auf dem Kopf und rief mit heiserer Stimme inmitten des allgemeinen Lärms, dass Louis Napoleon Bonaparte und seine Dynastie für immer aufgehört hätten zu herrschen. Dann erklang immer wieder der Ruf „Vive la République!" Im Handumdrehen war Gambetta jedoch aus dem Blickfeld verschwunden – er und andere republikanische Abgeordnete begaben sich, wie ich später erfuhr, auf die Stufen des Palastes, wo die Entthronung der Bonapartes erneut verkündet wurde. Die Eindringlinge in den Saal schwärmten hinter ihnen her, und ich beobachtete gerade ihren Abgang, als ich plötzlich meinen Vater sah, der ruhig auf einem der Ministersessel zurückgelehnt saß - vielleicht auf dem, der in der Vergangenheit von Billault, Rouher, Ollivier und anderen mächtigen und prominenten Männern des gestürzten *Regimes besetzt gewesen war*.

Zu Beginn der Verhandlungen an diesem Tag hatte Palikao die Bildung eines Rates für Regierung und nationale Verteidigung vorgeschlagen, der aus fünf Mitgliedern der gesetzgebenden Körperschaft bestehen sollte. Die Minister sollten von diesem Rat ernannt werden, und er sollte Generalleutnant von Frankreich werden. Zufällig hatten ihm die glühenderen Imperialisten zuvor eine Diktatur angeboten, die er jedoch abgelehnt hatte. Jules Favre begegnete dem Vorschlag des Generals, indem er den Vorrang für den Antrag beanspruchte, den er in der Mitternachtssitzung eingereicht hatte, während Thiers versuchte, einen Kompromiss herbeizuführen, indem er ein Komitee vorschlug, wie es Palikao vorgeschlagen hatte, die Auswahl seiner Mitglieder jedoch vollständig in die Hände der gesetzgebenden Körperschaft legte, jeden Hinweis auf Palikaos Statthalterschaft ausließ und außerdem festlegte, dass eine verfassunggebende Versammlung einberufen werden sollte, sobald die Umstände dies erlaubten. Die drei Vorschläge – die von Thiers, Favre und Palikao – wurden den *Büros vorgelegt*, und während diese *Büros* in verschiedenen Räumen berieten, kam es trotz der Bemühungen von Jules Ferry, der Palikao versprochen hatte, die Verhandlungen der Legislative nicht zu stören, zum ersten Einbruch in die Kammer. Als die Sitzung wieder aufgenommen wurde, wollten die „Eindringlinge", die zu diesem Zeitpunkt hauptsächlich die Galerien besetzten, weder auf Präsident Schneider noch auf ihren Favoriten Gambetta hören, obwohl beide sie um Ruhe und

Ordnung baten. Nur Jules Favre sorgte für ein paar Augenblicke Ruhe, in denen er darum bat, dass es nicht zu Gewalttätigkeiten kommen möge. Palikao war anwesend, sprach aber nicht. [Später am Tag verließ Palikao Paris und ging nach Belgien, nachdem er Trochu gedrängt hatte, den Vorsitz der neuen Regierung anzunehmen, da sonst „alles verloren sein könnte". Er blieb für den Rest des Krieges in Namur und lebte danach zurückgezogen in Versailles, wo er im Januar 1878 starb.] Inmitten der allgemeinen Verwirrung kam es zur zweiten Invasion der Kammer, bei der ich von den Füßen gerissen und auf den Boden des Hauses getragen wurde. Diese zweite Invasion beschleunigte die Ereignisse. Sogar Gambetta wollte, dass die Entthronung der Dynastie durch eine formelle Abstimmung zum Ausdruck gebracht würde, aber die „Invasoren" duldeten keine Verzögerung.

Wir beide, mein Vater und ich, waren nach unseren unerwarteten Erlebnissen müde und durstig. Deshalb folgten wir der Menge nicht zurück zu den Stufen, die auf den Place de la Concorde hinausgingen, sondern gingen wie viele andere Leute über den Place de Bourgogne. Im Saal selbst war kein Schaden entstanden, aber als wir das Gebäude verließen, bemerkten wir mehrere an die Wände gekritzelte Inschriften. An manchen Stellen waren die Worte nur „Vive la République!" und „Mort aux Prussiens!" An anderen Stellen jedoch waren sie zu abstoßend, um hier niedergeschrieben zu werden. In oder in der Nähe der Rue de Bourgogne fanden wir eine ziemlich ruhige Weinhandlung, wo wir uns ausruhten und uns mit *Dosen* des sogenannten Bière de Strasbourg erfrischten. Wir gingen in diesem Moment nicht zum Hôtel-de-Ville, wohin sich ein großer Teil der Menge über die Kais begab und wo die Republik erneut ausgerufen wurde; sondern kehrten zum Place de la Concorde zurück, wo noch einige Tausend Menschen waren. Alle sahen sehr lebhaft und erfreut aus. Alle stellten sich vor, dass Frankreich nach dem Sturz des Kaiserreichs die deutschen Invasoren bald zurückschlagen würde. Alle Ängste vor der Zukunft schienen tatsächlich verschwunden zu sein. Es herrschte allgemeines Vertrauen, und jeder gratulierte jedem anderen. Es gab auf jeden Fall einen guten Grund zum Gratulieren: Die Revolution war absolut unblutig verlaufen – das erste und einzige Phänomen dieser Art in der gesamten französischen Geschichte.

Während wir über den Place de la Concorde schlenderten, bemerkte ich, dass das Haupttor des Tuileriengartens aufgebrochen und beschädigt worden war. Die vergoldeten Adler, die es geschmückt hatten, waren abgeschlagen und in Stücke geschlagen worden, was offenbar hauptsächlich das Werk eines unternehmungslustigen Türken war. Einige Tage später schrieb Victorien Sardou einen interessanten Bericht darüber, wie er und andere zuerst in den reservierten Garten und dann in den Palast selbst eingelassen wurden. Als ich einen Blick darauf warf, bemerkte ich, dass die Flagge, die an diesem Morgen noch über dem Hauptpavillon geweht hatte, nun verschwunden war. Sie war nach der Abreise der Kaiserin eingeholt worden. Über die letzten Stunden, die sie im Palast verbrachte, bevor sie ihn mit Fürst Metternich und Graf Nigra verließ, um vorübergehend in der Residenz ihres Zahnarztes, Dr. Evans, Zuflucht zu suchen, habe ich in meinem „Hof der Tuilerien" einen detaillierten Bericht auf der Grundlage zuverlässiger Berichte und Dokumente gegeben.

Schließlich verließen wir den Place de la Concorde und schlenderten langsam heimwärts. Einige Händler in der Rue Royale und im Faubourg St. Honoré, ehemalige Lieferanten des Kaisers oder der Kaiserin, waren bereits dabei, in aller Eile das kaiserliche Wappen von ihren Läden zu entfernen. Am selben Nachmittag und am darauffolgenden Montag und Dienstag wurde jedes Wappen, jedes Initiale N, jede Krone, jeder Adler, jede Inschrift, die an das Kaiserreich erinnerte, auf die eine oder andere Weise entfernt oder ausgelöscht. George Augustus Sala, der aufgrund seines jüngsten Abenteuers an sein Zimmer im Grand Hotel gefesselt war, verbrachte die meiste Zeit damit, den Männern zuzuschauen, die die Adler, Kronen und Ns von dem damals noch unvollendeten Opernhaus entfernten. Sogar die Straßen, die an das kaiserliche *Regime erinnerten*, wurden in aller Eile umbenannt. Die Avenue de l'Impératrice wurde sofort zur Avenue du Bois de Boulogne; und die Rue du Dix-Décembre (so genannt in Erinnerung an Napoleons Thronbesteigung) wurde in Rue du Quatre Septembre umbenannt – dies war die „glückliche Idee" eines Zuaven, der, auf eine Leiter steigend, den neuen Namen über den alten setzte, während die Platte mit dem alten Namen von einem jungen Arbeiter mit einem Hammer abgeschlagen wurde.

Als wir am Nachmittag dieses denkwürdigen Vierten nach Hause gingen, bemerkten wir, dass in allen Cafés und Weinläden reger Betrieb herrschte. Weder damals noch am Abend bemerkte ich jedoch viel tatsächliche Trunkenheit. Es herrschte eher allgemeine Fröhlichkeit, als ob ein großer Sieg errungen worden wäre. Um die Wahrheit zu sagen, die Zunahme der Trunkenheit in Paris war eine Folge der deutschen Belagerung der Stadt, als es so viel zu trinken und so wenig zu essen gab.

Mein Vater und ich hatten die Ecke unserer Straße erreicht, als wir Zeugen eines Vorfalls wurden, den ich auf den ersten Seiten meines Buches „Das republikanische Frankreich" ausführlich beschrieben habe. Es war die Ankunft Gambettas im Innenministerium über die Avenue de Marigny, begleitet von einer Eskorte rotgekleideter Francs-tireurs de la Presse. Der zukünftige Diktator hatte sieben Gefährten bei sich, die alle in oder auf dem Dach eines vierrädrigen Taxis zusammengekauert waren, das von zwei bretonischen Pferden gezogen wurde. Ich sehe ihn noch vor mir, wie er aus dem Fahrzeug stieg und im Namen der Republik einem kleinen, pummeligen Linienrichter, der am Tor des Ministeriums Wache hielt, befahl, das besagte Tor zu öffnen; und ich sehe den eleganten, alten *Concierge*, der sich vor vielen kaiserlichen Ministern verbeugt hatte, wie er dieser Anweisung nachkam, respektvoll seine mit einer Quaste verzierte Rauchermütze abnahm und sich vorbeugte, während er seinen neuen Herrn einließ. Dann wird das Tor geschlossen und hinter dem kunstvoll verzierten Schmiedeeisen hält Gambetta eine kurze Rede vor der kleinen Menge, die ihn erkannt hat. Er sagt, das Kaiserreich sei tot, Frankreich hingegen verwundet und dass gerade seine Wunden ihm neuen Mut verleihen werden. Er verspricht auch, dass die ganze Nation bewaffnet sein wird, und bittet alle, Vertrauen in die neue Regierung zu setzen, so wie diese Vertrauen in das Volk setzen wird.

Am Abend schlenderte ich mit meinem Vater zum Place de l'Hôtel de Ville, wo sich viele Menschen versammelten. Vor dem Gebäude, dessen Fenster zum größten Teil erleuchtet waren, war eine ziemlich große Truppe Nationalgardisten postiert. Die Mitglieder der neuen Regierung der Nationalen Verteidigung berieten dort. Trochu war ihr Präsident geworden und Jules Favre ihr Vizepräsident und Außenminister. Henri Rochefort, der am Nachmittag von seinen Bewunderern aus dem Gefängnis von Sainte Pélagie entlassen worden war, wurde in die Regierung aufgenommen, die sich im Wesentlichen aus den Abgeordneten für Paris zusammensetzte. Nur einer von ihnen, der vorsichtige Thiers, weigerte sich, ihr beizutreten. Er leitete jedoch am selben Abend eine Versammlung von etwa zweihundert Mitgliedern der sterbenden gesetzgebenden Körperschaft, die dann einen vergeblichen Versuch unternahm, ein gewisses Maß an Autorität zu behalten, indem sie eine Einigung mit der neuen Regierung erzielte. Aber Jules Favre und Jules Simon, die in deren Namen an der Sitzung teilnahmen, wollten diesen Vorschlag nicht berücksichtigen. Den Abgeordneten wurde höflich zu verstehen gegeben, dass ihre Unterstützung in Paris nicht erforderlich sei und dass sie, wenn sie ihrem Land in irgendeiner Weise dienen wollten, besser in ihre früheren Wahlkreise in den Provinzen zurückkehren sollten. Auch was die gesetzgebende Körperschaft und den Senat betraf, endete alles in einer entzückenden Komödie. Die Türen ihrer jeweiligen Versammlungssäle wurden nicht nur kontrolliert, sondern auch mit Klebebandstreifen und Siegeln aus rotem Wachs „gesichert". Die Ehrfurcht, die rotes Siegelwachs den Franzosen einflößt, ist eindeutig ein Merkmal des Nationalcharakters. Hätte es jedoch damals einen echten Bonaparte in Paris gegeben, hätte er die oben genannten Siegel wahrscheinlich mit seinem Schwert zerschnitten.

[Anmerkung: Der Senat, dem Rouher vorstand, schloss seine Sitzungen stillschweigend, als er von der Invasion der Kammer erfuhr. Der Vorschlag, die Sitzung auf günstigere Zeiten zu vertagen, kam von Rouher selbst. Als sich die Versammlung zerstreute, erklangen einige Rufe von „Vive l'Empereur!". Fast unmittelbar danach verließen jedoch die meisten

Senatoren, darunter auch Rouher, der wusste, dass er bei den Parisern sehr verhasst war, die Stadt und sogar Frankreich.]

Am Morgen des 5. September erschien im *Charivari* – sonst die Tageszeitung „Paris *Punch* " – eine Karikatur, die die gesamte Zeit der kaiserlichen Herrschaft zusammenfassen sollte. Sie zeigte Frankreich, an Händen und Füßen gefesselt und zwischen den Mündungen zweier Kanonen platziert, von denen eine mit „Paris, 1851" und die andere mit „Sedan, 1870" beschriftet war – diese Namen und Daten repräsentierten das Alpha und Omega des Zweiten Kaiserreichs.

IV

VON DER REVOLUTION ZUR BELAGERUNG

Die Regierung der Nationalen Verteidigung – Die Armee von Paris – Die Rückkehr von Victor Hugo – Der deutsche Vormarsch auf Paris – Die Nationalgarde zieht inne – Gastfreundliche Vorbereitungen für die Deutschen – Sie kommen noch näher – Abreise von Lord Lyons – Unser letzter Tag in Freiheit – Auf den Befestigungen – Der Bois de Boulogne und unser Vieh – Messe vor der Statue von Straßburg – Fromme bretonische Mobiles – Abend auf den Boulevards und in den Clubs – Trochu und Ducrot – Der Kampf und die Panik von Chatillon – Die Belagerung beginnt.

Da ich auf diesen Seiten Gelegenheit haben werde, eine ganze Reihe von Mitgliedern der selbstkonstituierten Regierung zu erwähnen, die auf das Kaiserreich folgte, ist es vielleicht an der Zeit, ihre Namen und Ämter hier aufzulisten. Ich habe bereits erwähnt, dass Trochu Präsident und Jules Favre Vizepräsident der neuen Regierung war. Ersterer behielt auch sein Amt als Gouverneur von Paris und wurde gleichzeitig Generalissimus. Favre seinerseits übernahm das Außenministerium. Mit ihm und Trochu waren Gambetta, Innenminister; Jules Simon, Minister für öffentliche Bildung; Adolphe Crémieux, Justizminister; Ernest Picard, Finanzminister; Jules Ferry, Generalsekretär der Regierung und später Bürgermeister von Paris; und Henri Rochefort, Präsident des Barrikadenkomitees. Vier ihrer Kollegen, Emmanuel Arago, Garnier-Pagès, Eugène Pelletan und Glais-Bizoin, übernahmen keine besonderen Verwaltungsabteilungen. Die übrigen wurden Männern zugeteilt, deren Mitarbeit sichergestellt war. So wurde beispielsweise der alte General Le Flô Kriegsminister – allerdings unter Trochu und nicht über ihn. Vizeadmiral Fourichon wurde zum Marineminister ernannt; Magnin, ein Eisenhüttenmeister, wurde Handels- und Landwirtschaftsminister; Frédéric Dorian, ein weiterer Eisenhüttenmeister, übernahm die Abteilung für öffentliche Arbeiten; Graf Emile de Kératry fungierte als Polizeipräfekt und Etienne Arago in früheren Zeiten als Bürgermeister von Paris.

Die neue Regierung war am Dienstag, dem 6. September, vollständig im Amt. Sie hatte bereits mehrere mehr oder weniger aufsehenerregende Proklamationen herausgegeben, denen eine Depesche folgte, die Jules Favre an die französischen diplomatischen Vertreter im Ausland richtete. Als Gegenmaßnahme für die Ankunft einer Anzahl niedergeschlagener, von der Reise gezeichneter Flüchtlinge aus Mac-Mahons Armee, deren Erscheinen die Pariser keineswegs erheitern sollte, wurde die Verteidigung durch eine große Zahl von Mobilgarden verstärkt, die in die Stadt strömten, insbesondere aus der Bretagne, Trochus Heimatprovinz, sowie durch eine beträchtliche Truppe regulärer Truppen, Infanterie, Kavallerie und Artillerie unter dem Kommando des erfahrenen Generals Vinoy (damals siebzig Jahre alt), der ursprünglich zur Unterstützung Mac-Mahons entsandt worden war, ihn aber vor der Katastrophe von Sedan nicht erreichen konnte und sich in guter Ordnung in die Hauptstadt zurückzog. Als die Belagerung tatsächlich begann, befanden sich in Paris etwa 90.000 reguläre Soldaten (einschließlich aller Waffengattungen und Kategorien), 110.000 Mobilgardisten und ein Marinekontingent von 13.500 Mann, das heißt eine Streitmacht von 213.000 Mann, zusätzlich zu den etwa 280.000 Nationalgardisten. Insgesamt waren also fast eine halbe Million bewaffnete Männer in Paris versammelt, um die Stadt zu verteidigen. Wie alle Behörden später zugaben, war dies ein großer Fehler, da volle 100.000 reguläre Soldaten und Mobilgardisten für den Einsatz in der Provinz hätten entsorgt werden können. Natürlich konnte die Nationalgarde selbst nicht aus der Stadt weggeschickt werden, obwohl sie oft eher eine Belastung als eine Hilfe war und die Verteidigungsarbeit unmöglich hätte durchführen können, wenn man sie sich selbst überlassen hätte.

Neben den Truppen wurden, solange die Eisenbahnzüge fuhren, Tag für Tag zusätzliche militärische Vorräte und Vorräte an Nahrungsmitteln, Mehl, Reis, Keksen und konserviertem Fleisch nach Paris geliefert. Gleichzeitig kehrten mehrere berühmte Exilanten in die Hauptstadt zurück. Louis Blanc und Edgar Quinet kamen nach Jahren der Abwesenheit auf die unauffälligste Art und Weise dort an, obwohl sie bald der vorherrschenden Manie erlagen, Manifeste und Mahnungen zum Wohle ihrer Landsleute zu verfassen. Victor Hugos Rückkehr war theatralischer. In jenen berühmten „Châtiments", in denen er den dritten Napoleon so heftig geißelte (nachdem er in früheren Jahren den ersten in die Würde eines Halbgottes erhoben hatte), hatte er geschworen, sich aus Frankreich fernzuhalten und gegen das Kaiserreich zu protestieren, solange es bestehe, und in diesem Zusammenhang die berühmte Zeile verfasst:

„Und das ist noch nicht alles, ich werde es behalten!"

Doch nun war das Kaiserreich gefallen, und so kehrte Hugo triumphierend nach Paris zurück. Als er aus dem Zug stieg, der ihn hergebracht hatte, sagte er zu denen, die sich versammelt hatten, um ihn gebührend zu begrüßen, er sei gekommen, um in der Stunde der Gefahr seine Pflicht zu erfüllen, nämlich Paris zu retten, was mehr bedeutete als Frankreich zu retten, denn es bedeutete die Rettung der Welt selbst – Paris war die Hauptstadt der Zivilisation, das Zentrum der Menschheit. Natürlich wurden diese schönen Gefühle von den Bewunderern des großen Dichters leidenschaftlich beklatscht, und als er sich mit seinen Gefährten in einem offenen Wagen niedergelassen hatte, begleiteten ihn zwei- oder dreitausend Menschen in einer Prozession die Boulevards entlang. Es war Nacht, und die Cafés waren überfüllt und die Bürgersteige mit Spaziergängern bedeckt, als der *Trauerzug* vorbeizog, wobei die Eskorte mal die „Marseillaise" und mal den „Chant du Départ" sang, während von allen Seiten Rufe von „Vive Victor Hugo!" erklangen, so enthusiastisch, als ob der ernannte „Retter von Paris" tatsächlich vorbeikäme. Mehr als einmal sah ich, wie der berühmte Dichter aufstand, die Hand abnahm und als Antwort auf die Beifallsbekundungen seinen Hut schwenkte, und dann fielen mir besonders seine hohe Stirn und das prächtige weiße Haar auf, das sie krönte. Hugo, damals 68 Jahre alt, wirkte noch immer kräftig, aber es lag außerhalb der Macht eines Mannes wie ihm, die Stadt vor dem zu retten, was da drohte. Er konnte nur leidenschaftliche Manifeste verfassen und später in „L'Année terrible" die Taten und Leiden der Zeit würdigen. Im Übrigen meldete er sich sicherlich als Nationalgardist, und mehr als einmal sah ich ihn mit *Käppi* und *Vareuse*. Ich bin mir jedoch nicht sicher, ob er jemals „Wachposten" hielt.

Es muss der Tag nach Victor Hugos Ankunft gewesen sein, als ich Paris vorübergehend verließ, aus Gründen, die mein jugendliches, aber frühreifes Herz zutiefst beunruhigten. Ich war etwa vier Tage abwesend, und als ich in die Hauptstadt zurückkehrte, begleitete mich meine Stiefmutter, die wusste, dass mein Vater während der bevorstehenden Belagerung in der Stadt bleiben wollte, und deshalb eine Weile bei ihm sein wollte, bevor die Belagerung begann. Ich erinnere mich, dass sie sogar bei uns bleiben wollte, obwohl das unmöglich war, da sie kleine Kinder hatte, die sie in Saint-Servan zurückgelassen hatte; und außerdem hätte sie, wie ich eines Tages scherzhaft zu ihr sagte, durch ihr Bleiben in Paris die „nutzlosen Münder" vergrößert, deren Zahl die republikanische wie die kaiserliche Regierung mit sehr mäßigem Erfolg zu verringern versuchte. Sie verließ uns jedoch erst im äußersten Notfall und reiste am Abend des 17. September über die Westlinie ab, die am nächsten Tag den Feind bei Conflans, etwa 23 Kilometer von Paris entfernt, erreichte.

Tag für Tag erhielten die Pariser Nachrichten über das allmähliche Herannahen der deutschen Streitkräfte. Am 8. hörten sie, dass die Armee des Kronprinzen von Preußen von Montmirail nach Coulommiers vorrückte – woraufhin die Stadt sehr unruhig wurde; und am 9. kam die Nachricht, dass die schwarz-weißen Wimpel der allgegenwärtigen Ulanen in La Ferté-sous-Jouarre gesehen worden waren. Am selben Tag verließ Thiers Paris, um eine Mission zu erfüllen, die er für die neue Regierung übernommen hatte, nämlich die Sache Frankreichs vor den Gerichten von London, St. Petersburg, Wien und Rom zu vertreten. Dann, am 11., gab es Nachrichten, dass Laon kapituliert hatte, allerdings nicht ohne dass seine Verteidiger ein Pulvermagazin in die Luft sprengten und dadurch einige deutsche Offiziere von hohem Rang verletzten – weshalb die Tat von der Pariser Presse enthusiastisch gelobt wurde, obwohl sie im Gegensatz zu den üblichen Kriegsgepflogenheiten eine etwas verräterische Tat gewesen zu sein schien.

Am 12. erreichten einige deutsche Kundschafter Meaux, und eine größere Truppe besetzte in aller Ruhe Melun. Die Franzosen ihrerseits waren einigermaßen beschäftigt. Sie leisteten dem deutschen Vormarsch keinen bewaffneten Widerstand, versuchten ihn jedoch auf verschiedene Weise zu behindern. Um dem Feind die „Deckung" zu nehmen, wurden verschiedene Versuche unternommen, einige der Wälder in der Umgebung von Paris in Brand zu setzen, während man, um ihn um Vorräte zu bringen, hier und da Schornsteine und stehende Feldfrüchte zerstörte. Außerdem wurden mehrere Eisenbahn- und andere Brücken gesprengt, darunter die Eisenbahnbrücke bei Creil, so dass die direkte Verbindung mit Boulogne und Calais am 12. September unterbrochen wurde.

Der 13. war ein großer Tag für die Nationalgarde, die damals von General Trochu inspiziert wurde. Mit meinem Vater und meiner jungen Stiefmutter ging ich hin, um mir den Anblick anzusehen, der in vielerlei Hinsicht interessant war. Hundertsechsunddreißig Bataillone oder ungefähr 180.000 Mann der sogenannten "Bürgersoldaten" waren bewaffnet; ihre Linien erstreckten sich zunächst entlang der Boulevards von der Bastille bis zur Madeleine, dann die Rue Royale hinunter, über den Place de la Concorde und die Champs Elysées hinauf bis zum Rond Point. Darüber hinaus waren 100.000 Mann der Garde Mobile entlang der Seine-Kais und die Champs Elysées hinauf vom Rond Point bis zum Arc de Triomphe versammelt. Nie zuvor habe ich eine so große Streitmacht bewaffneter Männer gesehen. Es waren alle möglichen Typen. Einige der Mobilen, vor allem die bretonischen, die sich später gut bewährten, sahen wirklich soldatisch aus; aber die Nationalgardisten waren ein seltsam gemischter Haufen. Sie trugen alle *Käppis*, aber gut die Hälfte von ihnen hatte noch keine Uniform und war in Blusen und Hosen in verschiedenen Farben gekleidet. Nur hier und da konnte man einen Mann mit militärischer Haltung sehen; die meisten von ihnen nahmen eine unbekümmerte Haltung ein und waren völlig unfähig, beim Marschieren Schritt zu halten. Ein besonderes Merkmal der Zurschaustellung war die Anzahl der Blumen und Zweige von Immergrün, mit denen die Männer die Mündungen der *Fusils-à-tabatière geschmückt hatten*, die sie meist trugen. Hier und da zeigte außerdem der eine oder andere Kerl auf seiner Bajonettspitze eine farbige Karikatur des Ex-Kaisers oder der Ex-Kaiserin. Was waren das für Dinge, diese unzähligen Karikaturen der Monate nach der Revolution! Ab und zu erschien eine, die wirklich klug war, die eine kluge, witzige Idee verkörperte; aber wie viele von ihnen waren einfach das Ergebnis einer verdorbenen, einer obszönen, einer bestialischen Fantasie! Die anstößigsten Karikaturen von Marie-Antoinette waren nichts im Vergleich zu denen, die auf die unglückliche Kaiserin Eugénie gerichtet waren.

Unsere letzten Tage der Freiheit vergingen. Einige der ärmsten Leute aus der Umgebung von Paris kamen endlich in die Stadt und brachten ihre Habseligkeiten mit. Einige der einfältigeren Vorstadtbürger hatten jedoch seltsame Ideen entwickelt. Sie waren hastig in die Provinz aufgebrochen, um ihre Haut vor Gefahren zu schützen, und hatten sich nicht die Mühe gemacht, ihre Haushaltsgegenstände in der Stadt unterzubringen, sondern sie in ihren koketten Villen und Pavillons zurückgelassen, deren Türen kaum zu sehen waren. Die deutschen Soldaten würden die Häuser höchstwahrscheinlich besetzen, aber ihnen ganz sicher keinen Schaden zufügen. „Vielleicht wäre es jedoch besser, die ausländischen Soldaten zu besänftigen. Lassen wir ihnen etwas zurück", sagte der ehrenwerte Monsieur Durand zu seiner Frau Madame Durand. „Sie werden hungrig sein, wenn sie hier ankommen, und wenn sie etwas für sich vorfinden, werden sie dankbar sein und keinen Schaden anrichten." Obwohl die ehrlichen Durands ihre Keller mit erlesenen Weinen sorgfältig verriegelten – manchmal sogar zumauerten –, sorgten sie dafür, dass viele Flaschen, manchmal sogar ein Fass, *Vin ordinaire* leicht zugänglich waren; und Schinken, Käse, Sardinen, *Saucissons de Lyon* und *Patés de Foie Gras* wurden in den Vorratsschränken deponiert, die rücksichtsvollerweise unverschlossen gelassen wurden, damit die guten, sanftmütigen, ehrlichen Deutschen (die laut einer Proklamation von „Unser Fritz" in einem früheren Stadium der Feindseligkeiten „den Krieg gegen Kaiser Napoleon und nicht gegen die französische Nation führten") sich ungehindert vergnügen konnten. Außerdem wurden die Nächte „langer", die Abende kühl; warum also nicht die Feuer anzünden und Streichhölzer und Kerzen an geeigneten Stellen aufstellen, zum Wohle der ungebetenen Gäste, die so bald eintreffen würden? Nachdem all diese Dinge erledigt waren, M. und Mme. Durand reiste ab, um die Ruhe von Fouilly-les-Oies zu suchen, ohne sich im Traum vorzustellen, dass sie bei ihrer Rückkehr nach Montfermeil, Palaiseau oder Sartrouville ihren *Salon* in einen Schweinestall verwandelt, ihre Möbel zertrümmert und ihre Uhren und Kaminverzierungen entwendet vorfinden würden. Natürlich weiß der heutige Herr Durand, was mit seinen verehrten Eltern passiert ist; er weiß, was er von den guten, ehrlichen, rücksichtsvollen deutschen Soldaten zu halten hat; und wenn er es vermeiden kann, wird er in einem ähnlichen Fall nicht einmal einen Holzlöffel zurücklassen, der ins Vaterland mitgenommen und als weitere Trophäe zu den hunderttausend französischen Uhren und den Millionen französischen Nippes hinzugefügt werden könnte, die dort noch immer als Andenken an die „große Zeit" aufbewahrt werden.

Am 15. September hörten wir von einigen kleineren Scharmützeln zwischen Ulanen und Freischärlern in der Nähe von Montereau und Melun. Am nächsten Tag nahm der Feind einen Zug bei Senlis gefangen und schoss auf einen anderen bei Chantilly, glücklicherweise ohne einen der Passagiere zu verletzen. Am selben Tag wurde seine Anwesenheit in Villeneuve-Saint-

Georges gemeldet, nur 16 Kilometer südlich von Paris. Am Abend versuchte er außerdem, die Seine bei Juvisy zu durchqueren. Am 16. tauchten einige seiner Truppen zwischen Créteil und Neuilly-sur-Marne auf der Ostseite der Stadt auf, nur etwa acht Kilometer vom Fort Vincennes entfernt. Dann hörten wir wieder von ihm im Süden – von seiner Anwesenheit in Brunoy, Ablon und Athis und von den Pontons, mit denen er die Seine bei Villeneuve und Choisy-le-Roi überquerte.

So ging der Vormarsch stetig weiter, ohne dass er durch Waffengewalt aufgehalten wurde, abgesehen von ein paar unbedeutenden Scharmützeln, die von verschiedenen Freischärlern angezettelt wurden. Keine Straße, keine Barrikade wurde von den Behörden verteidigt; nicht ein einziges Mal wurde die Passage eines Flusses behindert. Hier und da stießen die Deutschen auf Hindernisse: Pappeln waren gefällt und quer über eine Autobahn gelegt worden, Brücken und Eisenbahntunnel waren gelegentlich gesprengt worden; aber all diese Hindernisse für ihren Vormarsch wurden vom Feind schnell überwunden, der ruhig weitermarschierte und abwechselnd verblüfft und erstaunt war, nie auf französische Streitkräfte zu treffen. Als die Invasoren sich Paris näherten, fanden sie eine Fülle von Gemüse und Obst vor, aber die meisten Bauern waren geflohen und hatten ihr Vieh mitgenommen, und wie mir ein deutscher Offizier in späteren Jahren erzählte, waren Eier, Käse, Butter und Milch kaum noch zu bekommen.

Am 17. begannen die Franzosen, sich von der Benommenheit zu erholen, die sie offenbar befallen hatte. Der alte General Vinoy überquerte mit einigen seiner Truppen die Marne bei Charenton, und vor dem Dorf Mesly kam es zu einem ziemlich heftigen Gefecht. Am selben Tag verließ Lord Lyons, der britische Botschafter, Paris und begab sich auf Umwegen nach Tours, wohin sich ein paar Tage zuvor drei Delegierte der Nationalen Verteidigung begeben hatten – zwei Siebzigjährige und ein Sechzigjähriger, Crémieux, Glais-Bizoin und Fourichon –, um die Generalregierung Frankreichs zu übernehmen. Lord Lyons hatte Jules Favre zuvor mitgeteilt, dass er beabsichtige, in der Hauptstadt zu bleiben, aber ich glaube, seine Entscheidung wurde durch Anweisungen aus London geändert. Mit ihm reiste der Großteil des Botschaftspersonals ab, während die britischen Interessen in Paris in den Händen des zweiten Sekretärs, Mr. Wodehouse, und des Vizekonsuls blieben. Der Konsul selbst hatte Paris vor einiger Zeit sehr vorsichtig verlassen, um „das Wasser zu trinken". Oberst Claremont, der Militärattaché, blieb noch bei uns, aber im Laufe der Belagerung schrumpfte das Botschaftspersonal allmählich auf den Concierge und zwei – oder waren es vier? – Schafe, die auf dem Rasen grasten. Mr. Wodehouse zog Mitte November ab (mein Vater und ich gehörten zu denen, die ihn begleiteten, wie ich in einem späteren Kapitel erzählen werde); und bevor das Bombardement begann, führte auch Oberst Claremont einen strategischen

Rückzug durch. Trotzdem – oder sollte ich sagen gerade deshalb? – wurde er später zum General befördert.

Ein oder zwei Tage vor seiner Abreise verfasste Lord Lyons eine Mitteilung, in der er seine britischen Untertanen warnte, dass sie auf eigene Gefahr in Paris blieben. Die britische Kolonie war damals nicht so groß wie heute, aber dennoch beträchtlich. Viele ihrer Angehörigen reisten zweifellos aus eigenem Antrieb ab. Nur wenige, wenn überhaupt, sahen Lord Lyons' Mitteilung, denn sie wurde ihnen schlicht und einfach über *Galignanis Messenger übermittelt*, der zwar von Hoteltouristen besucht wurde, aber selten von echten Briten zu Gesicht bekam, da die meisten Londoner Zeitungen lasen.

Der Tag nach Lord Lyons Abreise, Sonntag, der 18. September, war unser letzter Tag in Freiheit. Das Wetter war herrlich, die Temperaturen so warm wie im Juni. Ganz Paris war im Freien. Wir waren nicht ohne Frauen und Kinder. Nicht nur die Frauen und Kinder der Arbeiterklasse waren da, sondern auch die besseren Hälften vieler Handwerker und Bürger waren in der Stadt geblieben, zusammen mit einer ganzen Reihe Damen von höherem gesellschaftlichen Rang. So traf man trotz aller Abreisen an diesem letzten Tag vor der Bestattung noch überall „Papa, Mama und Baby". Überall, auf den Boulevards, auf den Plätzen, entlang der Kais und entlang der Straßen entlang der Wälle, herrschte ein fröhliches Treiben. Letztere waren die „große Attraktion", und Tausende von Menschen schlenderten umher und schauten sich die Arbeiten an, die im Gange waren. Steinfenster wurden mit Erde gedeckt, Plattformen für Kanonen vorbereitet, Schanzkörbe an den Schießscharten aufgestellt, Sandsäcke zu den Brustwehren getragen, Pfähle für die vielen *Pièges-à-loups angespitzt* und glatte Erdwälle mit unzähligen Nägeln befestigt. Einige Kanonen waren bereits in Stellung, andere, große Marinekanonen aus Brest oder Cherbourg, lagen noch auf dem Rasen. Unterdessen trafen an den verschiedenen Stadttoren die allerletzten mit Möbeln und Viehfutter beladenen Fahrzeuge aus den Vororten ein. Und alle Spaziergänger gingen auf und ab, plauderten, lachten und begutachteten dieses und jenes Verteidigungswerk oder Vernichtungswerk auf so humorvolle, unbeschwerte Weise, dass der ganze *Chemin-de-ronde* wie ein riesiger Jahrmarkt schien, der einzig und allein zur Unterhaltung der unberechenbarsten Menschen abgehalten wurde, die die Welt je gesehen hat.

Der Zugang zum Bois de Boulogne war verboten. Dort waren bereits Hektar um Hektar Wald abgeholzt worden, und von den offenen Flächen wehte die milde Septemberbrise gelegentlich das Brüllen von Rindern, das Blöken von Schafen und das Grunzen von Schweinen herüber. Unser Viehbestand bestand aus 30.000 Ochsen, 175.000 Schafen, 8.800 Schweinen und 6.000 Milchkühen. Wir hatten keine Ahnung, wie schnell diese Tiere (abgesehen von den Milchkühen) verzehrt werden würden! Nur wenige von uns wussten, dass wir laut Maxime Ducamps großem Werk über Paris bisher im

Durchschnitt an jedem Tag des Jahres 935 Ochsen, 4680 Schafe, 570 Schweine und 600 Kälber verzehrt hatten, ganz zu schweigen von 46.000 Stück Geflügel, Wild usw., 50 Tonnen Fisch und 670.000 Eiern.

Wenn man sich vom Bois de Boulogne abwandte, der zu unserem wichtigsten Weideland und Schafstall geworden war, sah man Kompanien der Nationalgarde, die auf den Champs Elysées und dem Cours-la-Reine den „Stechschritt" lernten. Die regulären Truppen hatten sowohl auf der Avenue de la Grande Armée als auch auf dem Champ de Mars ihr Lager aufgeschlagen. Feldgeschütze und Munitionswagen füllten den Tuileriengarten, während man auf dem Gelände des Palais du Luxembourg wieder Rinder und Schafe fand; doch auch andere Rinder- und Schafarten waren seltsamerweise fast dicht an dicht mit den hungrigen Wildtieren des Jardin des Plantes untergebracht, denen beim Anblick ihrer natürlichen Beute das Wasser im Mund zusammenlief. Wenn man den Kais der Seine folgte, sah man Schaulustige, die die kleinen Kanonenboote und schwimmenden Batterien auf dem Wasser bestaunten; und wenn man zum Montmartre hinaufstieg, traf man auf Leute, die „Neptune" beobachteten, den Fesselballon, den Nadar, der Aeronaut und Fotograf, bereits für militärische Beobachtungszwecke bereitgestellt hatte. Ich werde noch einmal Gelegenheit haben, über ihn und seine Ballons zu sprechen.

Von allem, was ich an diesem denkwürdigen Sonntag selbst sah, beeindruckte mich vielleicht am meisten die feierliche Messe vor der Statue von Straßburg auf dem Place de la Concorde. Die Hauptstadt des Elsass war seit Mitte August belagert, leistete dem Feind aber noch immer starken Widerstand. Ihre Hauptverteidiger, General Uhrich und Edmond Valentin, waren die beliebtesten Helden der Stunde. Letzterer war von der Regierung der Nationalen Verteidigung zum Präfekten der Stadt ernannt worden und hatte sich entschlossen, seinen Posten trotz der Belagerung zu erreichen, die aktiv fortgesetzt wurde. Er hatte sich verkleidet und war erfolgreich durch die deutschen Linien gewandert und den Schüssen entgangen, die auf ihn abgefeuert wurden. In Paris war die Statue von Straßburg zu einem Wallfahrtsort geworden, sozusagen zu einem heiligen Schrein, geschmückt mit unzähligen Bannern und Kränzen. Doch ich hatte sicherlich nicht erwartet, einen Altar aufgestellt und vor ihm eine Messe gefeiert zu sehen, als wäre es tatsächlich eine Statue der Heiligen Jungfrau.

Zu diesem Zeitpunkt herrschte in Paris noch keine allgemeine Feindseligkeit gegenüber der Kirche. Die *Bourgeoisie* – ich spreche von ihrem männlichen Element – war damals ebenso skeptisch wie heute, aber sie wusste, dass General Trochu, in den sie ihr Vertrauen setzte, ein praktizierender und glühender Katholik war und dass er bei der Übernahme des Regierungsvorsitzes die Achtung der Religion zu einer seiner Bedingungen gemacht hatte. Eine solche Feindseligkeit gegenüber dem Priestertum ging von einigen der öffentlichen Clubs aus, in denen die zukünftigen Kommunarden ihre Reden hielten. Erst im Laufe der Zeit, als die Verteidigung immer hoffnungsloser wurde, wurde Trochu selbst als Kagot *und* Souteneur *de Soutanes denunziert* ; und erst in der Kommune ließen die Extremisten ihrem Hass auf die Kirche und ihre Geistlichen freien Lauf.

In Bezug auf die Religion gab es an diesem Sonntag noch einen weiteren Anblick, der mich beeindruckte. Ich war gerade dabei, den Place de la Concorde zu verlassen, als eine große Gruppe von Mobiles entweder aus der Rue Royale oder der Rue de Rivoli hervorkam, und ich bemerkte mit einigem Erstaunen, dass sie nicht nur von ihren Kaplänen begleitet wurden, sondern auch mehrere Prozessionsbanner hochhielten. Sie waren Bretonen und waren, wie ich feststellte, in der Kirche Notre Dame des Victoires zur Messe gegangen – der Lieblingskirche der Kaiserin Eugénie, die dort oft die Frühmesse besuchte – und kehrten nun in ihre Quartiere in den Bögen des Eisenbahnviadukts des Point-du-Jour zurück. Viele Menschen trugen unverhüllt ihre Prozessionsbanner hoch, die von den katholischen Soldaten als „Auzilium Christianorum" angerufen werden. Für einen Moment schweiften meine Gedanken zurück in die Bretagne, wo ich im vergangenen Jahr während meines Urlaubs Zeuge der "Begnadigung" von Guingamp geworden war,

Abends ging ich mit meinem Vater auf die Boulevards, und danach besuchten wir ein oder zwei öffentliche Clubs. Die Boulevard-Spaziergänger hatten viel zu erzählen. General Ambert, der unter dem Kaiser Bürgermeister unseres Arrondissements gewesen war, hatte sich mit seinen Männern überworfen, weil er verächtlich über die Republik gesprochen hatte, und nachdem er von einigen von ihnen kurzerhand verhaftet worden war, war er seines Kommandos enthoben worden. Außerdem hatte das *Amtsblatt ein* Rundschreiben Bismarcks an die deutschen Diplomaten im Ausland veröffentlicht, in dem er offiziell erklärte, wenn Frankreich Frieden wünsche, müsse es „materielle Garantien" geben. Diese Idee wurde jedoch von den Boulevardiers energisch abgetan, insbesondere als wieder einmal Gerüchte über plötzliche französische Erfolge in der Luft lagen, deren Ursprung niemand wusste. Der Skandal erregte jedoch die Aufmerksamkeit vieler Leute in den Cafés, denn im *Rappel* - der Orgel von Victor Hugo - war an diesem Tag ein Brief an Napoleon III. abgedruckt worden, den seine Geliebte Marguerite Bellenger geschrieben hatte. Darin gab sie zu, ihren kaiserlichen Liebhaber über die Vaterschaft ihres Kindes getäuscht zu haben.

Wir gingen jedoch, mein Vater und ich, von den Boulevards zu den Folies-Bergère, die für die Zeit in einen öffentlichen Club umgewandelt worden waren, und hörten dort eine Weile dem Bürger Lermina zu, der, Thiers' Mission und Bismarcks Depesche als seinen Text nehmend, gegen den Abschluss irgendeines Friedens oder sogar Waffenstillstands durch

Frankreich protestierte, solange die Deutschen sich nicht über die Grenze zurückgezogen hatten. Es gab noch immer nicht wenig Gerede dieser Art. Der alte Agitator Auguste Blanqui – lange in einem der Käfige des Mont Saint-Michel eingesperrt, jetzt aber wieder in Paris – wurde nie müde, in den Reden, die er in seinem eigenen Club hielt, der, wie die von ihm inspirierte Zeitung, „La Patrie en Danger" hieß, gegen den Frieden zu sein. In anderen Bereichen, zum Beispiel im Club du Maine, griffen die Extremisten bereits die neue Regierung wegen ihrer Verzögerung bei der Verteilung von Patronen an die Nationalgarde an, da sie zweifellos bereits ungeduldig waren, selbst die Macht zu ergreifen.

Während andere Leute herumspazierten oder ihre Reden hielten, erhielt Trochu in seinem Zimmer im Louvre ein Telegramm nach dem anderen, das ihn darüber informierte, dass die Deutschen die Stadt nun schnell einkesselten. Er selbst hatte offenbar nicht vor, dies zu verhindern; aber auf die dringende Anregung seines alten Freundes und Kameraden General Ducrot hin hatte er zugestimmt, dass man versuchen sollte, eine vollständige Belagerung zumindest hinauszuzögern. In einem früheren Kapitel hatte ich Gelegenheit, Ducrot im Zusammenhang mit den Warnungen zu erwähnen, die Napoleon III. hinsichtlich der militärischen Vorbereitungen Preußens erhielt. Zu dieser Zeit, im Jahr 1870, war der General 53 Jahre alt und damit noch in den besten Jahren. Als Befehlshaber eines Teils von Mac-Mahons Streitkräften hatte er sich in der Schlacht bei Wörth ausgezeichnet, und als der Marschall bei Sedan verwundet wurde, übernahm er aufgrund seines Dienstalters zunächst das Kommando über die Armee, sah sich jedoch später gezwungen, den Dichter gemäß einem von Wimpfen vorgelegten Befehl Palikaos an Wimpfen abzutreten. Ducrot war bei der Kapitulation unter den von den Deutschen gefangen genommenen Soldaten und entkam später – die Deutschen behaupteten, er habe damit sein Ehrenwort gebrochen, obwohl dies nicht der Fall zu sein scheint. Unmittelbar danach begab er sich nach Paris, um sich Trochu zur Verfügung zu stellen. In Wörth hatte er bestimmte Taktiken vorgeschlagen, die der französischen Armee von Nutzen gewesen sein könnten; in Sedan wollte er alles daran setzen, die deutschen Linien zu durchbrechen; und jetzt in Paris schlug er Trochu einen Plan vor, der, wenn er erfolgreich war, seiner Meinung nach die Belagerung verzögern und die deutschen Streitkräfte vorübergehend in zwei Hälften zerlegen könnte.

Bei dem Versuch, diesen Plan auszuführen (19. September), nahm Ducrot den größten Teil von Vinoys Korps mit, nämlich vier Infanteriedivisionen, etwas Kavallerie und nicht wenig Artillerie; nach eigenen Angaben hatte er sogar 72 Kanonen bei sich. Die Schlacht wurde auf dem Plateau von Châtillon (südlich von Paris) ausgetragen, wo die Franzosen ein Redoute errichtet hatten, das allerdings noch sehr unfertig war. Bei Tagesanbruch an diesem Morgen wurden alle am linken Seineufer liegenden Bezirke von Paris durch lautes Kanonendonner aufgeschreckt. Der Lärm war zeitweise fast ohrenbetäubend, und es ist sicher, dass die Franzosen eine große Zahl von Geschossen abfeuerten, obwohl die Zahl – 25.000 –, die in einer Kopie des offiziellen Berichts angegeben ist, die ich vor mir habe, mit Sicherheit ein Schreibfehler sein muss. Auf jeden Fall antworteten die Deutschen mit einem noch schrecklicheren Feuer als das der Franzosen, und wie schon zuvor in Sedan und anderswo erwies sich die französische Artillerie als nicht gewachsen gegenüber der aus Krupps berühmten Werkstätten. Die französische Niederlage wurde jedoch durch eine plötzliche Panik herbeigeführt, die unter einem provisorischen Regiment von Zuaven ausbrach, die plötzlich kehrtmachten und flohen. Panik ist oft, wenn nicht immer, ansteckend, und so war es auch bei dieser Gelegenheit. Obwohl einige der Gardes Mobiles, insbesondere die Bretonen von Ile-et-Vilaine, dank der Unterstützung der Artillerie (die bei unerprobten Truppen so wichtig ist) gut kämpften, wurden andere Männer schwächer und ahmten das Beispiel der Zuaven nach. Duorot erkannte bald, dass es sinnlos war, die Auseinandersetzung zu verlängern, und nachdem er die in der Redoute von Châtillon aufgestellten Kanonen vernagelt hatte, zog er sich unter dem Schutz der Forts von Vanves und Montrouge zurück.

Mein Vater und ich waren sofort nach Süden geeilt, als uns die Kanonade von einem Gefecht verriet. Der Anblick der aufgelösten Soldaten, die die Chaussée du Maine hinunterstürmten, war erbärmlich. Viele hatten ihre Waffen weggeworfen. Einige gingen niedergeschlagen weiter, andere stürmten in Weinschenken, verlangten unter Drohungen nach Getränken und kamen bald darauf fluchend und schreiend wieder heraus: „Nous sommes trahis!" Reiterlose Pferde zogen vorbei und folgten den Männern instinktiv, und hier und da sah man einen verwirrten und empörten Offizier, dessen Befehle mit Hohnrufen befolgt wurden. Die ganze Szene war ein böses Omen für die Verteidigung von Paris.

Als wir später die Boulevards erreichten, waren dort die wildesten Gerüchte im Umlauf. Niemand wusste genau, was geschehen war, aber es hieß, 20.000 französische Soldaten seien von fünfmal so vielen Deutschen vernichtet worden. Schließlich wurde eine Proklamation von Gambetta ausgehängt und eifrig gelesen. Sie enthielt keine Einzelheiten über die Kämpfe, forderte die Pariser jedoch auf, weder in Aufregung noch in Verzweiflung zu verfallen, und erinnerte sie daran, dass ein Kriegsgericht einberufen worden war, um Feiglinge und Deserteure zu verurteilen. Daraufhin schien die Aufregung nachzulassen, und die Leute gingen zum Abendessen. Eine Stunde später waren die Boulevards so fröhlich wie immer, wieder voll mit Spaziergängern, unter denen sich viele Offiziere der Garde Mobile und das übliche Regiment bemalter Frauen befanden. Zynismus und Frivolität waren wieder einmal an der Tagesordnung. Aber mittendrin ereignete sich ein unerwarteter Zwischenfall. Einige der Nationalgardisten des Bezirks waren nicht unnatürlich angewidert von dem Schauspiel, das die Boulevards nur wenige Stunden nach dem Unglück über die französischen Truppen boten. Sie formierten sich also zu einer Einheit, marschierten weiter und forderten lautstark die Cafés auf, zu schließen. Besonders empört waren sie, als sie, als sie Brébants Restaurant an der Ecke des Faubourg Montmartre erreichten, dort jemanden eine lebhafte Offenbachsche Melodie auf einem Klavier spielen hörten. Eine Gruppe unbekümmerter *Viveurs* und *Demoiselles* der halben Welt amüsierte sich zusammen wie in den glorreichen kaiserlichen Tagen. Aber das Klavier verstummte bald, die Cafés und Restaurants mussten schließen und die Boulevardwelt ging in leicht gedemütigter Stimmung nach Hause. Die Belagerung von Paris hatte begonnen.

V

BELAGERT

Die Kapitulation von Versailles – Kapitän Johnson, Bote der Königin –
Keine
Pariser Mode mehr! – Preußen gegen Deutsche – Bismarcks harte
Friedensbedingungen – Versuche, die deutschen Linien zu durchbrechen –
Chartreuse Verte als Sprengstoff! – Tommy Webbs Gruppe und die
Deutschen – Kuriere und frühe Ballons – Unsere Vereinbarungen mit Nadar
– Gambettas Abreise und Ballonreise – Die amüsanten Verse von Albert
Millaud – Belagerungswitze und Satire – Der Spionage- und Signalwahn –
Amazonen zur Rettung!

Am 19. September um ein Uhr nachmittags wurden die Telegrafenleitungen
zwischen Paris und Versailles, die letzte Verbindung, die uns mit der
Außenwelt verband, plötzlich vom Feind gekappt. Die Stadt, die so eng mit
dem Großen König und seiner Pracht verbunden ist, hatte sich damals einer
sehr kleinen deutschen Streitmacht ergeben, obwohl sie über ein paar tausend
Mann – Mobilgarde und Nationalgarde – verfügte, um sie zu verteidigen. Die
zwischen dem Bürgermeister und dem Feind vereinbarte Kapitulation wurde
von letzterem fast unmittelbar nach ihrer Unterzeichnung eklatant verletzt,
wobei dies nur einer von vielen Fällen dieser Art war, die sich während des
Krieges ereigneten. Versailles wurde aufgefordert, dem Eindringling eine
Anzahl Ochsen zur Verfügung zu stellen, die als Nahrung geschlachtet
werden sollten, zahlreiche Fässer Wein, deren Verwendung offensichtlich
war, und einen großen Vorrat an Viehfutter im Wert von 12.000 Pfund.
Letzten Endes war das jedoch nur eine Kleinigkeit im Vergleich zu dem, was
die Streitkräfte des heutigen Kaisers wahrscheinlich verlangen würden, wenn
sie eines Tages in Hull, Grimsby oder Harwich landen würden. Gemäß den
Bedingungen der Kapitulation von Versailles sollten die örtlichen
Nationalgarden jedoch bewaffnet bleiben und mit der internen Polizei der
Stadt betraut bleiben, und außerdem hätte es keine weiteren Forderungen
geben dürfen. Aber Bismarck und Moltke ignorierten alle diese Bedingungen,
und die Versailler mussten sich vielen Demütigungen unterziehen.

An diesem Tag war die Verteidigungsregierung in Paris auf verschiedene
Weise beschäftigt. Sie verhängte zunächst Geldstrafen nach einer
ansteigenden Skala gegen alle Abwesenden, die in der Stadt hätten bleiben
und ihren Teil des Militärdienstes hätten leisten sollen. Und sie erließ
zweitens ein Dekret, wonach niemand, der Geld bei der Sparkasse angelegt
hatte, mehr als 50 Francs, andernfalls 2 Pfund, abheben durfte, wobei der
gesamte Betrag seiner Einlage der Regierung zur Verfügung stand. Diese
Maßnahme rief nicht wenig Unzufriedenheit hervor. Am 19. September, dem

ersten Tag der Belagerung, betrat außerdem der letzte diplomatische Kurier Paris. Ich erinnere mich noch gut an den Vorfall. Während ich den Faubourg Saint Honoré entlangging, bemerkte ich plötzlich eine offene *Kalesche* , die von zwei Pferden gezogen wurde. Auf einem der Pferde saß ein Postillon in traditioneller Tracht – Haare à la Catogan, Jacke mit scharlachroten Aufschlägen, Hut mit Goldbändern, riesige Stiefel und all die anderen Accessoires, die man während langer Jahre auf der Bühne in Adolphe Adams munterer, aber „unmöglicher" Opéra-comique „Le Postillon de Longjumeau" sah. Einen Augenblick lang fühlte ich mich tatsächlich geneigt, den berühmten Refrain „Oh, oh, oh, oh, qu'il était beau" zu summen – aber viele Nationalgardisten und andere betrachteten die Kutsche mit großem Misstrauen, insbesondere weil sie von einer Person in halbmilitärischer Kleidung besetzt war. Eine ganze Reihe von Leuten kam in ihren eigenen Gedanken zu dem Schluss, dass diese Person ein preußischer Spion sein musste, und wollte daher seine Kutsche anhalten und ihn ins Gefängnis bringen. Tatsächlich handelte es sich jedoch um einen britischen Offizier, Captain Johnson, der die Pflichten eines Boten der Königin erfüllte. Er fuchtelte wiederholt in sehr drohender Art mit seinem Stock herum und der Türsteher der britischen Botschaft - ein Deutscher, glaube ich - eilte ihm energisch zu Hilfe. So konnte er einer tatsächlichen Belästigung entgehen und triumphierend in den Hof des Botschafterpalastes fahren.

Zu dieser Zeit stand den Parisern ein schwerer Schock bevor. In derselben Woche gab die Vicomtesse de Renneville eine Erklärung heraus, in der sie erklärte, dass sie angesichts der aktuellen Ereignisse gezwungen sei, die Veröffentlichung ihres berühmten Modejournals *La Gazette Rose einzustellen* . Das war ein tragischer Schlag sowohl für die Pariser selbst als auch für die ganze Welt um sie herum. Es würde keine Pariser Mode mehr geben! In welche Verzweiflung würden Millionen von Frauen gestürzt? Wie würden sie sich kleiden, selbst wenn sie es überhaupt schafften, sich zu kleiden? Der Gedanke war entsetzlich; und als der eine oder andere große *Modeschöpfer* seine Türen schloss, begann Paris zu erkennen, dass sein Ansehen tatsächlich in Gefahr war.

Ein oder zwei Tage nach der Belagerung wurde die Stadt sehr unruhig wegen Thiers' Mission an ausländische Höfe und Jules Favres Besuch im deutschen Hauptquartier, da die Extremisten berichteten, dass die Regierung nicht beabsichtige, eine Regierung der nationalen Verteidigung, sondern eine der Kapitulation zu sein. Als Antwort auf diese Gerüchte erließen die Behörden die berühmte Proklamation, in der sie sagten:

„Die Politik der Regierung lässt sich wie folgt formulieren:
Kein Zentimeter unseres Territoriums. Kein Stein unserer Festungen. Die Regierung wird sie bis zum Ende durchhalten."

Am nächsten Tag, dem 21. September, erinnerte uns Gambetta persönlich daran, dass es der 78. Jahrestag der Gründung der ersten französischen Republik war, und nachdem er die Pariser daran erinnert hatte, was ihre Väter damals geleistet hatten, ermahnte er sie, diesem ruhmreichen Beispiel zu folgen und „den Sieg zu sichern, indem sie dem Tod ins Auge sehen". Am selben Abend beschlossen die Clubs, dass am nächsten Tag eine große Demonstration abgehalten werden sollte, um zu fordern, dass kein Vertrag diskutiert werden sollte, bis die Deutschen aus Frankreich vertrieben worden seien, dass kein Gebiet, kein Fort, kein Schiff und kein Schatz übergeben werden sollte, dass alle Wahlen vertagt und eine *Massenlevée* angeordnet werden sollte. Jules Favre antwortete, dass er und seine Kollegen die Verteidigung und nicht die Kapitulation verkörperten, und Rochefort – der arme Rochefort! – versprach feierlich, dass noch in derselben Nacht mit dem Bau der Barrikaden von Paris begonnen werden sollte. Dieses Vorhaben gefiel den Agitatoren sehr, obwohl der Zweck der besagten Barrikaden nicht ersichtlich war; und die Demonstranten zerstreuten sich mit den üblichen Rufen: „Es lebe die Republik! Tod der Preußen!"

In Verbindung mit diesem letzten Schrei war es ein merkwürdiger Umstand, dass die Franzosen vom Anfang bis zum Ende des Krieges die Anwesenheit von Sachsen, Württembergern, Hessen, Badenern usw. in den Invasionsarmeen beharrlich ignorierten. Darüber hinaus zeigten sie nur bei ein oder zwei Gelegenheiten (wie etwa bei der Bazeilles-Episode in der Schlacht von Sedan) eine besondere Feindseligkeit gegenüber den Bayern. Ich muss den Ruf „Tod den Preußen!" mindestens tausendmal gehört haben; aber ganz sicher habe ich nicht ein einziges Mal „Tod den Deutschen!" gehört. In diesem Zusammenhang möchte ich noch erwähnen, dass der bedeutende Naturforscher und Biologe Quatrefages de Bréau während der Belagerung in Paris sein merkwürdiges kleines Buch „La Race Prussienne" schrieb, in dem er behauptete, die Preußen seien überhaupt keine Deutschen. In den Ansichten, die er äußerte, steckte zumindest ein gewisses Maß an Wahrheit.

Wie ich bereits erwähnte, war Jules Favre, der Außenminister der Nationalen Verteidigung, zum deutschen Hauptquartier gereist, um die Lage mit Fürst (damals Graf) Bismarck zu besprechen. Er traf ihn zweimal, zuerst im Château de la Haute Maison des Comte de Rillac und dann im Château de Ferrières des Baron de Rothschild – das deutsche Personal ließ sich normalerweise in den herrschaftlichen „Vergnügungshäusern" des französischen Adels oder der Finanzaristokratie nieder und hinterließ sie so schmutzig wie möglich und natürlich ohne ihre Uhren. Baron Alphonse de Rothschild erzählte mir in späteren Jahren, dass sechzehn Uhren aus Ferrières mitgenommen wurden, während König (später Kaiser) Wilhelm und Bismarck dort weilten. Ich nehme an, dass sie heute einige der Salons des Schlosses in Berlin oder möglicherweise die von Varzin und Friedrichsruhe schmücken. Jeder, der während seiner Amtszeit als deutscher Reichskanzler jemals sein Quartier in der Wilhelmstraße besuchte, wird sich daran erinnern, dass Bismarck eine außergewöhnliche Leidenschaft für Uhren hatte.

Aber er war mit den Uhren von Ferrières nicht zufrieden. Er sagte Jules Favre, wenn Frankreich Frieden wolle, müsse es die beiden Départements Ober- und Niederrhein sowie einen Teil des Départements Moselle zusammen mit Metz, Chateau Salins und Soissons aufgeben; und er würde einen Waffenstillstand (um die Wahl einer französischen Nationalversammlung zu ermöglichen, die über die Frage Krieg oder Frieden entscheiden sollte) nur unter der Bedingung gewähren, dass die Deutschen Straßburg, Toul und Phalsbourg sowie eine Festung wie Mont Valérien besetzen, die die Stadt Paris beherrscht. Solche Bedingungen stärkten natürlich den Rücken der Franzosen, und eine Zeit lang war von Verhandlungen keine Rede mehr.

In den ersten Tagen der Belagerung von Paris kam ich mit verschiedenen Engländern in Kontakt, die ihre Abreise zu lange hinausgezögert hatten und nun in der Stadt eingeschlossen waren. Sie wollten sie unbedingt verlassen. Die britische Botschaft leistete ihnen in dieser Angelegenheit keine Hilfe. Sie hatte ihre dürftige Mitteilung in *Galignanis Messenger veröffentlicht* und sah keinen Anlass, weitere Schritte zu unternehmen. Außerdem hatte Großbritannien die Französische Republik nicht anerkannt, sodass sich Mr. Wodehouse in einer ziemlich schwierigen Lage befand. Einige „gefangene" Engländer versuchten jedoch, auf eigene Faust aus der Stadt zu fliehen. Zwei von ihnen machten sich gemeinsam auf den Weg, in der festen Erwartung, durch die deutschen Linien zu gelangen und dann einen bequemen Bahnhof zu erreichen. Sie folgten dem Lauf der Seine mehrere Meilen, ohne sie überqueren zu können, und wurden trotz ihrer wehenden Taschentücher (sonst Waffenstillstandsfahnen) und ihrer ständigen Rufe „Engländer! Freunde!" usw. wiederholt von französischen und deutschen Außenposten beschossen. Schließlich erreichten sie Rueil, wo die Dorfbewohner, als sie bemerkten, wie schlecht ihr Französisch war, sie für preußische Spione hielten und sie beinahe lynchten. Glücklicherweise glaubte der örtliche Polizeikommissar ihre Geschichte und sie wurden nach Paris zurückgeschickt, wo sie sich dem Pferdefleisch und den vielen anderen Härten stellen mussten, die sie unbedingt vermeiden wollten.

Ich erinnere mich auch, wie mir der Vertreter einer Birminghamer Kleinwaffenfabrik von seinem erfolglosen Fluchtversuch erzählte. Er hatte sich in Paris aufgehalten, in der Hoffnung, einen Vertrag mit der neuen republikanischen Regierung abzuschließen. Da er nicht genug Geld hatte, um einen Ballon zu chartern, und die Botschaft, wie damals üblich, jede Hilfe ablehnte (O Schatten von Palmerston!), machte er sich mit einem Rucksack auf den Schultern und einem Regenschirm in der Hand auf den Weg, als ob er zu Fuß unterwegs wäre. Er hoffte, die Seine über die Brücke von Saint Cloud oder die von Suresnes zu überqueren, doch beide Versuche misslangen ihm und er wurde wiederholt von wachsamen französischen Außenposten beschossen. Nachdem er sich im Bois de Boulogne verirrt hatte und bei seinem nächtlichen Streifzug sowohl das Vieh als auch die Schafe dort aufweckte, fand er schließlich eine der kleinen Hütten, die als Unterschlupf für die Gärtner und Holzfäller errichtet worden waren, und blieb dort bis zum Tagesanbruch, als er sich orientieren und in Richtung des Auteuil-Tors der Stadtmauern weitergehen konnte. Da er nicht noch einmal beschossen werden wollte, hielt er es für angebracht, als Zeichen seiner friedlichen Absichten sein Taschentuch am Ende seines Regenschirms hochzuziehen. Als er das Tor offen und die Zugbrücke heruntergelassen vorfand, versuchte er, in die Stadt zu gelangen, wurde jedoch sofort von den diensthabenden Nationalgardisten angehalten. Diese wachsamen Patrioten bemerkten seinen schlammigen Zustand – der Vortag war nass gewesen – und fragten misstrauisch, woher er zu dieser frühen Stunde gekommen sei. Da er seine Antwort in gebrochenem Französisch und in einem sehr verlegenen Ton gab, hielt man ihn sofort für einen preußischen Spion und schleppte ihn in die Wache. Dort wurde er sorgfältig durchsucht und ihm wurde alles abgenommen, was er in seinen Taschen hatte, einschließlich einer kleinen Flasche, die der diensthabende Sergeant mit großem Misstrauen betrachtete. Man teilte ihm mit, dass sein weiteres Schicksal entschieden würde, wenn der kommandierende Offizier dieses bestimmten *Abschnitts* der Wälle seine Runde machte.

Als dieser Offizier eintraf, befragte er den Gefangenen eingehend. Dieser versuchte, seine Umstände zu erklären und beteuerte, dass seine Unschuld durch den britischen Pass und andere Papiere, die man ihm abgenommen hatte, bewiesen sei. „Oh! Papiere beweisen nichts!", war die prompte Erwiderung. „Spione sind immer mit Papieren ausgestattet. Aber kommen Sie, ich habe Beweise dafür, dass Sie ein absoluter Schurke sind!" Mit diesen Worten zog der Offizier die kleine Flasche hervor, die man dem unglücklichen Reisenden abgenommen hatte, und fügte hinzu: „Sehen Sie das? Sie hatten es in Ihrer Tasche. Versuchen Sie jetzt nicht, mich zu täuschen, denn ich weiß sehr gut, was die grüne Flüssigkeit ist, die sie enthält – es ist eine brennbare Flüssigkeit, mit der Sie unsere französischen *Chevaux in Brand setzen wollten!* "

Alle Dementis und Proteste waren vergebens. Der Offizier weigerte sich, seinem Gefangenen zuzuhören, bis dieser ihm schließlich anbot, etwas von der schrecklichen Flüssigkeit zu trinken, um zu beweisen, dass es sich überhaupt nicht um das handelte, was er vorgab zu sein. Mit einiger Mühe ließ sich der festsitzende Korken von der Flasche entfernen, und als diese dem Gefangenen gereicht wurde, begann er, etwas von ihrem Inhalt zu trinken, während der Offizier sich in der Zwischenzeit ein wenig zurückzog, als ob er befürchtete, der angebliche „Spion" würde plötzlich explodieren. Nichts dergleichen geschah jedoch. Der Gefangene trank das schreckliche Zeug mit Genuss, schmatzte und bereitete sich sogar darauf vor, einen zweiten Schluck zu nehmen, als der Offizier, der sich beruhigt fühlte, wieder näher zu ihm trat und seine Bereitschaft äußerte, die verdächtige Flüssigkeit selbst zu probieren. Er tat dies und stellte sofort fest, dass es schlicht und einfach eine echte Chartreuse verte war! Es dauerte nicht lange, bis die beiden ihren Vorrat des St. Bruno- *Likörs aufgebraucht* hatten, und sobald dies geschehen war, wurde der Gefangene unter überschwänglichen Entschuldigungen freigelassen.

Hin und wieder gelang es einigen, die belagerte Stadt zu verlassen. In einem Fall durchbrach eine Gruppe von vier oder fünf Engländern die Blockade in der traditionellen Kutsche mit zwei Pferden. Sie hatten im Grand Hotel übernachtet, wo sich noch sieben oder acht weitere Besucher, darunter Labouchere, mit etwa der gleichen Anzahl an Bediensteten aufhielten, die sie bedienten. Die berühmte Karawanserei – damals zweifellos die größte in Paris – war ansonsten völlig unbewohnt. Die Kutsche, in der die Gruppe, die ich erwähnt habe, abfuhr, wurde von einem alten englischen Jockey namens Tommy Webb gelenkt, der seit fast einem halben Jahrhundert in Frankreich war und die Sieger einiger der allerersten Rennen geritten hatte, die vom französischen Jockey-Club veranstaltet wurden. In seinen späteren Jahren ereilte ihn jedoch das Unglück, und er war zu einem bloßen Pariser „Kutscher" geworden. Die Gruppe brach aus dem Hof des Grand Hotels auf und nahm mehrere riesige Körbe mit Proviant und eine Menge anderes Gepäck mit. Alle Teilnehmer des Versuchs schienen ziemlich zuversichtlich zu sein, dass er Erfolg haben würde. Doch einige Stunden später kehrten sie bitter enttäuscht zurück, da sie in der Nähe von Neuilly von den französischen Außenposten aufgehalten worden waren, da sie keinen offiziellen *Passierschein mit* sich führten. Nachdem jedoch am nächsten Tag ein entsprechendes Dokument von General Trochu beschafft worden war, wurde ein zweiter Versuch unternommen, und diesmal durchbrach die Gruppe rasch die französischen Linien. Beim Versuch, die feindlichen Linien zu durchbrechen, kam es jedoch zu einigen melodramatischen Abenteuern. Tatsächlich musste man sowohl den Kugeln der Deutschen als auch denen der französischen Franctireurs ausweichen, die weder dem Union Jack noch der großen weißen Flagge, die zu beiden Seiten von Tommy Webbs Loge wehten, den geringsten Respekt zollten. Nach verschiedenen Missgeschicken gelang es der Gruppe schließlich, mit einem deutschen Kavallerieoffizier zu verhandeln. Nachdem sie einen schriftlichen Appell an den Kronprinzen von Preußen gerichtet hatten (der diesem gern stattgab), wurden sie mit verbundenen Augen nach Versailles gebracht, wo Blumenthal, der Stabschef des Kronprinzen, sie um Informationen über die tatsächliche Lage in Paris bat und ihnen dann erlaubte, ihre Reise fortzusetzen.

Auch Captain Johnson, der Bote der Königin, von dem ich bereits gesprochen habe, schaffte es, Paris wieder zu verlassen; doch die Deutschen stellten ihn unter strenge Überwachung, und Blumenthal teilte ihm mit, dass kein Bote der Königin mehr die deutschen Linien passieren dürfe. Etwa zur selben Zeit jedoch schaffte es der englische Diener eines von Trochus Adjutanten, nicht nur Saint Germain-en-Laye zu erreichen, wo die Familie seines Herrn wohnte, sondern auch mit Nachrichten nach Paris zurückzukehren. Dieser junge Mann hatte sich geschickt als französischer Bauer verkleidet, und als der Polizeipräfekt von seinen Abenteuern erfuhr, schickte er mehrere ähnlich verkleidete Detektive mit dem Auftrag los, alles über den Feind herauszufinden und ihm davon zu berichten. In der Zwischenzeit versuchte die Pariser Post, Kuriere auszusenden. Einer von ihnen, Létoile, schaffte es bis nach Evreux in der Normandie und kehrte mit ein paar hundert Briefen in die belagerte Stadt zurück. Auch die Bemühungen zweier schlauer Burschen namens Gême und Brare waren wiederholt von Erfolg gekrönt. Sie unternahmen mehrere Reisen nach Saint Germain, Triel und sogar Orleans. Einmal brachten sie auf ihrer Rückkehr nach Paris nicht weniger als siebenhundert Briefe mit; zwischen zwanzig und dreißig anderen Kurieren gelang es jedoch nicht, die deutschen Linien zu durchbrechen; mehrere andere fielen in die Hände des Feindes, der die von ihnen transportierte Korrespondenz sofort konfiszierte, sie aber ansonsten nicht belästigte.

Die Schwierigkeiten, Briefe von Paris aus zu verschicken und Nachrichten von Verwandten und Freunden in anderen Teilen Frankreichs zu erhalten, führten zu allerlei Intrigen. Der Gründer und Herausgeber der bekannten Zeitschrift *Le Figaro*, Hippolyte de Villemessant (wie er sich nannte, obwohl ich glaube, dass sein richtiger Taufname Auguste war), erklärte in seiner Zeitung, er wäre bereit, sich für ein paar Zeilen seiner geliebten und abwesenden Frau die Adern öffnen zu lassen. Mehr eheliche Zuneigung hätte kaum gehen können. Villemessant jedoch ließ seiner rührenden Erklärung die Ankündigung folgen, dass ein fähiger Mann, der bereit sei, als Briefträger zwischen Paris und der Provinz zu arbeiten, tausend Francs (40 Pfund) pro Woche verdienen würde. Alle, die sich für den Posten geeignet fühlten, wurden eingeladen, sich in der Redaktion von *Le Figaro vorzustellen*, die sich damals passenderweise in der Rue Rossini befand, die natürlich nach dem berühmten Komponisten benannt war, der so muntere Musik zu Beaumarchais' Komödie komponiert hatte. Infolge von Villemessants Ankündigung war die Straße während der nächsten 48 Stunden von Männern aller Gesellschaftsschichten gesperrt, die umso begieriger darauf waren, die besagten 40 Pfund pro Woche zu verdienen, da fast jede Art von Arbeit zum Erliegen kam und das Tagesgehalt eines Nationalgardisten nur 1 Schilling 2 ½ Pence betrug.

Es war schwierig, unter so vielen Kandidaten eine Auswahl zu treffen, aber schließlich wurde uns versichert, dass wir in einem ehemaligen Wilderer den richtigen Mann gefunden hatten, der so gut wusste, wie man sowohl Land- als auch Waldwachen umging, dass er in seiner etwa zwanzigjährigen Karriere nicht ein einziges Mal *auf frischer Tat ertappt worden war*. Da er außerdem ein Experte im Aufspüren von Wild war, wusste er sicher auch gut, wie man die Spuren der Preußen aufspürt – und ihnen aus dem Weg geht. Wir wurden daher gebeten, diesem scharfsinnigen Menschen unsere Korrespondenz anzuvertrauen, der sie durch die deutschen Linien bringen und innerhalb einer Woche oder zehn Tagen mit den Antworten zurückkehren würde. Die Gebühr für jeden Brief, der sehr leicht und klein sein durfte, wurde auf fünf Francs festgelegt, und man schätzte, dass der ehemalige Wilderer auf jeder Reise etwa 200 Briefe befördern konnte.

Viele Leute wollten den Plan unbedingt ausprobieren, aber konkurrierende Zeitungen prangerten ihn als Mittel an, die Preußen über alles zu informieren, was in Paris vor sich ging – Villemessant, der angeblich Bestechungsgelder vom untergegangenen Kaiserreich angenommen hatte, war wahrscheinlich einer von Bismarcks bezahlten Agenten. So brach das Unternehmen schnell zusammen, ohne dass es überhaupt auf die Probe gestellt wurde. Die Öffentlichkeit wurde jedoch erfolgreich von verschiedenen Personen ausgenutzt, die versuchten, Villemessants Idee zu verbessern, indem sie sich verpflichteten, gegen eine feste Gebühr Briefe aus Paris zu versenden, von denen die Hälfte an den Absender zurückgeschickt werden sollte, wenn sein Brief nicht zugestellt wurde. Da keiner der unter diesen Bedingungen abgegebenen Briefe einem Boten anvertraut wurde, machten die genialen Autoren dieses Plans einen schönen Gewinn, indem sie höflich die Hälfte des erhaltenen Geldes zurückgaben, den Rest jedoch einbehielten, ohne die geringste Anstrengung zu unternehmen, ihren Vertrag auszuführen.

Dr. Rampont, ein sehr kluger Mann, der jetzt unser Generalpostmeister war, hatte bereits ein Rundschreiben herausgegeben, in dem er uns aufforderte, das dünnste Papier und die kleinsten verfügbaren Umschläge zu verwenden. Da es bei den Boten, die er mit Briefen aus Paris schickte, so viele Misserfolge gab, kam ihm die Idee eines Ballonpostdienstes. Obwohl seit den Tagen der Brüder Montgolfier etwa neunzig Jahre vergangen waren, hatte die Luftfahrt wirklich nur sehr geringe Fortschritte gemacht. Es gab überhaupt keine Luftballons. Dupuy de Lômes erste Experimente stammten erst aus der Zeit der Belagerung, und Renards Luftschiff wurde erst Anfang der achtziger Jahre entwickelt. Wir hatten nur den üblichen Ballontyp zur Verfügung; und zu Beginn der Investition gab es sicherlich nicht mehr als ein halbes Dutzend

Ballons innerhalb unserer Linien. Eine große Stadt wie Paris ist jedoch nicht ohne Ressourcen. Alles, was für den Bau von Ballons benötigt wurde, konnte dort gefunden werden. Auch Gas war erhältlich, und wir hatten eine ganze Reihe von Männern unter uns, die sich mit der Ballonfahrt auskannten, wie sie damals üblich war. Da waren Nadar, Tissandier, die Brüder Godard, Yon, Dartois und viele andere. Sowohl die Godards als auch Nadar gründeten Ballonfabriken, die sich im Allgemeinen in unseren großen, stillgelegten Bahnhöfen befanden, wie dem Gare du Nord, dem Gare d'Orléans und dem Gare Montparnasse; ich erinnere mich aber auch an einen Besuch einer Fabrik, die Nadar in dem Tanzsaal namens Elysée Montmartre eingerichtet hatte. Jede dieser Fabriken bot vielen Menschen Arbeit, und ich erinnere mich, dass ich besonders von der Anzahl der Frauen beeindruckt war, die in der Ballonherstellung beschäftigt waren. Diese Arbeit war für sie sehr hilfreich, und Nadar sagte mir immer, es schmerze ihn, so viele Bewerberinnen abweisen zu müssen, denn jeden Tag kämen zehn, zwanzig und dreißig Frauen und flehten ihn an, sie „einzunehmen". Fast alle ihre üblichen Arbeitsräume waren geschlossen; Manche mussten von Almosen leben, und die Frauen und Familien der Nationalgardisten erhielten nur sehr geringe Zuwendungen zwischen fünf und sieben Pence täglich.

Doch um auf den von der Regierung organisierten Ballonpostdienst zurückzukommen, wurde meinem Vater und mir sofort klar, dass er uns für die Arbeit für die *Illustrated London News wenig nützen würde* , da es Beschränkungen hinsichtlich der Größe und des Gewichts jedes Briefes gab, der aufgegeben werden durfte. Das Gewicht war tatsächlich auf höchstens drei Gramm festgelegt! Nun arbeiteten in Paris eine Reihe von Künstlern für die *Illustrated* , allen voran M. Jules Pelcoq, der persönlich zwei Drittel der Skizzen geliefert haben muss, mit denen die britische Öffentlichkeit über die vielen Ereignisse des Pariser Belagerungslebens informiert wurde. Das wöchentliche Tagebuch, bei dessen Erstellung ich meinem Vater half, konnte in kleiner Handschrift auf sehr dünnem, fast transparentem Papier verfasst und auf dem üblichen Weg verschickt werden. Doch wie sollten wir die Behörden hinsichtlich unserer Skizzen umgehen, die oft beträchtliche Größe hatten und immer auf ziemlich festem Papier angefertigt wurden, wobei es sich bei den meisten um Tuschezeichnungen handelte? Obwohl ich zwei oder drei Entwürfe unseres Tagebuchs oder unserer anderen „Kopie" für den Versand mit aufeinanderfolgenden Ballons vorbereiten konnte – für den Fall, dass einer der letzteren in die Hände des Feindes fiel –, erschien es mir absurd, dass unsere Künstler jede Skizze, die sie anfertigten, neu kopieren mussten. Glücklicherweise gab es die Fotografie, deren Gedanke eine Lösung für die andere Schwierigkeit mit sich brachte, in der wir uns befanden.

Ich wurde zu einem Interview mit Nadar auf den Place Saint Pierre in Montmartre geschickt, über dem sein Fesselballon „Neptune" in der

Septemberbrise schwankte. Er war noch ziemlich derselbe Mann, den ich vor ein paar Jahren im Crystal Palace gesehen hatte: groß, rothaarig und in rotem Hemd. Er hatte sein Leben als Karikaturist und Humorist begonnen, sich dann aber nebenbei als Fotograf selbstständig gemacht, und sein Geschäft am Boulevard de la Madeleine erlangte bald großen Bekanntheitsgrad. In jenen frühen Tagen der Belagerung wurden in Paris noch einige Porträts geschossen. Fotos von Berühmtheiten oder Bekanntheiten der Stunde verkauften sich recht gut, und hin und wieder wollte sich ein vermögender Nationalgardist in seiner Uniform fotografieren lassen. Aber natürlich war das Geschäft im Allgemeinen zurückgegangen. Daher war Nadar sehr erfreut, den Vorschlag anzunehmen, den ich ihm im Namen meines Vaters machte. Er wollte jede Skizze für die *Illustrated* in seine Werkstatt bringen und dort fotografieren, damit wir in der Lage wären, Kopien in mindestens drei aufeinanderfolgenden Ballons zu verschicken.

Als ich Nadar auf die Postvorschriften in Bezug auf Gewicht und Größe von Briefen ansprach, antwortete er freundlich: „Überlassen Sie das mir. Ihre Pakete brauchen überhaupt nicht mit der normalen Post zu gehen – zumindest nicht hier in Paris. Lassen Sie sie jedoch frankieren und bringen Sie sie mit, wenn ein Ballon abhebt, und ich werde dafür sorgen, dass der Aeronaut sie in seiner Tasche mitnimmt. Wo auch immer er landet, werden sie auf die Post gebracht, wie die Briefe in den offiziellen Taschen.“

Dieser Plan wurde ausgeführt, und obwohl mehrere Ballons verloren gingen oder innerhalb der deutschen Linien abstürzten, blieb nur ein kleines Paket mit Skizzen, das aus Dringlichkeitsgründen nicht fotografiert worden war, später vermisst. In allen anderen Fällen erreichte entweder die Originalzeichnung oder eine der fotografischen Kopien davon sicher London.

Der allererste Ballon, der Paris verließ (Anfang Oktober), war genau Nadars „Neptune“, der ursprünglich für militärische Beobachtungszwecke gedacht war. Eines Tages, als ich mit Nadar auf dem Place Saint Pierre war, nahm er mich mit in den Ballon. Ich fand die Erfahrung neuartig, aber nicht angenehm, denn mein ganzes Leben lang hatte ich eine Neigung zu Schwindelgefühlen, wenn ich in ungewöhnliche Höhen aufstieg. Ich erinnere mich, dass es ein klarer Tag war und wir einerseits Paris und andererseits die Ebene von Saint Denis aus der Vogelperspektive sahen, aber ich muss gestehen, dass ich mich fehl am Platz fühlte und froh war, wieder *festen Boden unter den Füßen zu haben.*

Von jenem Tag an war ich ganz zufrieden damit, dem Aufstieg des einen oder anderen Ballons zuzusehen, ohne das Verlangen zu verspüren, mit dem Lufttransportdienst von Paris wegzukommen. Ich muss den Abflug praktisch aller Ballons miterlebt haben, die Paris verließen, bis ich selbst im

November die Stadt verließ. Die mit Nadar getroffenen Vereinbarungen waren perfekt, und etwas sehr Ähnliches wurde mit den Brüdern Godard arrangiert, mit dem Ergebnis, dass wir immer im Voraus gewarnt wurden, wenn geplant war, einen Ballon loszuschicken. Manchmal erhielten wir abends per Boten die Mitteilung, dass am nächsten Tag bei Tagesanbruch ein Ballon starten würde. Manchmal wurden wir in den frühen Morgenstunden geweckt, wenn alles, was verschickt werden sollte, in aller Eile zusammengesucht und sofort zum Startort gebracht werden musste, beispielsweise zum Endbahnhof der Nord- oder der Orléans-Bahn, die beide beträchtlich von unserer Wohnung in der Rue de Miromesnil entfernt lagen. Das waren keineswegs angenehme Spaziergänge, besonders wenn es kalt geworden war, wie es im Frühherbst jenes Jahres der Fall war; und hin und wieder stellte man am Ende der Reise fest, dass sie vergebens gewesen war, denn der Wind hatte im letzten Moment gedreht, und die Abfahrt des Ballons war verschoben worden. Natürlich blieb einem nichts anderes übrig, als sich wieder nach Hause zu schleppen. Es gab keinen Omnibusdienst, da alle Pferde beschlagnahmt worden waren, und in der zweiten Oktoberhälfte waren in ganz Paris nicht mehr als ein paar Dutzend Taxis (gezogen von altersschwachen Tieren) im Einsatz. So war Shanks' Pony das einzige Fortbewegungsmittel.

In früheren Tagen begleitete mich mein Vater auf einigen dieser Expeditionen, aber er wurde ihrer bald überdrüssig, besonders weil seine Gesundheit durch die Belagerungsdiät beeinträchtigt wurde. Wir waren jedoch zusammen, als Gambetta am 7. Oktober abreiste und in einem von Nadar gebauten Ballon vom Place Saint Pierre aufstieg. Es war vereinbart worden, dass er in die Provinz aufbrechen sollte, um die drei Regierungsdelegierten zu verstärken, die vor der Belagerung dorthin geschickt worden waren. Jules Favre, der Außenminister, war zuvor gedrängt worden, sich diesen Delegierten anzuschließen, wollte sich aber keinem Ballon anvertrauen, und daraufhin wurde Gambetta vorgeschlagen, dies zu tun. Er stimmte dem Vorschlag bereitwillig zu, besonders weil er befürchtete, dass der Rest des Landes übersehen wurde, da die vorherrschende Meinung vorherrschte, dass Paris ausreichen würde, um sowohl sich selbst als auch ganz Frankreich vor der Anwesenheit des Feindes zu schützen. Er wurde im April 1838 geboren, war zu diesem Zeitpunkt in seinem dreiunddreißigsten Jahr und voller Energie, wie die Fortsetzung zeigte. Die Delegierten, denen er sich anschließen sollte, waren, wie ich bereits erwähnte, sehr alte Männer, die es zweifellos gut meinten, aber nicht in der Lage waren, die großen Anstrengungen zu unternehmen, die Gambetta zusammen mit Charles de Freycinet unternahm, der gerade in seinen besten Jahren war und etwa zehn Jahre älter als der junge Diktator.

Ich kann mir Gambettas Abreise noch gut vorstellen, insbesondere sein Aussehen bei dieser Gelegenheit – seine Pelzmütze und seinen Pelzmantel, die ihn ein wenig wie einen polnischen Juden aussehen ließen. Er hatte seinen Sekretär dabei, den ergebenen Spuller. Ich kann mich nicht an den Namen des Aeronauten erinnern, der den Ballon steuerte, aber wenn mich mein Gedächtnis nicht täuscht, war es genau ihm, dem Nadar das Paket mit den Skizzen überreichte, das die *Illustrated London News nicht erreichte* . Sie müssen in der Verwirrung der Flugreise verloren gegangen sein, die von mehreren dramatischen Zwischenfällen geprägt war. Einigen Berichten zufolge zeigte Gambetta während der Vorbereitungen für den Aufstieg nicht wenig Angst, aber mir schien er bemerkenswert gut gelaunt zu sein, als ob er tatsächlich in freudiger Erwartung dessen war, was er gleich erleben würde. Als die Seeleute auf den Ruf „Lachez tout!" die letzten Kabel lösten, die den Ballon bisher am Aufsteigen gehindert hatten, brach die Menge in Rufe aus: „Vive la Republique!" und „Vive Gambetta!" der „jugendliche Staatsmann", wie man ihn damals nannte, beugte sich über die Seite des Wagens und schwenkte als Antwort auf den Beifall seine Mütze. [Ein weiterer Ballon, der „George Sand", stieg zur gleichen Zeit auf. In seinem Wagen befanden sich verschiedene Beamte, die über den Kauf von Feuerwaffen in den Vereinigten Staaten verhandeln sollten.]

Die Reise war ereignisreich, denn die Deutschen schossen wiederholt auf den Ballon. Ein erster Sinkversuch musste abgebrochen werden, als die Gondel eine Höhe von nicht mehr als 200 Fuß erreicht hatte, denn in diesem Moment sah man einige deutsche Soldaten fast direkt darunter. Sie schossen, und bevor der Ballon wieder aufsteigen konnte, streifte eine Kugel Gambettas Kopf. Um vier Uhr nachmittags wurde der Sinkflug jedoch in der Nähe von Roye an der Somme fortgesetzt, als der Ballon in einer Eiche hängen blieb und Gambetta einen Moment lang mit dem Kopf nach unten an den Seilen der Gondel hing. Einige Landleute kamen in großer Wut herbei und hielten die Gruppe für Preußen; als sie jedoch die Wahrheit erfuhren, leisteten sie jede mögliche Hilfe, und Gambetta und seine Gefährten begaben sich zum Haus des Bürgermeisters des benachbarten Dorfes Tricot. In späteren Tagen erwähnte der große Mann seine Erlebnisse auf dieser Reise und sagte, dass die Erde, wie er sie von der Gondel des Ballons aus sah, wie ein riesiger Teppich aussah, der zufällig aus verschiedenfarbiger Wolle gewebt war. Es habe ihn überhaupt nicht beeindruckt, fügte er hinzu, da es sich in Wirklichkeit um nichts anderes als „une vilaine chinoiserie" handele. Von Rouen aus, wo er am nächsten Tag ankam, erließ er die berühmte Proklamation, in der er Frankreich aufforderte, einen Pakt mit Sieg oder Tod zu schließen. Am 9. Oktober schloss er sich den anderen Delegierten in Tours an und übernahm sowohl den Posten des Kriegsministers als auch den des Innenministers.

Seine Abreise aus der Hauptstadt wurde von Albert Millaud, dem klugen Versdichter dieser Zeit, gefeiert. Er verfasste für *Le Figaro* einen amüsanten Erguß, dessen erster Vers folgendermaßen lautete:

„Gambetta, bleich und düster,
wollte unbedingt nach Tours, aber zweihunderttausend Preußen hielten ihn von seinem Vorhaben ab. Dem jungen Staatsmann zu Hilfe kam der Aeronaut Nadar, der den ‚Armand Barbes‘ mit Gambetta im Gondel in die Luft schickte.“

Weiter folgten die folgenden Zeilen, die Gambetta vermutlich selbst gesprochen hatte, während er auf die deutschen Linien unter ihm blickte:

„Sehen Sie, wie die Ebene von der Masse ihrer Helme glänzt
! Eine Pfählung auf diesen Stacheln aus poliertem Messing wäre furchtbar!“

Millaud, ein Jude, der Sohn, glaube ich, oder zumindest ein naher Verwandter des berühmten Gründers von *Le Petit Journal* , dessen Erscheinen einen Meilenstein in der Geschichte der französischen Presse darstellte, machte sich während mehrerer Jahre seiner Karriere daran, die Wahrheit des Axioms zu beweisen, dass in Frankreich „tout finit par des chansons“ gilt. Während dieser ängstlichen Belagerungstage bemühte er sich ständig, einen fröhlichen Ton anzuschlagen, etwas, das zumindest für einen Moment die trüben Sorgen vertreiben könnte. Hier ist eine englische Version einiger Verse, die er über Nadar schrieb:

Was für ein seltsamer Kerl ist Nadar,
Fotograf und Aeronaut! Er ist so klug wie Godard. Was für ein seltsamer Kerl ist Nadar, obwohl er, unter uns gesagt, von Kunst nichts versteht. Was für ein seltsamer Kerl ist Nadar, Fotograf und Aeronaut!

Um den Kurs eines Ballons zu lenken,
erfand sein Geist die wundersame Schraube. Eines Tages hofft er, zum Mond zu fliegen, um den Kurs eines Ballons zu lenken. Bald werden wir ihn, den Admiral der „Luftflotte“, „im Blauen ringen“ sehen – Um den Kurs eines Ballons zu lenken, erfand sein Geist die wundersame Schraube.

Oben im Königreich der Luft
kann er nun den ersten Rang beanspruchen.
Wenn der arme Gambetta dort oben,
oben im Königreich der Luft, keinen guten Grund findet, zu starren, dann ist Nadar nicht dafür verantwortlich. Oben im Königreich der Luft kann er nun den ersten Rang beanspruchen.

In Ferrières, über dem Park,
Sieh, wie er durch den Himmel huscht, wie eine Lerche gen Himmel schwebt. In Ferrières, über dem Park; während Wilhelm Bismarck

zuflüstert: „Ruhe, sieh Nadar dort oben!“ In Ferrières, über dem Park, Sieh, wie er durch den Himmel huscht.

Oh, du, haariger als König Clodion,
Überbringer dieses Berichts, du, gelber als ein echter Kambodschaner und weitaus verwegener als König Clodion. Wir werden deine Statue in Kollodium gießen und sie auf eine Gasretorte stellen. Oh, du, haariger als König Clodion, Überbringer dieses Berichts!

Vielleicht wird es nicht als zu pedantisch von mir angesehen, wenn ich erkläre, dass der König Clodion, auf den sich Millauds letzter Vers bezieht, der legendäre „Clodion der Haarige“ war, ein angeblicher Anführer der Franken im fünften Jahrhundert, der als Vorläufer des Gründers der Merowinger-Dynastie galt. Nadars Haar war jedoch nicht so lang wie das der „ *Rois chevelue* “, denn es war einfach ein riesiger lockiger und etwas rötlicher Schopf. Was seinen Teint angeht, war Millauds Ausspruch „gelb wie ein echter Kambodschaner“ ein glücklicher Gedanke.

Diese Anspielungen auf Millauds muntere Verse erinnern mich daran, dass während der gesamten Belagerung von Paris das sogenannte *mot pour rire* nie aus den Augen verloren wurde. Zu jeder Zeit und in Bezug auf alles gab es eine Fülle von Scherzen – Scherze über die Deutschen, die Nationalgarde und die Mobilgarde, die gestürzte Dynastie und die neue Republik, die fruchtlosen Ausfälle, die miserablen Rationen, das fehlende Gas und viele andere Leute und Dinge. Einer der feindlichen Generäle soll eines Tages bemerkt haben: „Ich weiß nicht, wie ich meine Männer zufriedenstellen soll. Sie klagen über Hunger, und doch führe ich sie jeden Morgen zum Schlachthaus.“ Ein anderes Mal soll ein französischer Oberst mit konservativen Ideen die Aufschrift „Freiheit, Gleichheit, Brüderlichkeit“, die er an den Wänden seiner Kaserne gemalt fand, durch die Worte „Infanterie, Kavallerie, Artillerie“ ersetzt haben, und erklärt haben, dass letztere das Land weitaus eher von der Anwesenheit des verhassten Feindes befreien würden. Was die damals weit verbreitete „Verrats“-Manie angeht, so wird berichtet, dass ein Soldat eines Tages zu einem Kameraden sagte: „Ich bin sicher, der Hauptmann ist ein Verräter!“ „In der Tat! Wieso?“, war die prompte Erwiderung. „Nun“, sagte der misstrauische Soldat, „ist Ihnen nicht aufgefallen, dass wir jedes Mal, wenn er uns befiehlt, vorwärts zu marschieren, unweigerlich auf den Feind treffen?“

Als Trochu ein Dekret erließ, das alle Nationalgardisten unter 45 Jahren in die Marschbataillone für den Dienst außerhalb der Stadt eingliederte, antwortete einer dieser Gardisten auf die Frage nach seinem Alter: „Sechsundvierzig.“ „Wieso?“, wurde er gefragt. „Vor ein paar Wochen haben Sie allen erzählt, Sie seien erst sechsunddreißig.“ „Das stimmt“, erwiderte der andere, „aber durch den Walldienst, die Demonstrationen im Stadthaus, die knappen Rationen und das kalte Wetter fühle ich mich zehn Jahre älter als früher." Als Pferdefleisch mehr oder weniger zu unserem täglichen Futter wurde, wurde die Gesundheit vieler Pariser *Bourgeois* schwächer. „Was ist los, meine Liebste?", fragte Madame du Bois du Pont ihren Mann, als er eines Abends nach dem Essen zusammengebrochen war. „Oh, es ist nichts, mon *amie* ", antwortete er. „Ich glaube, ich werde mich bald wieder wohl fühlen, aber ich hielt mich immer für einen besseren Reiter!"

Sobald unsere Gasversorgung zu versiegen begann, unterstellten die Witzbolde Henri Rochefort, er sei im Jubel, und wenn man nach dem Grund dafür fragte, wurde einem gesagt, wegen der Gasknappheit müsse jeder Hunderte von „ *Lanternes* " kaufen. Natürlich gab es damals viele Sensationen, aber wenn man ihnen die Krone aufsetzen wollte, brauchte man nur in ein Café zu gehen und den Kellner nach einem Eisenbahnfahrplan zu fragen.

Ich habe schon einmal auf die Karikaturen jener Zeit hingewiesen, insbesondere auf jene, die Kaiser Napoleon III. und Kaiserin Eugénie verunglimpften, wobei letztere heute als Messalina personifiziert wird – oder sogar als etwas Schlimmeres, und das natürlich ohne den geringsten Anflug von Rechtfertigung. Aber die Karikaturisten waren nicht nur mit der gefallenen Dynastie beschäftigt. Einer der wichtigsten Karikaturisten des *Charivari* war damals „Cham", auch Vicomte Amédée de Noé genannt, ein alter Freund meiner Familie. Er war es übrigens, der vor dem Krieg darauf bestand, dass ich eine Fechtschule besuche, und sagte: „Hören Sie, wenn Sie in Frankreich leben und Journalist werden wollen, müssen Sie wissen, wie man ein Schwert hält. Kommen Sie mit mir zu Ruzé. Ich habe Ihrem Onkel Frank und seinem Freund Gustave Doré vor vielen Jahren das Fechten beigebracht, und jetzt werde ich es Ihnen beibringen." Nun, in einem seiner während der Belagerung gedruckten Cartoons fasste Cham (der wie die meisten Franzosen angewidert war von der scheinbaren Gleichgültigkeit Großbritanniens gegenüber der Notlage, in der sich Frankreich befand) die Situation, wie er sie sich vorstellte, zusammen, indem er den britischen Löwen darstellte, wie er Bismarck, der als Davy Crockett verkleidet war, die Stiefel leckte. Als mein Vater Cham diesbezüglich Vorwürfe machte und ihn an seine eigene Verbindung mit England erinnerte, antwortete der empörte Karikaturist: „Sprich nicht davon . Ich habe England und all seinen Werken abgeschworen." Er behauptete wie andere Franzosen dieser Zeit, dass wir uns während des Krimkriegs großen Verpflichtungen gegenüber Frankreich ausgesetzt hätten.

Zu den besten Karikaturen der Belagerungszeit gehörte eine von Daumier, die den Tod zeigt, der Bismarck im Schlaf erscheint und leise murmelt: „Danke, vielen Dank." Eine andere Idee dieser Zeit fand Ausdruck in einer Karikatur, die eine große Mausefalle mit der Aufschrift „Frankreich" darstellte, in die eine Gruppe von Mäusen, die als deutsche Soldaten verkleidet waren, eifrig marschierte, während ihr Offizier auf einen Käse zeigte, der in der Falle befestigt war und mit dem Namen Paris beschriftet war. Unter dem Entwurf stand die Legende: „Ach! Wenn wir sie nur alle darin fangen könnten!" Viele, ja die meisten Karikaturen dieser Zeit erschienen nicht in den sogenannten Humorzeitschriften, sondern wurden separat für einen Penny pro Stück herausgegeben und normalerweise im Schablonenverfahren koloriert. Auf einer davon, so erinnere ich mich, war Bismarck zu sehen, wie er Siebenmeilenstiefel trug und vergeblich versuchte, von Versailles nach Paris zu gelangen. Auf einer anderen war der König von Preußen als Metzger Wilhelm abgebildet, mit einem Messer in der Hand und in der traditionellen Schlachthaustracht gekleidet; auf einer weiteren Zeichnung war derselbe Monarch zu sehen, wie er den armen Tod, der erschöpft im Schnee zusammengesunken war und neben ihm eine zerbrochene Sense lag, drängte, seinen Marsch fortzusetzen, bis auch der letzte Franzose ausgerottet sei. Die Karikaturen von Köchen in Verbindung mit Katzen nahmen kein Ende, da der *Lapin de gouttière* für die Tafel sehr gefragt war; und nachdem Gambetta uns verlassen hatte, gab es Zeichnungen, die die Hilfsarmeen (die in den Provinzen aufgestellt werden sollten) zeigten, wie sie versuchten, Rinderrippen, fette Gänse, Hammelkeulen und Wurstketten über mehrere Reihen deutscher Helme zu reichen, die sich um eine Bastion mit der Aufschrift „Paris" versammelt hatten, aus der eine ausgehungerte Nationalgarde, die die angebotenen Vorräte dringend benötigte, zu springen versuchte, dies jedoch aufgrund des zurückhaltenden Arms von General Trochu nicht konnte.

Schon vor Beginn der Belagerung war Paris von einer Spionagemanie befallen. Salas Abenteuer, das ich in einem früheren Kapitel schilderte, war in gewisser Weise mit dieser Wahnvorstellung verbunden, die mit dem Schrei „Wir sind verraten!" unmittelbar nach den ersten französischen Rückschlägen ihren Ursprung hatte. Die Fälle der sogenannten „Spionagephobie" waren zahllos und oft kurios und amüsant. Die Manie ließ etwas nach, als kurz vor der Belagerung 188.000 Deutsche aus Paris vertrieben wurden und nur etwa 700 Alte, Invaliden und Kinder zurückblieben, die nicht in der Lage waren, den Regierungserlass zu befolgen. Doch die Krankheit brach bald wieder aus, und wir hörten von Lumpensammlern, deren Körbe von eifrigen Nationalgardisten geplündert wurden, die sich einbildeten, diese Behälter könnten geheime Depeschen oder geschmuggelte Munition enthalten. Bei einer anderen Gelegenheit behauptete *Le Figaro* boshaft, alle blinden Bettler in Paris seien Spione, was zur Folge hatte, dass mehrere arme, gebrechliche alte Geschöpfe grausam misshandelt wurden. Ein weiteres flüchtiges Blatt namens *Les Nouvelles* denunzierte alle englischen Einwohner als Spione. Labouchere war einer von denen, die infolge dieser idiotischen Denunziation von einem Pariser Mob überfallen wurden, aber da er die Geistesgegenwart besaß, diejenigen, die ihn angegriffen hatten, aufzufordern, mit ihm zur nächsten Polizeistation zu gehen, wurde er umgehend freigelassen. Zweimal wurden mein Vater und ich verhaftet und in Wachhäuser gebracht. Dabei stellten wir fest, dass der schön gravierte, aber im Grunde lächerliche britische Pass, der alle Ehren und Würden des Außenministers oder des Botschafters aufzählte, der ihn ausstellte, aber nicht die geringste Information über die Person enthielt, der er ausgehändigt worden war (abgesehen von seinem oder ihrem Namen), in den Augen eines französischen Offiziers unendlich weniger wert war als eine Mietquittung oder die Rechnung eines Pariser Handwerkers. [Das war vor 43 Jahren. Der britische Pass ist jedoch heute noch genauso unbefriedigend wie damals.]

Aber lassen Sie mich zu anderen Fällen übergehen. Eines Tages wurde ein unglücklicher Mensch, der in der Pariser Kanalisation arbeitete, von einem eifrigen Nationalgardisten erspäht, der sofort Alarm schlug und erklärte, dass sich in der besagten Kanalisation ein deutscher Spion befände und dort Bomben deponiere, um die Stadt in die Luft zu sprengen. Dreihundert Wachen meldeten sich sofort freiwillig, verfolgten den armen Arbeiter und sprengten ihn in Stücke, als er das nächste Mal seinen Kopf aus einem Abwasserkanal steckte. Der Fehler wurde später bedauert, aber die Leute argumentierten (schrieb Mr. Thomas Gibson Bowles, der die Geschichte an die Morning Post schickte), dass es weitaus besser sei, wenn hundert unschuldige Franzosen leiden würden, als wenn ein einziger Preuße entkomme. Cham, auf den ich zuvor anspielte, der alte Marschall Vaillant, Mr. O'Sullivan, ein amerikanischer Diplomat, und Alexis Godillot, der französische Armeelieferant, waren unter den vielen bekannten Leuten, die irgendwann als Spione verhaftet wurden. Eine gewisse Frau de Beaulieu, die sich als *Kantiniere einem Mobile-Regiment angeschlossen hatte*, wurde als Spionin denunziert, „weil ihre Hände so weiß waren". Eine andere Dame, die in ihrem Haus eine Ambulanz eingerichtet hatte, wurde unter einem ebenso nichtigen Vorwand ins Gefängnis gebracht; und ich erinnere mich noch an einen anderen Fall, in dem eine Gönnerin der Societe de Secours aux Blesses misshandelt wurde. Die Lage wäre heute jedoch wahrscheinlich noch viel schlimmer, denn Paris mit all seinen Apachen und Anarchisten umfasst heute in seiner Bevölkerung noch mehr Abschaum als vor 340 Jahren.

Es gab jedoch einige Fälle von echter Spionage. Einer davon war der eines jungen Mannes, den der Pariser Bürgermeister Etienne Arago auf Empfehlung von Henri Rochefort als Sekretär anstellte. Wie sich jedoch herausstellte, war er deutscher Abstammung und nutzte seine offizielle Stellung, um Berichte zu verfassen, die per Ballonpost an einen Agenten der deutschen Regierung in London weitergeleitet wurden. Ich habe den Namen des Täters vergessen, aber er wird zusammen mit Einzelheiten zu seinem Fall in den Pariser Tagebüchern aus der Zeit der Belagerung zu finden sein. Außerdem gab es die Hardt-Affäre, die dazu führte, dass der Gefangene, ein ehemaliger Leutnant der preußischen Armee, wegen Spionage verurteilt und im Hof der Ecole Militaire erschossen wurde.

Parallel zur „Spionagephobie" existierte ein weiterer Irrglaube: Man hielt jedes Licht, das man nachts in einem Dachboden- oder fünften Stockfenster sah, für ein Signal, das an den Feind gerichtet war. Im Zusammenhang mit dieser Panik ereigneten sich viele lächerliche Vorfälle. Eines Nachts wurde ein älterer *Bürger* , der vor kurzem eine bezaubernde junge Frau geheiratet hatte, plötzlich von einer Gruppe empörter Nationalgardisten aus seinem Bett gezerrt und bis zum Tagesanbruch ins Wachhaus gesperrt. Dies war darauf zurückzuführen, dass das Dienstmädchen seiner Frau ein paar brennende Kerzen in ihr Fenster gestellt hatte, um dem Liebhaber der Frau zu signalisieren, dass er, da „der Herr zu Hause war", in dieser Nacht nicht in die Wohnung kommen sollte. Bei einer anderen Gelegenheit wurde eine arme alte Dame, die aus patriotischen Gründen auf ihren Schlaf verzichtete, um Fussel für die Krankenwagen zu machen, überfallen und beinahe erwürgt, weil sie aus ihrem Fenster grüne und rote Signale zeigte. Es stellte sich jedoch heraus, dass es sich bei den fraglichen Signalen lediglich um die Spiegelbilder eines harmlosen, aber bezaubernd bunten Papageis handelte, der der einzige und treue Begleiter der eifrigen alten Dame war.

Ganz gleich, in welchem Viertel von Paris ein mutmaßliches Signal beobachtet wurde, das Haus, aus dem es kam, wurde sofort von der Nationalgarde gestürmt, und oft wurden vollkommen unschuldige Menschen verschleppt und misshandelt. Der Wahnsinn nahm solche Ausmaße an, dass in einigen Zeitungen sogar vorgeschlagen wurde, die Regierung solle nach Einbruch der Dunkelheit jegliche Art von Licht in allen Räumen oberhalb des zweiten Stocks verbieten, sofern die Fenster dieser Räume nicht „hermetisch versiegelt" seien! Die meisten Opfer des Wahnsinns ließen sich ohne besonderen Protest vom Mob in ihre Häuser einstürmen; ein freiwilliger Artillerist jedoch, der sich bei den Behörden beschwerte, dass seine Räume in seiner Abwesenheit geplündert und seine alte Mutter zu Tode erschreckt worden seien, unter dem Vorwand, dass aus seinen Fenstern einige Zündschnüre abgefeuert worden seien, erklärte, dass er die Eindringlinge mit Bajonett und Revolver empfangen würde, falls sich ein solcher Einbruch in seiner Wohnung wiederholen sollte. Von diesem Moment an strömten ähnliche Proteste in das Stadthaus, und Trochu beendete seine Aktion mit einer Proklamation, in der er sagte: „Unter den nichtigsten Vorwänden wurden zahlreiche Häuser betreten und friedliche Bürger misshandelt. Die Flaggen befreundeter Nationen waren machtlos, die Häuser zu schützen, in denen sie gehisst wurden. Ich habe eine Untersuchung zu diesem Thema angeordnet und befehle hiermit, dass alle

Personen, die sich dieser missbräuchlichen Praktiken schuldig gemacht haben, verhaftet werden. Es wurde ein Sonderdienst eingerichtet, um zu verhindern, dass der Feind mit seinen Anhängern in der Stadt in Verbindung bleibt. Ich erinnere alle daran, dass außer in den gesetzlich vorgesehenen Fällen die Wohnung jedes Bürgers unverletzlich ist."

Heutzutage hören wir viel über die Ansprüche der Frauen, aber obwohl die Anhänger von Frau Pankhurst schon seit geraumer Zeit „eine Art Krieg" führen, habe ich bei ihnen noch keine Neigung bemerkt, „sich den Fahnen anzuschließen". Die Männer behaupten derzeit, Frauen könnten nicht als Soldaten dienen. Es gibt jedoch viele historische Beispiele dafür, dass sich Frauen im Krieg hervorgetan haben, und die heutigen Bedingungen für den Einsatz von Frauen als Soldaten sind sogar noch günstiger als früher. Von der Golfspielerin, der Hockeyspielerin, der Fabrikarbeiterin und der Wäscherin kann man großartiges Material ableiten – sie alle sind aktiv und in unzähligen Fällen weitaus stärker als viele der schmalbrüstigen, Zigaretten rauchenden „Jungs", die wir heute in unseren Regimentern sehen. Kurz gesagt, es könnte durchaus ein Tag kommen, an dem wir viele unserer sogenannten überflüssigen Frauen eine „Karriere bei den Waffen" einschlagen sehen werden. Die Versuche, während der deutschen Belagerung in Paris ein Korps weiblicher Soldaten aufzustellen, waren jedoch eher amüsant als ernst. Anfang Oktober demonstrierten einige Hundert Frauen vor dem Stadthaus und forderten, dass alle Krankenpfleger in den Ambulanzwagen durch Frauen ersetzt werden sollten. Die Behörden versprachen, diesem Antrag stattzugeben, und die Frauen forderten als nächstes das Recht, die Gefahren des Feldes mit ihren Männern und Brüdern zu teilen. Diese Frage wurde in den öffentlichen Clubs wiederholt diskutiert, insbesondere in einem in der Rue Pierre Levée, wo Louise Michel, die Lehrerin, die später an der Kommune teilnahm und nach Neukaledonien deportiert wurde, als Hohepriesterin amtierte; und in einem anderen im Triat-Gymnasium in der Avenue Montaigne, wo in der Regel keine Männer anwesend sein durften, das heißt, mit Ausnahme eines gewissen Bürgers Jules Allix, eines exzentrischen älteren Überlebenden der Republik von 1848, der zu dieser Zeit ein System der Telepathie entwickelt hatte, das mit Hilfe von „sympathischen Schnecken" funktionierte.

An einem Sonntagnachmittag im Oktober beschlossen die weiblichen Mitglieder dieses Clubs, die dringend Geld brauchten, Männer gegen die geringe Gebühr von zwei Pence pro Person in ihr Publikum aufzunehmen. Als mein Vater und ich dies hörten, schlenderten wir herum, um den Vorgängen beizuwohnen. Sie waren bemerkenswert lebhaft. Während Allix einen Bericht über die Fortschritte des Clubs verlas, begann er, einige der Pariser Klöster zu verleumden, woraufhin ihn ein Nationalgardist im Publikum rundheraus einen Lügner nannte. Ein fürchterlicher Tumult entstand, alle Frauen gestikulierten und protestierten, während ihre *Präsidentin* energisch ihre Glocke läutete und der Unterbrecher auf die Bühne zuschritt. Es stellte sich heraus, dass es sich um niemand anderen als den Duc de Fitz-James handelte, einen direkten Nachkommen unseres letzten Stuart-Königs mit Marlboroughs Schwester Arabella Churchill. Er versuchte zu sprechen, aber die vielen lauten Schreie hinderten ihn daran. Einige der Frauen drohten ihm mit Gewalt, während ihm einige andere dafür dankten, dass er die Kirche verteidigte. Schließlich jedoch sprang er auf die Plattform und warf dabei sowohl einen langen, mit grünem Filz bedeckten Tisch als auch die dahinter sitzenden Mitglieder des Komitees um. Jules Allix sprang daraufhin dem Herzog an die Kehle, sie rangen miteinander, fielen gemeinsam von der Plattform und rollten im Staub darunter. Es dauerte lange, bis die Ordnung wiederhergestellt war, aber dies wurde schließlich von einer gutaussehenden jungen Frau bewirkt, die sich an den männlichen Teil des Publikums wandte und ausrief: „Bürger! Wenn Sie noch ein Wort sagen, werden wir Ihnen den Eintrittspreis ins Gesicht schleudern und Sie aus der Tür befehlen!"

Dann ging es ans Geschäft, wobei sich die Diskussion hauptsächlich um zwei Punkte drehte: Erstens, dass alle Frauen bewaffnet sein und auf den Wällen Dienst tun sollten, und zweitens, dass die Frauen ihre Ehre mit Blausäure vor den Angriffen der Deutschen verteidigen sollten. Allix bemerkte, dass es sehr angemessen wäre, Blausäure zum Töten von Preußen einzusetzen, und erklärte uns, dass dies mit kleinen Gummifingerhüten geschehen könnte, die die Frauen an ihre Finger stecken würden, wobei jeder Fingerhut mit einem kleinen spitzen Röhrchen versehen wäre, das etwas von der betreffenden Säure enthält. Wenn sich ein verliebter Preuße einer schönen Pariserin zu nahe wagen sollte, müsste diese nur ihre Hand ausstrecken und ihn stechen. Im nächsten Augenblick würde er tot umfallen! „Ganz gleich, wie viele Feinde sie angreifen", fügte Allix enthusiastisch hinzu, „sie wird sie einfach einen nach dem anderen stechen müssen, und wir werden sie rein und heilig inmitten eines Kreises von Leichen stehen sehen!" Bei diesen Worten waren viele Frauen im Publikum zu Tränen gerührt, die Männer jedoch lachten herzhaft.

In diesem Frauenclub kam es zu derart chaotischen Szenen, dass der Wirt des Triat-Gymnasiums die Räumlichkeiten schließlich wieder in Besitz nahm und die vertriebenen Mitglieder vergeblich versuchten, anderswo eine Unterkunft zu finden. Trotzdem wurde ein anderer Plan zur Organisation einer bewaffneten Frauentruppe ins Leben gerufen, und als ich eines Tages an den Mauern von Paris ein grünes Plakat sah, das die Gründung einer „Legion der Amazonen der Seine" ankündigte, begab ich mich in die Rue Turbigo, wo das Rekrutierungsbüro dieser Legion eröffnet worden war. Nachdem ich eine Treppe hinaufgestiegen war, die von Rekruten überfüllt war, bei denen es sich meist um muskulöse Frauen im Alter von fünfundzwanzig bis vierzig Jahren handelte, wobei die älteren manchmal übermäßig kräftig waren und keine von ihnen meiner jugendlichen Meinung nach auch nur im Geringsten gut aussah, gelang es mir, mich in das Privatbüro des Projektors der Legion oder, wie er sich selbst nannte, ihres „provisorischen Chef de Bataillon" zu drängen. Er war ein drahtiger kleiner Mann mit grauem Schnurrbart und militärischer Haltung und hörte auf den Namen Félix Belly. Ein oder zwei Jahre zuvor hatte er sich in Paris zu Unrecht viel Spott zugezogen, weil er versucht hatte, einen Panamakanal zu bauen. Nur fünf Jahre nach dem Krieg jedoch griff Ferdinand de Lesseps dieselbe Idee auf, und die Franzosen, die zu Bellys Zeiten darüber gelacht hatten, waren nur allzu bereit, ihre hart verdienten Ersparnisse in den bodenlosen Abgrund von Lesseps' Vorhaben zu werfen.

Ich erinnere mich an ein langes Gespräch mit Belly, der von seinen vorgeschlagenen Amazonen begeistert war. Sie sollten die Wälle und Barrikaden von Paris verteidigen, sagte er, und seien mit leichten Gewehren bewaffnet, die eine Reichweite von etwa 200 Metern hätten. Ihre Uniform, von der man mir ein Modell zeigte, sollte aus schwarzen Hosen mit orangefarbenen Streifen an den Außennähten, schwarzen Blusen mit Umhängen und schwarzen Käppis bestehen, ebenfalls mit orangefarbenen Verzierungen. Außerdem sollte jede Frau eine Patronentasche an einem Schultergurt tragen. Man hoffte, dass das erste Bataillon aus gut 1200 Frauen bestehen würde, aufgeteilt in acht Kompanien zu je 150 Mann. Es sollte einen speziellen Sanitätsdienst geben, und obwohl der Chefarzt ein Mann sein würde, hoffte man, mehrere weibliche Assistenzärzte zu gewinnen. Der kleine M. Belly betonte insbesondere, dass nur Frauen mit einwandfreiem moralischen Charakter der Truppe beitreten dürften und alle Rekruten Bescheinigungen der Polizeikommissare ihres Bezirks sowie die Zustimmung ihrer nächsten Verwandten, wie ihrer Väter oder Ehemänner, vorlegen müssten. „Nun hören Sie sich das an", fügte M. Belly begeistert hinzu, als er zu einem Klavier ging, das zu meiner Überraschung in einem Rekrutierungsbüro stand; und er setzte sich an das Instrument und spielte mir zu besonderem Vergnügen die ergreifenden Klänge eines neuen, speziell in Auftrag gegebenen Kampfliedes vor, das, wie er sagte, „wir die Marseillaise der Pariser Amazonen nennen wollen!"

Unglücklicherweise für M. Belly scheiterten all seine großartigen Pläne und Vorbereitungen ein paar Tage später aufgrund des Eingreifens der Polizei, die die Räumlichkeiten in der Rue Turbigo durchsuchte und alle dort gefundenen Papiere mitnahm. Sie rechtfertigten dieses summarische Vorgehen damit, dass General Trochu die Bildung weiterer Freikorps verboten habe und dass M. Belly seinen Rekruten ungerechtfertigt Gebühren abverlangt habe. Ich glaube jedoch, dass letztere Aussage unzutreffend war. Jedenfalls wurden keine weiteren Maßnahmen eingeleitet. Aber die Razzia genügte, um M. Bellys heißgeliebten Plan zunichte zu machen, der den Karikaturisten der Zeit natürlich mehr oder weniger brillante Ideen lieferte. Eine Karikatur stellte die deutsche Armee dar, die sich *in Massen* einem bloßen Bataillon der Schönheiten von Paris ergab.

VI

MEHR ÜBER DIE BELAGERUNGSTAGE

Erkundungen und Ausfälle – Casimir-Perier in Bagneux – Einige der Pariser Clubs – Demonstrationen im Hôtel-de-Ville – Die Kanonenwut – Der Fall von Metz wird angedeutet – Le Bourget wird von den Franzosen eingenommen – Die Geheimhaltungspolitik der Regierung – Die Deutschen erobern Le Bourget zurück – Thiers, der Waffenstillstand und Bazaines Kapitulation – Der Aufstand vom 31. Oktober – Gefahr und Rettung der Regierung – Waffenstillstand und Friedensbedingungen – Die große Frage der Rationen – Persönliche Erfahrungen in Bezug auf Lebensmittel – Mein Vater beschließt aufgrund seiner nachlassenden Gesundheit, Paris zu verlassen.

Nach der Schlacht bei Châtillon am 19. September führte die Armee von Paris verschiedene Aufklärungsmissionen durch. Bei der ersten dieser Missionen sicherte sich General Vinoy die Besetzung des Plateaus von Villejuif östlich von Châtillon im Süden der Stadt. Anschließend mussten sich die Deutschen aus Pierre-fitte zurückziehen, einem Dorf vor Saint-Denis im Norden. Anschließend gab es Aufklärungsmissionen in Richtung Neuilly-sur-Marne und des Plateau d'Avron östlich von Paris. Am Michaelstag kam es im Süden zu einer Schlacht bei L'Hay und Chevilly. Doch diesmal war der Erzengel nicht auf der Seite der Franzosen, die zurückgeschlagen wurden, wobei einer ihrer Kommandeure, der erfahrene Brigadegeneral Guilhem, getötet wurde. Auf eine Schlacht bei Châtillon am 12. Oktober folgte am nächsten Tag eine ernstere Schlacht bei Bagneux am Rande des Châtillon-Plateaus. Während dieses Gefechts unternahmen die Mobiles aus der burgundischen Côte d'Or einen verzweifelten Angriff auf eine mit Kanonen gespickte deutsche Barrikade, die durch Infanterie verstärkt und durch eine Anzahl Scharfschützen geschützt wurde, die in den umliegenden Dorfhäusern postiert waren, deren Fensterläden und Wände mit Schießscharten versehen waren. Während des Gefechts fiel der Kommandant der Mobiles, der Comte de Dampierre, ein bekanntes Mitglied des französischen Jockey Clubs, tödlich verwundet zu Boden, als er seine Männer anfeuerte. Er wurde jedoch von einem Hauptmann der Mobiles der Aube unterstützt, der später das Oberkommando übernahm und durch eine schnelle Flankenbewegung die Barrikade durchbrechen konnte. Dieser Hauptmann war Jean Casimir-Perier, der in späteren Jahren Präsident der Republik wurde. Er wurde für seine Tapferkeit mit dem Kreuz der Ehrenlegion belohnt. Trotzdem war der französische Erfolg nur von kurzer Dauer.

In derselben Nacht wurde der Himmel westlich von Paris von einem großen, rötlichen Schein erleuchtet. Das berühmte Schloss Saint Cloud, das mit vielen Erinnerungen an das Ancien *Régime* und beide Kaiserreiche verbunden ist, stand in Flammen. Die Ursache des Brandes konnte nie genau ermittelt werden. In heutigen französischen Nachschlagewerken heißt es noch immer, die Zerstörung des Schlosses sei eine vorsätzliche Tat der Deutschen gewesen, die Saint Cloud zweifellos besetzt hatten; die deutschen Behörden jedoch bestehen ausnahmslos darauf, dass das Feuer durch eine Granate aus der französischen Festung Mont Valérien verursacht wurde. Viele der kostbaren Einrichtungsgegenstände von Schloss Saint Cloud – dem verhängnisvollen Ort, an dem jener Krieg entschieden worden war – wurden von den Flammen verzehrt, während die Deutschen den Rest als Beute an sich rissen. Viele sehr wertvolle Gemälde aus der Zeit Ludwigs XIV. wurden zweifellos zerstört.

Zu diesem Zeitpunkt war das Wort „Aufklärung", wie es auf die Gefechte in der Umgebung der Stadt angewandt wurde, den Parisern zuwider geworden, und sie begannen lautstark nach einem echten „Ausfall" zu schreien. Man könnte sagen, dass Trochu zu diesem Zeitpunkt noch keine Vorstellung davon hatte, aus Paris ausbrechen zu können. Tatsächlich hatte er auch nicht den Wunsch dazu. Sein Ziel bei allen früheren militärischen Operationen der Belagerung war lediglich, den Einschließungskreis zu erweitern, in der Hoffnung, die Deutschen dadurch in Schwierigkeiten zu bringen, die er später ausnutzen könnte. Ein Angriff, den General Ducrot mit einigen tausend Mann auf die deutsche Stellung bei La Malmaison westlich von Paris unternahm, war die erste Aktion, die offiziell als „Ausfall" bezeichnet wurde. Sie fand am 21. Oktober statt, aber der anfängliche Erfolg von Ducrots Bemühungen wurde durch das Eintreffen deutscher Verstärkungen in eine Zurückweisung verwandelt, und die Angelegenheit endete mit einem Verlust von etwa vierhundert Toten und Verwundeten auf französischer Seite, abgesehen von weiteren hundert Männern, die vom Feind gefangen genommen wurden.

Solche Dinge gefielen den vielen Stammgästen der öffentlichen Clubs, die in den verschiedenen Vierteln von Paris gegründet wurden, nicht. Alle Theateraufführungen hatten dort aufgehört, und es wurde nicht mehr getanzt. Sogar die Konzerte und Lesungen zugunsten der Verwundetenkasse waren rar gesät. Wenn also ein Pariser seinen Abend nicht in einem Café verbringen wollte, blieb ihm nur, sich in einen der Clubs zu begeben. Die Clubs im Varieté Folies-Bergère, im Tanzsaal Valentino, im Theater Porte St. Martin und im Saal des Collège de France wurden hauptsächlich von gemäßigten Republikanern besucht, und dort wurde oft versucht, die Situation auf vernünftige Weise zu diskutieren. Aber in vielen anderen Clubs, wo Männer wie Félix Pyat, Auguste Blanqui, Charles Delescluze, Gustave

Flourens und die drei Mégy, Mottu und Millière tobten und schimpften, herrschte Torheit, ja Wahnsinn. Wohin man auch ging, man fand einen Club. Da war der Club der Reine Blanche in Montmartre und der Club der Salle Favié in Belleville; da war der Club de la Vengeance auf dem Boulevard Rochechouart, der Club des Montagnards auf dem Boulevard de Strasbourg, der Club des Etats-Unis d'Europe in der Rue Cadet, der Club du Préaux-Clercs in der Rue du Bac, der Club de la Cour des Miracles auf der Ile Saint Louis und zwanzig oder dreißig andere von geringerer Bedeutung. Manchmal brachten die Demagogen, die bei diesen Versammlungen von den Tribünen aus redeten, Vorschläge vor, die aus irgendeinem Irrenhaus zu stammen schienen, die aber dennoch von ihrem betörten Publikum mit stürmischem Applaus begrüßt wurden. Gelegentlich wurden neue Zerstörungsmaschinen befürwortet – sogenannte „Satanszünder" oder Pumpen, die brennendes Petroleum ausstoßen! Ein anderer Redner hatte die brillante Idee, alle wilden Tiere im Jardin des Plantes einige Tage lang auf kurzen Wegen zu halten, sie dann beim nächsten Ausfall aus Paris zu entfernen und sie dem Feind auszusetzen. Ein weiterer Schwachkopf schlug vor, das Wasser der Seine und der Marne zu vergiften, ohne Rücksicht darauf, dass die Pariser in einem solchen Fall genauso viel zu leiden hätten wie der Feind.

Aber die Unzufriedenen waren nicht damit zufrieden, in den Clubs zu schimpfen. Am 2. Oktober wurde es in Paris sehr düster, denn wir erhielten von draußen die Nachricht, dass sowohl Toul als auch Straßburg kapituliert hatten. Drei Tage später versammelte Gustave Flourens die Nationalgarde von Belleville und marschierte mit ihnen zum Stadthaus, wo er die Regierung aufforderte, die militärische Taktik des Kaiserreichs aufzugeben, die einen Franzosen gegen drei Deutsche aufgehetzt hatte, eine Massenlevée anzuordnen , häufige Ausfälle mit der Nationalgarde zu machen, diese mit Chassepots zu bewaffnen und sofort eine städtische „Kommune von Paris" zu gründen. In Bezug auf Ausfälle versprach die Regierung, dem allgemeinen Wunsch nachzukommen und der Nationalgarde zu gestatten, mit der regulären Armee zusammenzuarbeiten, sobald sie wüsste, wie man kämpft und einer einfachen Schlachtung entgeht. Auf weitere Forderungen von Flourens erhielt er ausweichende Antworten, woraufhin er empört sein Kommando über die Männer von Belleville niederlegte, es jedoch auf deren dringende Bitte hin wieder übernahm.

Die Angelegenheit beunruhigte die Regierung ein wenig. Sie erließ eine Proklamation, die bewaffnete Demonstrationen verbot, und verschob, weit davon entfernt, der Gründung einer Kommune zuzustimmen, die regulären Kommunalwahlen, die bald stattfinden sollten. Daraufhin reagierten die Roten mit einer weiteren Demonstration, der mein Vater und ich beiwohnten. Tausende von Menschen, viele von ihnen bewaffnete Nationalgardisten, versammelten sich auf dem Place de l'Hôtel de Ville und riefen: „La Commune! La Commune! Nous voulons la Commune!" Aber die Behörden waren vor den Absichten ihrer Gegner gewarnt worden, und das Hôtel-de-Ville war vollständig von Nationalgardisten loyaler Bataillone umstellt, hinter denen außerdem eine Truppe zuverlässiger Mobilgarden stationiert war, deren Bajonette bereits aufgepflanzt waren. Somit konnte kein Versuch unternommen werden, das Hôtel-de-Ville mit Aussicht auf Erfolg zu überfallen. Darüber hinaus trafen mehrere andere Kontingente loyaler Nationalgardisten auf dem Platz ein und halfen, die Demonstranten in Schach zu halten.

Während ich die Szene aus einem oberen Fenster des Café de la Garde Nationale an einer Ecke des Platzes betrachtete, sah ich plötzlich Trochu aus dem damaligen Regierungsgebäude reiten, gefolgt von ein paar Adjutanten. Sein Erscheinen wurde von neuem Aufruhr begleitet. Die Rufe „La Commune! La Commune!" wurden lauter denn je, wurden aber nun mit entschlossenen Rufen „Vive la République! Vive Trochu! Vive le Gouvernement!" beantwortet, während die Trommeln schlugen, die Trompeten erklangen und alle Regierungstruppen die Waffen präsentierten. Der General ritt die Reihen auf und ab und erwiderte unter lang anhaltendem Beifall den Gruß, und bald darauf kamen auch seine Kollegen Jules Favre und die anderen – außer natürlich Gambetta, der Paris bereits verlassen hatte – aus dem Stadthaus und wurden von ihren Anhängern begeistert begrüßt. Für den Moment waren die Roten völlig besiegt, und um ähnliche Unruhen in Zukunft zu verhindern, wollte Keratry, der Polizeipräfekt, Flourens, Blanqui, Milliere und andere verhaften, was von Trochu unterstützt wurde, von Rochefort und Etienne Arago jedoch abgelehnt wurde. Einige Tage später gelang es Rochefort, eine kurze äußere Versöhnung zwischen den streitenden Parteien zu erreichen. Dennoch war es offensichtlich, dass Paris bereits tief gespalten war, sowohl in der Frage seiner Verteidigung als auch in der seiner inneren Regierung.

Am 23. Oktober wurde einigen Nationalgardisten endlich gestattet, an einem Ausfall teilzunehmen. Es waren Männer aus Montmartre, und die Aktion oder vielmehr das Gefecht, an dem sie teilnahmen, fand in Villemomble, östlich von Paris, statt. Die Garde verhielt sich unter Beschuss ziemlich gut, und fünf von ihnen wurden verwundet. Der Patriotismus nahm in der Stadt nun eine andere Form an. Es wurde laut nach Kanonen gebrüllt, nach immer mehr Kanonen. Die Regierung antwortete, dass 227 Mitrailleusen mit über 800.000 Patronen, 50 Mörser, 400 Lafetten für Belagerungsgeschütze, mehrere dieser Art, und 300 Sieben-Zentimeter-Geschütze mit einer Reichweite von 8.600 Yards sowie eine halbe Million Granaten verschiedener Größen bereits bestellt und zum Teil geliefert worden seien. Trotzdem wurden öffentliche Spenden gesammelt, um weitere 1.500 Kanonen zu beschaffen, wobei öffentliche Stellen und Unternehmen große Summen in den Fonds einzahlten. Die Zeitungen boten nicht nur an, kleine Abonnements zu sammeln, sondern wie zur Zeit der ersten Revolution wurden zu diesem Zweck in verschiedenen Teilen von Paris Stände aufgebaut, an denen die Leute ihre Beiträge einreichten, wobei die Frauen oft Schmuck anstelle von Geld anboten. Trochu jedoch missbilligte die Bewegung. Es gebe bereits genügend Kanonen, sagte er; was er brauche, seien Kanoniere, um sie zu bedienen.

Am 25. Oktober erfuhren wir vom Fall der kleinen Stadt Châteaudun in Eure-et-Loir nach tapferem Widerstand von 1200 Nationalgardisten und Franctireurs gegen 6000 deutsche Infanterie, ein Kavallerieregiment und vier Feldbatterien. Der deutsche General von Wittich bestrafte diesen Widerstand, indem er Châteaudun und einige angrenzende Dörfer in Brand steckte, und seine Männer massakrierten außerdem eine Reihe nicht kämpfender Zivilisten. Dennoch belebte der Mut der Bevölkerung von Châteaudun die Hoffnung der Pariser und bestärkte sie in ihrer Entschlossenheit, jede Härte zu ertragen, anstatt sich zu ergeben. Zwei Tage später jedoch veröffentlichte Félix Pyats Tagebuch *Le Combat* veröffentlichte innerhalb eines Trauerrahmens die folgende Ankündigung: „Es ist eine sichere Tatsache, dass die Regierung der Nationalen Verteidigung ein Staatsgeheimnis in ihrem Besitz behält, das wir vor einem empörten Land als Hochverrat anprangern. Marschall Bazaine hat einen Oberst in das Lager des Königs von Preußen geschickt, um im Namen Napoleons III. über die Übergabe von Metz und den Frieden zu verhandeln."

Die Nachricht schien unglaublich, und tatsächlich glaubten ihr im ersten Moment nur sehr wenige Menschen. Wäre sie jedoch wahr, könnten die aus der Belagerung von Metz befreiten Truppen von Prinz Friedrich Karl offensichtlich gegen D'Aurelle de Paladines' Armee an der Loire marschieren, gerade als man hoffte, dass diese die Bayern unter von der Tann stürzen und Paris zur Hilfe eilen würde. Aber man argumentierte, dass Bazaine sicherlich ein ebenso guter Patriot sei wie Bourbaki, der, wie man bereits wusste, aus Metz geflohen war und sein Schwert der Nationalverteidigung in den Provinzen angeboten hatte. Eine Reihe empörter Bürger eilte zum Büro von Le Combat, *um* Pyat festzunehmen und in Gewahrsam zu nehmen, aber er war ein Meister darin, der Verhaftung zu entgehen, und schaffte es, durch eine Hintertür zu entkommen. Im Hôtel-de-Ville Rochefort beschrieb er Pyat bei einem Interview als Köter und erklärte, dass an seiner Geschichte nicht das Geringste wahr sei. Das Vertrauen der Öffentlichkeit war am nächsten Morgen wieder völlig gestärkt, als im Amtsblatt offiziell erklärt wurde, Metz habe nicht kapituliert. Und am Abend herrschte in Paris große Freude über die Nachricht, dass General Carré de Bellemare, der den Norden der Stadt kommandierte, den Deutschen die Stellung von Le Bourget östlich von Saint-Denis entrissen hatte.

Pyat jedoch blieb, obwohl er sich versteckt hielt, an seiner Geschichte über Metz fest und erklärte am 29. Oktober in *Le Combat* , die Neuigkeit sei ihm von Gustave Flourens mitgeteilt worden, der sie aus Rochefort erfahren habe, der sie nun unverschämt dementierte. Später wurde außerdem bekannt, dass ein anderes Regierungsmitglied, Eugène Pelletan, dieselben Informationen Kommandeur Longuet von der Nationalgarde anvertraut hatte. Offenbar stammten sie ursprünglich von gewissen Mitgliedern des Roten Kreuzes, die oft mit den Deutschen in Kontakt kamen, wenn es nach Gefechten in der Umgebung von Paris notwendig wurde, die Toten zu begraben und die Verwundeten zu pflegen. Der Bericht beschränkte sich natürlich auf die Feststellung, Bazaine verhandelte über eine Kapitulation, nicht, dass er tatsächlich kapituliert hatte. Die Leugnung der Regierung kann nur als Spitzfindigkeit bezeichnet werden - von der Art, zu der sich manchmal sogar britische Regierungen herablassen, wenn sie im Unterhaus mit unbequemen Fragen konfrontiert werden - und wie wir bald sehen werden, verbrachten die Herren von der Nationalen Verteidigung eine *sehr schlechte Viertelstunde* als Folge der *Suppressionio Veri* , deren sie sich schuldig gemacht hatten. Ähnliche "schlechte Viertelstunden" sind Politikern in anderen Ländern widerfahren, darunter auch unserem eigenen, unter ziemlich ähnlichen Umständen.

Am 30. Oktober kam Thiers, nachdem er durch ganz Europa gereist war und vor jedem großen Gerichtshof die Sache seines Landes vertreten hatte, mit einem Geleitbrief von Bismarck in Paris an, um der Regierung bestimmte Vorschläge für einen Waffenstillstand vorzulegen, die Russland, Großbritannien, Österreich und Italien zu unterstützen bereit waren. Und leider brachte er auch die Nachricht mit, dass Metz tatsächlich gefallen war – und zwar am 27. Oktober, genau an dem Tag, an dem Pyat seine Erklärung abgegeben hatte. Als dies bekannt wurde, herrschte im Stadthaus Bestürzung, und die Herren der Regierung bedauerten zutiefst, aber vergeblich die vergebliche Taktik, zu der sie sich so töricht herabgelassen hatten. Um die Sache noch schlimmer zu machen, erhielten wir am Abend die Nachricht, dass die Deutschen die Männer von Carré de Bellemare nach einigen kurzen, aber verzweifelten Kämpfen aus Le Bourget vertrieben hatten. Trochu erklärte, er brauche die Bourget-Stellung nicht, sie sei nie Teil seines Verteidigungsplans gewesen und Bellemare sei übermäßig eifrig gewesen, als er sie den Deutschen abgenommen habe. Wenn das jedoch der Fall war, warum hatte der Gouverneur von Paris dann nicht sofort nach der Einnahme von Le Bourget die Räumung angeordnet, ohne darauf zu warten, dass die Deutschen sie mit vorgehaltenem Bajonett zurückerobern würden? Unter diesen Umständen waren die Pariser natürlich verärgert. An diesem Abend herrschten tumultartige Szenen auf den Boulevards, und die Reden in den Clubs waren heftig und bedrohlich.

Als die Pariser am Montagmorgen des 31. ihre Häuser verließen, fanden sie in der Stadt zwei offizielle Bekanntmachungen angebracht, eine über die Ankunft von Thiers und die Vorschläge für einen Waffenstillstand, die zweite über die Anerkennung der Katastrophe von Metz. Ein Orkan der Empörung fegte sofort durch die Stadt. Le Bourget verloren! Metz eingenommen! Vorschläge für einen Waffenstillstand mit den verhassten Preußen wurden erwogen! Konnten Trochus Plan und Bazaines Plan dann Synonyme sein? Das eine Wort „Verrat!" war in aller Munde. Als es Mittag wurde, war der Place de l'Hôtel-de-Ville von empörten Menschen überfüllt. Abordnungen, hauptsächlich aus Offizieren der Nationalgarde bestehend, befragten die Regierung und waren keineswegs zufrieden mit den Antworten, die sie von Jules Ferry und anderen erhielten. Inzwischen wuchs die Menge auf dem Platz. Mehrere Mitglieder der Regierung versuchten, sie zur Auflösung zu bewegen; Aber man schenkte ihnen keine Beachtung.

Schließlich drang ein Freikorps unter dem Kommando von Tibaldi, einem italienischen Verschwörer aus der Kaiserzeit, in das Stadthaus ein, gefolgt von einem Großteil des Pöbels. Im Thronsaal wurden sie von Jules Favre empfangen, dessen Versuche, sie anzusprechen, fehlschlugen, da seine Stimme schnell von den Rufen „La Commune! La Commune!" übertönt wurde. Inzwischen hatte jemand auf dem Platz zwei Schüsse abgefeuert, ein Fenster wurde zerbrochen und der Ruf der Invasoren wurde zu „Zu den Waffen! Zu den Waffen! Unsere Brüder werden abgeschlachtet!" Vergeblich versuchten Trochu und Rochefort, die Invasionswelle aufzuhalten. Vergeblich bot auch die im Ratssaal versammelte Regierung an, sich den Stimmen der Bürger zu unterwerfen, die Wahl von Gemeinderäten zu gestatten und zu versprechen, dass kein Waffenstillstand ohne Konsultation der Bevölkerung unterzeichnet werden sollte. Der Mob drang von einem Raum zum anderen vor und zerschmetterte dabei Tische, Schreibtische und Fenster. Auf einmal wurde derselbe Raum gestürmt, in dem die Regierung beriet. Mehrere Offiziere der Nationalgarde, die zur Zeit der Kommune eine prominente Stellung innehatten, führten die Eindringlinge an und forderten die Wahl einer Kommune und die Einsetzung einer neuen Regierung unter dem Vorsitz von Dorian, dem beliebten Minister für öffentliche Arbeiten.

Inmitten der darauffolgenden Verwirrung gelang es Ernest Picard, einem sehr korpulenten, jovial wirkenden Advokaten, der an der Spitze des Finanzministeriums stand, zu entkommen; doch alle seine Kollegen wurden umzingelt, von den Eindringlingen beschimpft und aufgefordert, ihre Posten aufzugeben. Sie weigerten sich, dies zu tun, und der Streit war noch auf dem Höhepunkt, als Gustave Flourens und seine Scharfschützen aus Belleville den Place de l'Hôtel-de-Ville erreichten. Flourens betrat das Gebäude, das zu diesem Zeitpunkt von etwa sieben- oder achttausend Männern besetzt war, und schlug vor, die Kommune per Akklamation zu wählen. Dies wurde vereinbart; Dorians Name – obwohl er übrigens ein reicher Eisenhüttenmeister und keineswegs ein Kommunarde war – wurde an den Anfang der Liste gesetzt. Dazu gehörten Flourens selbst, Victor Hugo, Louis Blanc, Raspail, Mottu, Delescluze, Blanqui, Ledru-Rollin, Rochefort, Félix Pyat, Ranvier und Avrial. Dann betrat Flourens seinerseits den Ratssaal, kletterte auf den Tisch und forderte die gefangenen Regierungsmitglieder auf, zurückzutreten. Wieder weigerten sie sich und wurden deshalb verhaftet. Jules Ferry und Emmanuel Arago gelang jedoch die Flucht, und einigen befreundeten Nationalgardisten gelang es, in das Gebäude einzudringen und General Trochu wegzuführen. Ernest Picard hatte sich unterdessen sehr aktiv mit der Ausarbeitung von Plänen zur Rückeroberung des Hôtel-de-Ville und der Gewährleistung der Sicherheit verschiedener Regierungsbehörden befasst. Als Flourens einen Leutnant zur Schatzkammer schickte und die sofortige Zahlung von *600.000 Pfund (!) forderte* , wurde die Aufforderung abgelehnt und der Bote verhaftet. Dennoch übernahmen die Aufständischen die Kontrolle über mehrere Bezirksrathäuser.

Aber Jules Ferry sammelte die loyalen Nationalgardisten zusammen, und um halb zwölf Uhr abends marschierten sie mit einigen Mobilen zum Stadthaus. Die Truppenstärke, die die Aufständischen dort zurückgelassen hatten, war nicht groß. Es kam zu Verhandlungen, und während diese noch im Gange waren, drang ein ganzes Bataillon Mobiler durch einen unterirdischen Gang ein, der von einer benachbarten Kaserne ausging. Delescluze und Flourens versuchten dann, mit Dorian Bedingungen auszuhandeln, aber Jules Ferry wollte keine Bedingungen akzeptieren. Die inhaftierten Regierungsmitglieder wurden freigelassen und die aufständischen Anführer zum Rückzug gezwungen. Ungefähr zu dieser Zeit trafen Trochu und Ducrot vor Ort ein, und zwischen drei und vier Uhr morgens sah ich, wie sie auf dem Platz an den Regierungstruppen vorbeimarschierten.

Am folgenden Tag wurden alle angeblichen Absprachen zwischen M. Dorian und den Führern der Roten Republikaner dementiert. Es kam jedoch zu Meinungsverschiedenheiten darüber, ob diese Führer verhaftet werden sollten oder nicht. Einige Mitglieder der Regierung gaben zu, dass sie Delescluze und anderen versprochen hatten, sie nicht strafrechtlich zu verfolgen. Infolge dieses Streits traten mehrere Beamte, darunter Edmond Adam, Keratrys Nachfolger als Polizeipräfekt, von ihren Ämtern zurück. Einige Tage später wurden einundzwanzig der aufständischen Führer verhaftet, darunter auch Pyat. Gegen Flourens und Blanqui, die beide eine wichtige Rolle in der Affäre gespielt hatten, wurde jedoch nichts unternommen.

Am 3. November hatten wir ein Plebiszit, bei dem die Pariser gefragt wurden: „Befürwortet die Bevölkerung von Paris die Macht der Regierung der Nationalen Verteidigung, ja oder nein?" Was die Zivilbevölkerung anbelangt, zu der auch die Nationalgarde gehörte, so lautete das Abstimmungsergebnis: 321.373 Bürger stimmten mit „Ja", 53.585 Bürger stimmten mit „Nein". Das Abstimmungsergebnis der Armee, einschließlich der Mobilgarde, war noch deutlicher: 236.623 „Ja", 9063 „Nein". Das Gesamtergebnis war also 557.996 Stimmen für die Regierung und 62.638 Stimmen dagegen – das Verhältnis betrug 9 zu 1 für die gesamte männliche Bevölkerung des besetzten Kreises. Dies sorgte natürlich bei den Behörden für Jubel.

Die Affäre vom 31. Oktober hatte jedoch bedauerliche Folgen für die Waffenstillstandsverhandlungen. Dieser Ausbruch der Aufruhr alarmierte die deutschen Behörden. Sie verloren das Vertrauen in die Macht der Nationalen Verteidigung, die vereinbarten Bedingungen durchzusetzen, und schließlich weigerte sich Bismarck, die Wiederversorgung Pariss während der für die Wahl einer gesetzgebenden Versammlung erforderlichen Zeit zu gestatten – die über die Frage von Krieg oder Frieden entscheiden sollte –, es sei denn, ihm würde ein Fort, möglicherweise auch mehr, übergeben. Thiers und Favre konnten eine solche Bedingung nicht akzeptieren, und so wurden die Verhandlungen abgebrochen. Bevor Thiers Bismarck verließ, teilte dieser ihm jedoch bedeutsam mit, dass die Friedensbedingungen zu diesem Zeitpunkt die Abtretung des Elsass an Deutschland und die Zahlung von drei Milliarden Francs als Entschädigung wären; nach dem Fall von Paris würden die Bedingungen jedoch die Abtretung von Elsass und Lothringen und eine Zahlung von fünf Milliarden sein.

In den ersten Tagen der Belagerung gab es keine Lebensmittelrationierung, obwohl der Fleischpreis per Regierungserlass festgelegt wurde. Ende September beschlossen die Behörden jedoch, die Versorgung auf höchstens 500 Ochsen und 4000 Schafe pro Tag zu beschränken. Auch wurde beschlossen, dass die Metzgereien nur jeden vierten Tag öffnen sollten, um dann Fleisch für vier Tage zu den offiziellen Preisen auszugeben. In der ersten Zeit betrug die Tagesration 80 bis 100 Gramm, d. h. etwa 2 2/3 bis 3 1/3 Unzen Gewicht, wobei bei Rindfleisch ein Fünftel davon Knochen war, während es den Metzgern bei Hammelfleisch verboten war, das Gewicht mit Knochen aufzustocken, die nicht am Fleisch hafteten. Zu Beginn der Belagerung wurden nur zwanzig oder dreißig Pferde pro Tag geschlachtet; aber am 30. September war die Zahl auf 275 gestiegen. Eine Woche später gab es in Paris fast dreißig Geschäfte, die ausschließlich Pferdefleisch verkauften, und es verging kaum ein Tag, ohne dass ihre Zahl zunahm. Schließlich wurde Pferdefleisch praktisch das einzige Fleisch, das für alle Klassen der Belagerten beschafft werden konnte, aber in der früheren Zeit wurde es hauptsächlich von den ärmeren Leuten gekauft, da die von der Behörde dafür festgelegten Preise natürlich niedriger waren als die für Rind- und Hammelfleisch.

Was die Vorkehrungen angeht, die mein Vater und ich bezüglich der Verpflegung getroffen hatten, so waren sie in den ersten Tagen der Belagerung sehr einfach. Wir hatten in unserer Wohnung in der Rue de Miromesnil keine Diener. Der Concierge des Hauses und seine Frau erledigten alle Arbeiten, die wir verlangten. Dieser Concierge, dessen Name Saby war, war ein Zuave gewesen und hatte in Algerien als Ordonnanz seines Hauptmanns gedient. Er war ein Experte in der Kunst der Zubereitung von „Couscous" und anderen algerischen Gerichten, und seine Frau war eine durch und durch gute Köchin *à la française* . Als das Fleisch rationiert wurde, sagte Saby zu mir: „Die Rationierung ist sehr gering; Sie und Monsieur votre père werden noch viel mehr essen können. Einige der ärmeren Leute können sich kein Fleisch vom Metzger leisten, sie geben sich mit Pferdefleisch zufrieden, das noch nicht rationiert ist, und sind bereit, ihre Lebensmittelkarten zu verkaufen. Sie können es sich gut leisten, eine oder zwei davon zu kaufen und sich auf diese Weise zusätzliche Rationen an Rind- oder Hammelfleisch zu sichern."

Dieser Plan wurde angenommen, und eine Zeitlang lief alles zufriedenstellend. Ein paar Mal stellte ich mich in die Schlange vor unserem Metzger in der Rue de Penthièvre und wartete ein oder zwei Stunden, um unseren Anteil Fleisch zu bekommen. In diesem Teil von Paris waren wir nicht überfüllt. Viele Mitglieder der Aristokratie und der Bourgeoisie, die normalerweise dort wohnten, hatten die Stadt vor der Schlachtung mit ihren Familien und Bediensteten verlassen; daher waren die Schlangen und Wartezeiten nicht so lang wie in den ärmeren und dichter besiedelten Vierteln. Saby besorgte unser Fleisch jedoch oft selbst oder beauftragte jemand anderen damit, denn die Frauen waren von Herzen froh über die Gelegenheit, einen halben Franc oder so zu verdienen, indem sie andere Leute vertraten.

Wir hatten uns einen kleinen Vorrat an Konserven gesichert und hätten ihn noch aufgestockt, wenn die Preise nicht sprunghaft gestiegen wären, so dass eine Dose Corned Beef oder etwas Ähnliches, die man morgens mit etwa 5 Francs auspreiste, wenige Stunden später mit 20 Francs ausgezeichnet war. Trockene Bohnen und Erbsen waren noch leicht zu bekommen, aber frisches Gemüse wurde plötzlich knapp und teuer. Kartoffeln gingen uns schon früh aus. Marmelade und konserviertes Obst dagegen waren beim Lebensmittelhändler an der Ecke unserer Straße leicht zu bekommen. Die Qualität des Brotes verschlechterte sich langsam, war aber bis zu meiner Abreise aus Paris (8. November [siehe folgendes Kapitel]) noch sehr gut. Milch und Butter wurden jedoch selten – erstere waren den Krankenhäusern, den Ambulanzen, den Müttern von Kleinkindern usw. vorbehalten – während man sich vergeblich nach einem Stück Gruyère, Roquefort, Port-Salut, Brie oder irgendeinem anderen Käse sehnte.

Saby, ein sehr schlauer Kerl, hatte eine brillante Idee, bevor die Belagerung tatsächlich begann. Nachdem die Chateaubriands das Haus verlassen und ihre Pferde aus den Ställen geholt hatten, nahm er diese in Besitz, kaufte einige Kaninchen – mehrere Rehe und ein paar Böcke –, legte einen Futtervorrat für sie an und beschloss, mit der Kaninchenzucht sein Vermögen zu machen. Er erreichte sein Ziel nicht ganz, aber Kaninchen sind so fruchtbar, dass er für die Mühe, die er mit ihrer Aufzucht trieb, vielfach belohnt wurde. Eine Zeit lang hielt er die Angelegenheit ganz geheim. Mehr als einmal sah ich ihn in die Ställe hinein und wieder hinaus gehen, ohne den Grund zu erraten; aber eines Morgens, als ich Gelegenheit hatte, mit ihm zu sprechen, folgte ich ihm und fand die Wahrheit heraus. Er züchtete während der Belagerung sicherlich mehrere Dutzend Kaninchen und hörte nur damit auf, als er feststellte, dass er die Tiere nicht mehr weiter füttern konnte. Zwei- oder dreimal zahlten wir ihm etwa zehn Francs für ein Kaninchen, und das war sicherlich „Meistbegünstigungsbehandlung"; denn zur gleichen Zeit verlangte er von anderen Leuten zwanzig bis fünfundzwanzig Francs. Köche, mit denen er verkehrte, kamen aus nahen und fernen Häusern zu ihm. Er verkaufte eine ganze Menge Kaninchen an den *Koch von Baron Alphonse de Rothschild* zum Preis von 2 Pfund pro Stück und andere an Graf Pillet-Will für ungefähr denselben Preis, so dass er, was seinen Geldbeutel betraf, in keiner Weise unter der Belagerung von Paris zu leiden hatte.

Wir waren gesegnet mit einer Fülle an Holzkohle zum Kochen und an Kohlen und Holz für gewöhnliche Feuer, da wir nicht nur die Vorräte in unseren eigenen Kellern zur Verfügung hatten, sondern auch die, die die Familie Chateaubriand zurückgelassen hatte. Das kalte Wetter setzte sehr bald ein und Brennholz war schnell sehr gefragt. Unser Künstler Jules Pelcoq, der in der Rue Lepic in Montmartre lebte, war in dieser Hinsicht in große Bedrängnis geraten, da bei den Händlern nichts zu bekommen war außer praktisch grünem Holz, das kurz zuvor im Bois de Boulogne und im Bois de Vincennes geschlagen worden war. Bei einigen Gelegenheiten trugen Pelcoq und ich einige Kohlen in Säcken in seine Wohnung, und mein Vater, der um sein Wohl besorgt war, wollte ihm einen größeren Vorrat zur Verfügung stellen. Saby wurde daher gebeten, einen Mann zu besorgen, der einige Kohlen in einem Handkarren nach Montmartre bringen würde. Der Mann wurde gefunden und im Voraus für seine Dienste bezahlt. Aber leider! Die Kohlen erreichten den armen Pelcoq nie. Als wir den Mann, der verlobt war, das nächste Mal sahen, erzählte er uns, dass er auf seinem Weg von einigen Nationalgardisten abgefangen worden war, die ihn nach seiner Ladung gefragt hatten und als sie herausfanden, dass es sich um Kohlen handelte, diese und auch die Karre sofort konfisziert und letztere zu einem Biwak auf der Wälle geschleppt hatten. Ich habe diese Geschichte jedoch immer bezweifelt und neige zu der Annahme, dass unser improvisierter Träger einfach die Kohlen verkauft und den Erlös eingesteckt hatte.

Eines Tages, Anfang November, als unsere Rind- oder Hammelfleischration allmählich kleiner und erfreulich seltener wurde und Pferdefleisch in den Metzgereien immer häufiger *auftauchte* , hatte ich Gelegenheit, einen unserer Künstler, Blanchard, zu besuchen, der im Faubourg Saint Germain lebte. Als wir unsere Geschäfte erledigt hatten, sagte er zu mir: „Ernest, heute ist mein Festtag. Ich werde ein großartiges Abendessen veranstalten. Mein *Schwager* , ein Beamter der Eastern Railway Line, gibt es mir zu Ehren. Kommen Sie mit, ich lade Sie ein." Daraufhin gingen wir in die Wohnung seines Schwagers, wo ich sehr herzlich empfangen wurde, und bald setzten wir uns in einem warmen und gut beleuchteten Esszimmer an den Tisch. Die Gesellschaft bestand aus zwei Damen und drei Herren, mich eingeschlossen.

Die Suppe war, glaube ich, aus Pferdefleisch zubereitet worden, dem etwas Liebig-Fleischextrakt zugesetzt worden war; aber darauf folgte eine schöne Hammelkeule mit Bohnen à la Bretonne und – Kartoffeln! Ich hatte seit Wochen keine Kartoffeln mehr gegessen, denn vergebens hatte der geniale Saby versucht, welche zu beschaffen. Aber der krönende Triumph des Abends war das Auftauchen eines riesigen Stücks Gruyère-Käse, den es damals in keinem einzigen Geschäft in Paris gab. Sogar Chevet, der berühmte Delikatessenhändler, hatte erklärt, er habe keinen.

Da ich angesichts des Käses und der Kartoffeln ganz offensichtlich überrascht war, teilte mir Blanchards Schwager höflich mit, dass er sie gestohlen hatte. „Es besteht kein Zweifel", sagte er, „dass viele Händler geheime Vorräte an der einen oder anderen Sache haben, aber die Preise noch weiter steigen lassen wollen, bevor sie sie verkaufen. Ich habe diese Kartoffeln oder diesen Käse jedoch nicht aus dem Keller eines Ladenbesitzers genommen. Aber in den Lagern der Eisenbahngesellschaft, zu der ich gehöre, gibt es Tonnen und Tonnen von Lebensmitteln, darunter Käse und Kartoffeln, die die Empfänger nie anfordern, sondern lieber dort lassen, bis die Hungerpreise erreicht sind. Nun, ich habe mir nur ein paar Dinge genommen, um Blanchard heute Abend ein gutes Abendessen zu bereiten. Was die Hammelkeule betrifft, habe ich den Metzger bestochen – nicht mit Geld, er hätte es vielleicht abgelehnt –, sondern mit Käse und Kartoffeln, und es war ein fairer Tausch." Als ich an diesem Abend nach Hause kam, hatte ich mehr als ein halbes Pfund Gruyère und zwei oder drei Pfund Kartoffeln in der Tasche, was mein Vater sehr schätzte. Die Wahrheit über die Vorräte, die noch immer in einigen Bahndepots gelagert waren, wurde den Behörden bald darauf bekannt.

Obwohl mein Vater damals erst fünfzig Jahre alt war und über viel Nervenenergie verfügte, ließ seine Gesundheit zumindest vorübergehend nach. Seit seinem zwanzigsten Lebensjahr, als der Tod meines Großvaters ihm große Verantwortung auferlegt hatte, hatte er ein äußerst anstrengendes Leben geführt. Er litt auch an Krankheiten, die eine reichliche Versorgung mit nahrhaftem Essen erforderten. Solange er eine angemessene Menge gewöhnliches Metzgerfleisch beschaffen konnte, beschwerte er sich nicht; aber wenn es darum ging, zwei- oder dreimal pro Woche Pferdefleisch zu essen, konnte er es sich nicht leisten, obwohl er nur ein oder zwei Jahre zuvor an einem großen *Hippophagique-Bankett in Paris teilgenommen und damals sogar in einem Artikel, den er zu diesem Thema verfasste, positiv über Viande de Cheval* geschrieben hatte . Ich selbst war noch ein kleiner Junge, hatte Appetit und Magen wie ein Junge, und ich fand Pferdefleisch nicht so schlimm, besonders wenn es von Mme. Sabys erfahrenen Händen mit Knoblauch und anderen herzhaften Speisen zubereitet wurde. Aber nach ein oder zwei Tagen weigerte sich mein Vater, es anzurühren. Drei Tage lang, so erinnere ich mich, versuchte er, von Brot, Marmelade und eingemachtem Obst zu leben; aber die Süße dieser Kost wurde ihm übel – so wie es unseren Soldaten übel wurde, als die Behörden sie in Südafrika mit Marmelade bombardierten. Es war sehr schwierig, meinem Vater etwas zu bieten, das ihm schmeckte; es gab kein Geflügel und keine Eier. Zu dieser Zeit verkaufte uns Saby ein paar Kaninchen, aber auch hier war *toujours lapin* nicht zufriedenstellend.

Die Leute begannen nun, allerlei seltsame Dinge zu sich zu nehmen. Fledermäuse wurden sicherlich schon vor dem Ende der Belagerung gegessen, wenn auch bei weitem nicht in solchen Mengen, wie manche behauptet haben. Es gab jedoch bereits Orte, an denen Hunde und Katzen, gehäutet und zum Kochen vorbereitet, offen zum Verkauf angeboten wurden. Labouchere erzählte auch, dass er eines Tages in ein Restaurant ging und dort sah, dass *Cochon de lait*, auch Spanferkel genannt, auf der Speisekarte erwähnt wurde. Er rief den Kellner und befragte ihn zu diesem Thema, da er stark bezweifelte, dass es in ganz Paris Spanferkel gab. „Ist es Spanferkel?", fragte er den Kellner. „Ja, Monsieur", antwortete der Mann. Aber Labby war nicht überzeugt. „Ist es ein kleines Schwein?", erkundigte er sich. „Ja, Monsieur, ein ganz kleines." „Ist es ein junges Schwein?", fragte Labby, der immer noch zweifelte. Der Kellner zögerte und antwortete schließlich: „Nun, ich kann nicht sicher sein, Monsieur, ob es ganz jung ist." „Aber wenn es klein ist, muss es jung sein, wie Sie sagen. Kommen Sie, was ist es, sagen Sie es mir?" „Monsieur, es ist ein Meerschweinchen!" Labby sprang von seinem Stuhl, nahm seinen Hut und floh. Er fühlte sich dem Meerschweinchen nicht gewachsen, obwohl er sehr hungrig war.

Laboucheres vielleicht beste Geschichte aus jener Zeit war jedoch die des alten Paares, das, da ihm alle anderen Mittel fehlten, schließlich gezwungen war, seinen kleinen Hund zu opfern. Er kam schön gebraten auf den Tisch, und beide sahen ihn seufzend einen Moment lang an. Dann nahm Monsieur seinen Mut zusammen und half Madame, das zarte Gericht zu essen. Sie seufzte erneut, machte aber aus der Not eine Tugend und begann zu essen, und während sie dies tat, legte sie ab und zu einen kleinen Knochen auf den

Rand ihres Tellers. Als sie fertig war, hatte sich dort eine ganze Ansammlung kleiner Knochen angesammelt, und als sie sich in ihrem Stuhl zurücklehnte und sie betrachtete, rief sie plötzlich aus: „Armer kleiner Toto! Wenn er nur noch am Leben gewesen wäre, was für ein köstliches Leckerli hätte er bekommen können!"

Um jedoch auf meinen Vater und mich zurückzukommen, muss ich erwähnen, dass es in der Rue de Miromesnil eine kleine englische Taverne und Gaststätte gab, die von einem Mann namens Lark betrieben wurde, den ich kannte. Wir holten uns gelegentlich englisches Ale von ihm, und eines Tages, Ende Oktober, als ich an seinem Lokal vorbeikam, sagte er zu mir: „Wie geht es deinem Vater? Er sieht übel aus. Wirst du nicht mit den anderen gehen?" Ich fragte Lark, was er mit seiner letzten Frage gemeint hatte, woraufhin er mir sagte, dass ich, wenn ich zur Botschaft ginge, im Konsulat eine Mitteilung über die Ausreise britischer Staatsbürger sehen würde, da Vorkehrungen getroffen worden seien, um es allen, die Paris verlassen wollten, zu ermöglichen, dies zu tun. Ich verstand den Wink und las die Mitteilung, die genau so lautete, wie Lark es angegeben hatte, mit diesem Zusatz: „Die Botschaft *kann* sich jedoch nicht die Kosten für die Unterstützung britischer Staatsbürger bei der Ausreise aus Paris aufbürden." Sofort kehrte ich nach Hause zurück und teilte meinem Vater die Informationen mit, die ich erhalten hatte.

Abgesehen davon, dass die Botschaft diese Anzeige im Büro des Konsuls aufhängte, unternahm sie keine Schritte, um britische Staatsbürger allgemein über die Möglichkeit zu informieren, die ihnen geboten wurde, Bombardierungen und Hungersnöten zu entgehen. Es stimmt, dass sie mit dem British Charitable Fund in Kontakt stand und dass dieser die Angelegenheit verschiedenen Hilfssuchenden bekannt machte. Aber die britische Kolonie zählte immer noch 1000 Menschen, von denen Hunderte diese Gelegenheit genutzt hätten, wenn sie nur davon erfahren hätten. Mein Vater beschloss schnell, die Stadt zu verlassen, und in den nächsten Tagen wurden Vereinbarungen mit unseren Künstlern und anderen getroffen, damit die Interessen der *Illustrated London News* in keiner Weise durch seine Abwesenheit beeinträchtigt wurden. Unser System war seit langem perfektioniert, und nach unserer Abreise funktionierte alles gut. Ich möchte hier hinzufügen, weil es etwas erklärt, das im Folgenden beschrieben wird, dass mein Vater alles Geld, das er entbehren konnte, unter denen verteilte, die er zurückließ, und zwar so, dass wir bei unserer Abreise aus Paris verhältnismäßig wenig und – wie die Folge zeigte – nicht genügend Geld bei uns hatten. Man ging jedoch davon aus, dass wir uns bei unserer Ankunft in Versailles mit allem versorgen könnten, was wir benötigen.

VII

VON PARIS NACH VERSAILLES

Ich verlasse Paris mit meinem Vater – Jules Favre, Wodehouse und Washburne –
Durch Charenton nach Créteil – Zu den Außenposten – Erste Blicke auf die Deutschen – Ein Abonnement, um den König von Preußen zu erschießen – Der Weg nach Brie-Comte-Robert – Quartiere für die Nacht – Gespräche mit deutschen Soldaten – Die Schwierigkeiten mit den ärmeren Flüchtlingen – Mr. Wodehouse und mein Vater – Auf dem Weg nach Corbeil – Ein deutsch-französischer Flirt – Angelegenheiten in Corbeil – Unterwegs im Regen – Longjumeau – Ein Schneesturm – Der Bauer von Champlan – Ankunft in Versailles.

Seit Lord Lyons Paris verlassen hatte, war die Botschaft in der Obhut des zweiten Sekretärs, Mr. Wodehouse, und des Vizekonsuls geblieben. Als Reaktion auf die im Büro des letzteren angebrachte und vom British Charitable Fund auch unter einem Zehnten der Gemeinde verbreitete Bekanntmachung wurde vereinbart, dass sechzig oder siebzig Personen den Sekretär und den Vizekonsul aus der Stadt begleiten sollten, wobei nur der Militärattaché, Colonel Claremont, dort bleiben sollte. Die Vorkehrungen, die der Charitable Fund für die ärmeren Leute traf, bestanden aus einer Spende von 4 Pfund pro Person sowie etwa drei Pfund Keksen und einigen Unzen Schokolade zum Knabbern unterwegs. Für diese Leute wurden jedoch keine Transportmittel bereitgestellt, obwohl bekannt war, dass wir auf einem sehr umständlichen Weg nach Versailles weiterfahren mussten – wo das deutsche Hauptquartier untergebracht war – und dass die Eisenbahnlinien gesperrt waren.

Wir sollten am 2. November gleichzeitig mit einer Reihe von Amerikanern, Russen und anderen abreisen, und es war vereinbart worden, dass sich alle am frühen Morgen am Charenton-Tor im Südosten von Paris treffen sollten. Als wir dort ankamen, wurde jedoch allen Engländern, die sich der Versammlung angeschlossen hatten, befohlen, umzukehren, da die Information eingegangen war, dass ihnen die Erlaubnis, die Stadt zu verlassen, verweigert worden war. Dies verursachte nicht wenig Bestürzung unter der Gruppe, aber der Befehl musste natürlich befolgt werden, und halb wütend und halb trostlos kehrte mancher enttäuschte Brite in sein bisheriges Quartier zurück. Später erfuhren wir, dass Jules Favre, der Außenminister, sich zunächst absolut geweigert hatte, auf die Anträge von Herrn Wodehouse zu hören, möglicherweise weil Großbritannien die Französische Republik nicht anerkannt hatte; wenn dies jedoch tatsächlich der Grund war, war es schwer zu verstehen, warum die Russen ganz anders behandelt wurden, da der Zar wie die Königin bisher von jeder offiziellen Anerkennung der Landesverteidigung Abstand genommen hatte. Andererseits könnte Favre vielleicht die Meinung Bismarcks geteilt haben, der etwa zu dieser Zeit seine Meinung über uns mit den Worten knapp zum Ausdruck brachte: „England zählt nicht mehr" – so tief waren wir seiner Meinung nach unter unserer Regierung Gladstone *und* Granville in der Völkergemeinschaft gesunken.

In seiner misslichen Lage suchte Herr Wodehouse jedoch die Hilfe seines Kollegen, Herrn Washburne, des US-Gesandten, und dieser, der in Paris mehr Einfluss hatte als jeder andere ausländische Vertreter, setzte sofort ein Machtwort und erklärte, er selbst würde die Stadt verlassen, wenn den britischen Staatsbürgern weiterhin die Ausreise verweigert würde. Favre gab daraufhin ungnädig nach; doch kaum war seine Zustimmung eingeholt, als sich herausstellte, dass das britische Außenministerium es versäumt hatte, bei Bismarck um Erlaubnis zu ersuchen, dass die Engländer, die Paris verließen, die deutschen Linien passieren durften. So kam es zu Verzögerungen, und erst am Morgen des 8. November reisten die Engländer gleichzeitig mit einer Reihe Schweizer und österreichischer Staatsbürger ab.

Das Charenton-Tor war wieder der vereinbarte Treffpunkt. Auf unserem Weg dorthin, zwischen sechs und sieben Uhr morgens, kamen wir an vielen langen Schlangen vorbei, die vor Metzgereien auf einen Hungerlohn für Fleisch warteten, und vor gewissen städtischen Depots, wo nach längerem Warten ein paar Fingerhüte voll Milch an diejenigen verteilt wurden, die nachweisen konnten, dass sie kleine Kinder hatten. In der Nähe der Porte de Charenton war eine beträchtliche Abteilung der Nationalgarde aufgestellt, als wolle sie dem bevorstehenden Exodus der Ausländer eine gewisse Feierlichkeit verleihen. Ein paar junge Stabsoffiziere waren ebenfalls anwesend, mit einem berittenen Trompeter und einem weiteren Kavalleristen, der die übliche weiße Fahne auf einer Lanze trug.

Die besser gestellten Mitglieder unserer Gruppe waren in Fahrzeugen unterwegs, die für diesen Anlass gekauft worden waren. Einige waren auch auf wertvollen Pferden beritten, die man vor dem Schicksal bewahren wollte, das schließlich die meisten der in Paris verbliebenen Tiere ereilte. Andere waren in gemieteten Droschken unterwegs, die jedoch nicht weiter als bis zu den Außenposten fahren durften; während viele der ärmeren Mitglieder der Gruppe in speziell gemieteten Omnibussen unterwegs waren, die ebenfalls umkehren mussten, bevor wir einer deutschen Eskorte übergeben wurden; das Ergebnis war, dass ihre Insassen viele Meilen zu Fuß zurücklegen mussten, bevor andere Transportmittel beschafft wurden. In dieser Hinsicht waren die Schweizer und Österreicher weitaus besser versorgt als die Engländer. Obwohl das Wetter bitterkalt war, reisten Mr. Wodehouse, mein Vater, ich selbst, ein paar von Mr. Wodehouses Bediensteten und ein junger Bursche, der, glaube ich, mit einem Pariser Bankhaus in Verbindung gestanden hatte, in einem offenen Zweispänner. Der Vizekonsul und seine Frau, die uns ebenfalls begleiteten, besetzten einen kleinen privaten Omnibus.

Bevor wir Paris verließen, wurden wir alle gemustert und unsere *Passierscheine* überprüft. Die Passierscheine britischer Staatsbürger stammten ausnahmslos von der US-Botschaft und waren ordnungsgemäß von Mr. Washburne unterzeichnet, so dass wir die Stadt praktisch als amerikanische Staatsbürger verließen. Schließlich formierte sich die Prozession, wobei die Engländer den Schweizern und Österreichern vorangingen, während am Ende, seltsamerweise, mehrere Krankenwagen mit dem Roten Kreuz von Genf kamen. Niemand konnte ihre Anwesenheit bei uns erklären, aber da die Deutschen beschuldigt wurden, gelegentlich auf Waffenstillstandsfahnen zu schießen, wurden sie vielleicht geschickt, um im Falle eines Unglücks zu helfen. Als alles bereit war, überquerten wir die massive Zugbrücke der Porte de Charenton und schlängelten uns durch den überdachten Weg, der durch eine vorgeschobene Redoute geschützt war. Dann schloss sich uns eine kleine Abteilung leichter Kavallerie an, und wir überquerten rasch den verwüsteten Weg, der als „Militärzone" bekannt war und auf dem zum Zeitpunkt der Belagerung sämtliche Bäume gefällt worden waren. Unmittelbar danach befanden wir uns in den engen, gewundenen Straßen von Charenton, die von ihren Bewohnern fast völlig verlassen waren, aber voller Soldaten waren, die an Türen und Fenstern standen und unsere merkwürdige Karawane beobachteten. Die Brücke über die Marne war vermint, aber noch intakt und am anderen Ende durch eine verschanzte und mit Schießscharten versehene Redoute verteidigt, der einige sehr kunstvolle und kunstvolle französische Chevaux gegenüberstanden. Nachdem wir den Fluss überquert hatten, bogen wir nach links ab, durch das Dorf Alfort, wo alle Villen und Restaurants am Flussufer in Militärposten umgewandelt worden waren; und als wir zurückblickten, sahen wir das riesige Irrenhaus von Charenton, das auf einer bewaldeten Anhöhe thront und eine große schwarze Flagge wehte. Zu Beginn der Belagerung war vorgeschlagen worden, die harmloseren Insassen freizulassen, anstatt sie weiterhin dem Schaden durch zufällige deutsche Granaten auszusetzen; aber der Direktor der Anstalt erklärte, dass Wahnsinn in vielen Fällen das patriotische Gefühl verstärke und dass seine Patienten, wenn sie freigelassen würden, zumindest den Wunsch verspüren würden, Mitglieder der Regierung zu werden. Man ließ sie also in ihrer exponierten Lage verharren.

Wir gingen weiter und umgingen das Anwesen von Charentonneau, wo die Parkmauer umgerissen und viele Bäume gefällt worden waren. Zu unserer Rechten lag das Fort von Charenton, das mit großen schwarzen Marinegeschützen bewaffnet war. Alle Gartenmauern auf unserer Route waren dem Erdboden gleichgemacht oder mit Schießscharten versehen worden. Die Straße war zeitweise mit Bäumen verbarrikadiert oder von Schützengräben durchzogen, und es war nicht ohne Schwierigkeiten, diese Hindernisse zu überwinden. In Petit Créteil waren wir erstaunt, eine Anzahl von Gärtnern zu sehen, die so unbekümmert arbeiteten wie in Friedenszeiten. Es stimmt, dass das Dorf vom Feuer des Forts von Charenton bedeckt war und dass die Deutschen ein großes Risiko eingegangen wären, wenn sie es ernsthaft angegriffen hätten. Trotzdem schlichen sich gelegentlich kleine Gruppen von ihnen hinein und tauschten Schüsse mit den dort stationierten Mobilen aus, die ihr Hauptquartier in einem verlassenen Gasthof hatten, bei dem wir unseren ersten Halt machten.

Die gemieteten Fahrzeuge wurden nun nach Paris zurückgeschickt, und nach einer kurzen Pause fuhren wir weiter und passierten eine Öffnung in einer furchterregend aussehenden Barrikade. Dann machten wir uns auf den Weg nach Créteil, und dort boten sich uns die ersten ernsthaften Spuren der Verwüstungen des Krieges. Das einst so angenehme Dorf war leblos. In jedes Haus war eingebrochen und es war geplündert worden, jede Tür und jedes Fenster war eingeschlagen. Kleinere Möbelstücke und so weiter waren weggebracht worden, größere in Stücke zerlegt worden. Ein höllischer Geist der Zerstörung war durch den Ort gefegt, und doch, wohlgemerkt, befanden wir uns noch innerhalb der französischen Linien.

Da unser Vorankommen auf der Hauptstraße plötzlich durch eine weitere riesige Barrikade behindert wurde, bogen wir nach rechts ab und erreichten schließlich ein Haus, in dem sich weniger als zwanzig Mobile versammelt hatten, die durch eine schwache Barriere aus Brettern, Fässern, Schemeln und kaputten Stühlen vor plötzlichen Angriffen geschützt waren. Dies war der vorderste französische Außenposten in der Richtung, der wir folgten. Wir passierten ihn und überquerten einige offene Felder, auf denen ein einsamer Mann seelenruhig Kartoffeln ausgrub und bei jedem Spatenstich sein Leben riskierte, aber er wusste, dass jedes Pfund der kostbaren Knolle, das er nach Paris bringen konnte, dort vielleicht zehn Francs einbringen würde.

Wieder hielten wir an, und der Trompeter und der Kavallerist mit der weißen Fahne ritten in den entfernteren Teil des etwas verstreuten Dorfes. Plötzlich schallte der Trompetenton durch die scharfe, frostige Luft, und dann zogen wir weiter, vorbei an einer anderen Dorfstraße, wo uns mehrere hagere, verhungerte Katzen mit verzweifelten Schritten und kläglichem Miauen zu folgen versuchten. Bald bemerkten wir mitten auf der Straße vor uns ein paar deutsche Soldaten in langen Mänteln und Stiefeln, die bis zu den Schienbeinen reichten. Einer von ihnen trug eine weiße Fahne. Es folgte ein kurzes Gespräch mit ihnen, denn sie sprachen beide Französisch, und einer von ihnen konnte auch Englisch. Bald darauf kamen drei oder vier ihrer Offiziere hinter einer dicken Barrikade hervor, die wir vor uns sahen, und sie und die französischen Offiziere, die unsere Gruppe befehligten, tauschten etwas steife und zeremonielle Saluts aus.

Unsere Ankunft war wahrscheinlich erwartet worden. Jedenfalls loderte in der Nähe ein großes und sehr willkommenes Feuer aus Holzscheiten und Ästen, und während ein oder zwei Offiziere auf beiden Seiten zusammen mit Colonel Claremont und einigen Beamten des British Charitable Fund die Geleitbriefe der Untertanen Ihrer damaligen Majestät befolgten, unterhielten sich die anderen französischen und deutschen Offiziere um das von mir erwähnte Feuer. Letztere waren wahrscheinlich Sachsen; jedenfalls gehörten sie zu den Streitkräften des Kronprinzen, späteren Königs von Sachsen, der diesen Teil der Belagerungslinien befehligte, und dessen wichtigster englischer Kriegskorrespondent Archibald Forbes war, der gerade von der Belagerung von Metz eingetroffen war. Der kürzlich erfolgte Fall dieser Festung und das Verhalten von Marschall Bazaine waren das Hauptthema der Gespräche, die in den Außenposten von Créteil zwischen den Offizieren der streitenden Nationen geführt wurden. Ab und zu wurde auch auf Sedan und den Sturz des bonapartistischen Reiches Bezug genommen. Die gesamte Unterhaltung wurde auf Französisch geführt – ich bezweifle tatsächlich, dass unsere französischen Wächter Deutsch sprechen konnten – und es herrschte größte Höflichkeit, obwohl die Franzosen die Hamburger Zigarren, die ihre Gegner ihnen anboten, entschieden ablehnten.

Ich hörte der Unterhaltung eine Weile zu, doch nachdem das Geleitpapier für meinen Vater und mich geprüft war, ging ich auf die andere Straßenseite, um die weiten Felder in dieser Richtung abzusuchen. Auf einmal sah ich einen deutschen Offizier auf einem mächtig aussehenden Pferd über das unebene Gelände in unsere Richtung galoppieren. Er kam direkt auf mich zu. Es war ein gut gebauter Mann mittleren Alters von gewissem Rang – möglicherweise ein Oberst. Er zügelte sein Pferd, sprach mich auf Französisch an und stellte mir mehrere Fragen. Als ich ihm jedoch gesagt hatte, wer wir waren, führte er das Gespräch auf Englisch fort und fragte, ob ich irgendwelche Zeitungen aus Paris mitgebracht hätte. Wir hatten alle geschworen, dem Feind keine wertvollen Informationen preiszugeben, doch ich hatte Exemplare von zwei der heftigsten Zeitungen in meinen Taschen, die damals in der Stadt erschienen – nämlich „*La Patrie en Danger*", inspiriert von Blanqui, und „*Le Combat*", herausgegeben von Felix Pyat. Das erste war voller Lärm und Wut, und das zweite enthielt eine Abonnementliste für eine finanzielle Belohnung und ein Ehrengewehr, die dem Franzosen überreicht werden sollten, dem es vielleicht gelingen würde, den König von Preußen zu töten. Da der deutsche Offizier so sehr darauf bedacht war, herauszufinden, wie die Stimmung in Paris war und ob sie weiteren Widerstand befürwortete, kam ich auf die Idee, ihm, sozusagen in einem Anflug von Teufelei, die oben genannten Zeitschriften zu überreichen, wofür er sich herzlich bedankte und dann davongaloppierte.

Da ich ihn nie wieder traf, kann ich nicht sagen, wie er die Beschimpfungen und die „Mord-Unterschrift" aufnahm. Vielleicht war es nicht ganz richtig von mir, ihm zwei solche Papiere wie die, die ich ihm gab, als Beispiele echter Pariser Meinung aufzudrängen; aber nicht nur in der Liebe, sondern auch im Krieg ist alles erlaubt, und was die Streitigkeiten zwischen Frankreich und Deutschland anging, waren meine Sympathien ganz auf der Seite Frankreichs.

Wir waren noch nicht zu der auf uns wartenden deutschen Eskorte gebracht worden, als wir plötzlich mehrere Schüsse vom Ufer der Marne hörten, woraufhin ein paar deutsche Dragoner in diese Richtung davongaloppierten. Das Feuer hörte ebenso plötzlich auf, wie es begonnen hatte, und dann, da für uns alles bereit war, machten sich Oberst Claremont, die Leute vom Charitable Fund, die französischen Offiziere und Kavallerie sowie die Sanitätswagen auf den Rückweg nach Paris, während unsere Karawane unter der Obhut einer Abteilung deutscher Dragoner weiterzog. Allerdings nicht für lange, denn die uns betreffenden Anweisungen waren offensichtlich unvollständig. Dem Leser wird aufgefallen sein, dass wir Paris auf der südöstlichen Seite verließen, obwohl unser Ziel Versailles war, das südwestlich der Hauptstadt liegt und in dieser Richtung nur etwa elf Meilen entfernt ist. Außerdem machten wir, wie der Leser gleich sehen wird, bei unserer Abreise von Créteil, statt den direkten Weg in die Stadt Louis Quatorze zu nehmen, einen riesigen *Umweg*, so dass unsere Reise nach Versailles volle drei Tage dauerte. Dies geschah, weil die Deutschen verhindern wollten, dass wir etwas von den näheren Belagerungslinien und den bereits begonnenen Vorbereitungen für die Bombardierung von Paris sahen.

Bei unserer Abreise aus Créteil war unsere Route jedoch noch nicht endgültig festgelegt, sodass wir kurz anhielten und ein Offizier unserer Eskorte losritt, um weitere Anweisungen aufzunehmen, während wir in der Nähe eines deutschen Außenpostens blieben, wo uns auffiel, wie gesund, kräftig und gut gekleidet die Männer waren. Nachdem Befehle bezüglich unserer Bewegungen eingetroffen waren, machten wir uns im Schritttempo wieder auf den Weg, vielleicht weil so viele von uns zu Fuß unterwegs waren. Truppen wurden in der Nähe jeder Seitenstraße postiert, die wir passierten. Offiziere kamen ständig im Galopp angeritten und erkundigten sich nach Neuigkeiten über die Lage in Paris. Sie wollten insbesondere wissen, ob die Minister der Nationalen Verteidigung immer noch Gefangene der Bevölkerung waren und ob es jetzt eine Rote Republik mit Blanqui an der Spitze gab. Was sie am meisten erstaunte, war zu hören, dass Paris, obwohl es immer mehr Pferdefleisch zu sich nahm, noch keineswegs hungerte und dass es, was die Hungersnot anbelangte, noch einige Monate lang Widerstand leisten konnte. Tatsächlich geschah dies am 8. November, und die Stadt kapitulierte erst am 28. Januar. Aber die deutschen Offiziere wollten unseren Aussagen über die Ressourcen der Belagerten keinen Glauben schenken; sie stellten dieselben Fragen immer wieder und schauten noch immer ungläubig drein, als ob sie tatsächlich glaubten, wir würden sie zum Narren halten.

In Boissy-Saint Léger machten wir Halt, während die britischen, österreichischen und schweizerischen Vertreter den dort kommandierenden General befragten. Er war in einem hübschen kleinen Schloss untergebracht, vor dem das urigste Wachhäuschen stand, das ich je gesehen habe, denn es war aus Brettern, Baumstämmen und allerlei Möbelstücken gebaut, während daneben ein Puppenwagen und ein Spielzeugkarren für kleine Jungen lagen. Aber wir machten uns wieder auf den Weg und trafen in der Nähe von Gros-Bois auf eine lange Reihe schwer beladener deutscher Proviantwagen. Und sofort gab der Offizier unserer Eskorte, ohne ein Wort an einen von uns zu richten, einen Befehl, seine Soldaten drehten sich um und galoppierten davon, sodass wir uns selbst überließen.

Mittlerweile war es Abend, und die Fahrzeuge unserer Gruppe fuhren in flottem Trab weiter, wobei die unglücklichen Fußgänger weit hinten blieben. Niemand schien genau zu wissen, wo wir waren, aber einige vorbeikommende Bauern informierten uns, dass wir auf dem Weg nach Basel waren und dass der nächste Ort Brie-Comte-Robert war. Die Pferde, die die Gefährte der Schweizer und österreichischen Vertreter zogen, waren denen, die an Mr. Wodehouses Gefährte angespannt waren, überlegen, sodass wir auf der Straße Abstand hielten, und als wir Brie erreichten, stellten wir fest, dass alle Unterkünfte der beiden Gasthöfe – ich kann sie kaum Hotels nennen – an die Erstankömmlinge vergeben worden waren. Mr. Wodehouses Gruppe sicherte sich eine Unterkunft in einem vornehm aussehenden Privathaus, während mein Vater, ich und etwa dreißig andere zur *Mairie gingen*, um Quartier zu beziehen.

Dort bot sich mir eine beeindruckende Szene. Inzwischen war es dunkel geworden. In einem fast möblierten Raum saß der Bürgermeister an einem kleinen Tisch, auf dem zwei Kerzen brannten. Zu beiden Seiten von ihm stand ein deutscher Infanterist mit Gewehr und aufgepflanztem Bajonett. Hier und da standen auch mehrere deutsche Husaren, zusammen mit zehn oder einem Dutzend Bauern aus der Gegend. Und der unglückliche Bürgermeister, in einem Zustand der Halbarrestierung, bemühte sich, den Forderungen des Feindes nach Lebensmitteln, Viehfutter, Wein, Pferden und Fahrzeugen nachzukommen, während die Bauern protestierten, dass sie bereits alles geplündert hätten und nichts mehr hätten. „Sie wollen also, dass ich erschossen werde?“, sagte der Bürgermeister schließlich zu ihnen. „Sie wissen ganz genau, dass die Sachen gefunden werden müssen. Gehen Sie und sammeln Sie sie. Tun Sie Ihr Bestes. Wir werden später sehen."

Als ich den Bürgermeister – wie üblich als Dolmetscher meines Vaters – um Quartiere bat, streckte er die Arme zur Decke. „Ich habe keine Betten", sagte er. „Alle verfügbaren Betten, außer in den Gasthäusern, wurden für die preußischen Ambulanzen beschlagnahmt. Vielleicht finde ich etwas Stroh, und es gibt Toilettenhäuschen und leere Zimmer. Aber es gibt so viele von euch, und ich weiß nicht, wie ich euch alle unterbringen soll."

Es war jedoch weder die Aufgabe meines Vaters noch meine, mich um die Bedürfnisse der ganzen Gruppe zu kümmern. Dies war vielmehr die Aufgabe der Botschaftsbeamten, und so drängte ich den Bürgermeister erneut, mir wenigstens ein paar anständige Unterkünfte zu geben. Er dachte einen Augenblick nach und überreichte mir dann ein Papier mit Namen und Adresse, woraufhin wir, mein Vater und ich, losgingen. Aber es war stockfinster, und da wir den angegebenen Ort nicht finden konnten, kehrten wir zum Rathaus zurück, wo man mir nach nicht geringer Mühe ein zweites Papier gab. Inzwischen waren die ärmeren Mitglieder der Gruppe in Schuppen usw. geschickt worden, wo sie Stroh zum Liegen fanden. Die Adresse auf meinem zweiten Papier war die eines Korbmachers, dessen Haus man uns zeigte. Wir wurden dort sehr herzlich empfangen und in ein Zimmer geführt, in dem ein Bett mit einem *Sommier élastique stand*. Aber es gab keine Matratze, kein Laken, keine Decke, kein Nackenrolle, kein Kopfkissen – alles dieser Art war für die deutschen Ambulanzwagen beschlagnahmt worden; und ich erinnere mich, dass mein Vater und ich uns zwei oder drei Stunden später zurückzogen, um uns in jene eiskalte Kammer auszuruhen, deren Fenster stark zerbrochen war, und dass wir froh waren, unsere Köpfe auf ein paar harte Körbe zu legen, nachdem wir unsere Taschen in Mr. Wodehouses Obhut gelassen hatten.

Bevor wir jedoch zu schlafen versuchten, brauchten wir etwas zu essen, denn tagsüber hatten wir jedes Stück eines kalten Kaninchens und etwas Belagerungsbrot verzehrt, das wir aus Paris mitgebracht hatten. Die Gastwirte erwiesen sich als äußerst eigensinnig und reizbar, und wir konnten nur sehr wenig von ihnen bekommen. Glücklicherweise entdeckten wir einen Metzger, besorgten uns dort etwas Fleisch und überredeten die Frau unseres Gastgebers, des Korbmachers, es für uns zu kochen. Dann gingen wir wieder hinaus und fanden einige Cafés und Weinläden, die von deutschen Soldaten überfüllt waren. Dort gab es Wein und schwarzen Kaffee, und während wir uns erfrischten, unterhielten sich mehr als ein deutscher Soldat, der entweder Französisch oder Englisch konnte, mit uns. Mein eigenes Deutsch war damals noch sehr begrenzt, denn ich hatte keine Freude am Erlernen der Sprache und hatte außerdem nur wenige Gelegenheiten, mich in ihr zu unterhalten. Ich erinnere mich jedoch gut daran, dass einige der deutschen

Soldaten erklärten, sie hätten die Belagerung satt und äußerten die Hoffnung, die Pariser würden sich schnell ergeben, damit sie, die Deutschen, rechtzeitig ins Vaterland zurückkehren könnten, um ihre Weihnachtsbäume fertig zu machen. Ein gutaussehender und anscheinend sehr freundlicher Ulan sprach mit mir auch über die Pariser Ballons und erzählte, dass, sobald ein Aufstieg beobachtet wurde, die Nachricht darüber an alle Begrenzungslinien telegrafiert wurde, dass jeder Mann den Befehl hatte, zu schießen, wenn das Luftfahrzeug in Reichweite kam, und dass er und seine Kameraden oft versuchten, mit einem Ballon nach unten zu reiten.

Nach einer elenden Nacht wuschen wir uns an der Pumpe im Hof des Korbmachers und aßen zum Frühstück Brot und *Café Noir* . Milch war übrigens in Brie ebenso knapp wie in Paris selbst, denn die Deutschen, so hieß es, hatten alle Kühe weggebracht, die Frankreich zuvor mit dem weithin berühmten Briekäse versorgt hatten. Nun erfuhren wir, dass wir, um Versailles zu erreichen, zunächst nach Corbeil weiterfahren mussten, das etwa fünfzehn Meilen entfernt war, von wo aus wir uns bis auf fünfzig Meilen vom deutschen Hauptquartier entfernt befanden. Das waren wirklich erfreuliche Neuigkeiten! Wir hatten bereits eine Reise von über dreißig Meilen hinter uns, und nun lagen noch fünfundvierzig Meilen vor uns. Und doch, hätte man uns nur die richtige Route hätten nehmen dürfen, wir hätten Versailles erreicht, nachdem wir nur elf Meilen hinter Paris gereist waren!

Unter diesen Umständen war die Lage der unglückseligen Fußgänger sehr unangenehm, und mein Vater übernahm es, in ihrem Namen bei Mr. Wodehouse zu sprechen und ihn darauf hinzuweisen, dass es unfair sei, diese unglückseligen Menschen den ganzen Weg nach Versailles schleppen zu lassen.

„Aber was soll ich tun?", erwiderte Herr Wodehouse. „Ich fürchte, hier sind keine Fahrzeuge zu bekommen."

„Vielleicht können Ihnen die deutschen Behörden in dieser Angelegenheit weiterhelfen", drängte mein Vater.

„Das bezweifle ich. Aber bitte bedenken Sie, dass jeder vor seiner Abreise aus Paris gewarnt wurde, dass er dies auf eigene Gefahr und Gefahr tun würde, und dass die Botschaft die Kosten nicht selbst tragen könne."

„Genau das hat mich überrascht", sagte mein Vater. „Ich weiß, dass der Wohltätigkeitsfonds etwas getan hat, aber ich dachte, die Botschaft hätte mehr getan."

„Ich hatte keine Anweisungen", antwortete Mr. Wodehouse.

„Aber in einer Situation wie dieser gibt ein Mann ganz sicher seine eigenen Anweisungen."

„Vielleicht, aber ich hatte kein Geld."

Als mein Vater das hörte, verlor er für einen Moment fast die Fassung. „Sicher, Mr. Wodehouse", sagte er, „Sie hätten nur zu Baron de Rothschild gehen müssen – er hätte Ihnen das Geld gegeben, das Sie brauchten." [Ich habe den obigen Dialog aus meinem Tagebuch rekonstruiert, das ich nach meiner Ankunft in Versailles aufgab.]

Mr. Wodehouse sah besorgt aus. Er war sicherlich ein sehr liebenswürdiger Mann, aber ich glaube, er war nicht ganz der richtige Mann für die Situation. Außerdem war er, wie mein Vater, zu dieser Zeit bei sehr schlechter Gesundheit. Trotzdem war ihm klar, dass er versuchen musste, etwas zu bewirken, und schließlich wurden mit Hilfe des Bürgermeisters und der deutschen Behörden ein paar Bauernkarren zur Unterbringung der ärmeren britischen Untertanen beschafft. In der langen Zwischenzeit waren jedoch viele Männer von sich aus losgezogen, des Wartens müde und entschlossen, ihr Glück in der einen oder anderen Richtung zu versuchen. Daher war unsere Prozession etwas kleiner, als wir schließlich Brie-Comte-Robert verließen und nach Corbeil gingen.

Unterwegs begegneten wir vielen deutschen Soldaten – manchmal sogar großen Abteilungen – und kaum eine Meile legten wir zurück, ohne über die Lage in Paris und die voraussichtliche Dauer des Widerstands befragt zu werden. Unsere Antworten enttäuschten die Fragesteller ausnahmslos, denn sie wollten unbedingt, dass der Krieg zu Ende ging. Dies war insbesondere bei einem jungen Unteroffizier der Fall, der auf die Stufe von Mr. Wodehouses Bremse sprang und uns in ein Gespräch verwickelte, während wir unseren Weg fortsetzten. Bevor er uns verließ, bemerkte er, wie ich mich erinnere, dass er sehr gern England besuchen würde; woraufhin mein Vater antwortete, dass er sich sehr freuen würde, ihn dort zu sehen, vorausgesetzt allerdings, dass er allein und nicht mit einer halben Million bewaffneter Kameraden käme.

Während die deutschen Soldaten zahlreich waren, trafen wir auf der Straße nur wenige Bauern. Als wir jedoch das kleine Dorf Lieusaint erreichten, stürmten viele Leute zu ihren Haustüren und starrten uns verwirrt an, denn in den letzten zwei Monaten waren die einzigen Fremden, die sie gesehen hatten, deutsche Soldaten gewesen, und sie konnten nicht verstehen, was unsere zivile Karawane aus Kutschen und Karren bedeutete. Schließlich erreichten wir Corbeil und folgten der Hauptstraße in Richtung der alten Steinbrücke, auf der wir die Seine überqueren wollten. Wir stellten jedoch schnell fest, dass sie gesprengt worden war und dass wir die andere Seite des Flusses nur über eine Pontonbrücke weiter unten erreichen konnten. Nachdem dies erledigt war, fuhren wir zum Haupthotel und wollten dort übernachten, da es offensichtlich geworden war, dass wir Versailles nicht zu einer vernünftigen Zeit erreichen würden.

Das ganze Hotel war jedoch im Besitz deutscher Offiziere, von denen wir einige dabei erwischten, wie sie mit der hübschen Tochter der Wirtin flirteten – die, da sie einen Ehering trug, vermutlich verheiratet war. Ich erinnere mich gut, dass sie eine Anspielung auf die Damen von Berlin machte, woraufhin einer der Leutnants, die sie anstarrten, galant antwortete, dass sie nicht halb so charmant seien wie die Damen von Corbeil. Die junge Frau schien das Kompliment zu schätzen, denn als der Leutnant aufstand, um sich von ihr zu verabschieden, gab sie ihm gnädig die Hand und sagte lächelnd zu ihm: „Au plaisir de vous revoir, Monsieur.“

Ganz anders verhielt es sich jedoch mit der alten Dame, ihrer Mutter. Sobald die Luft rein war, begann sie in aller Deutlichkeit gegen die Deutschen zu wettern und beschrieb sie, soweit ich mich erinnere, als Halbwilde, die alles zerstörten, was sie nicht stahlen. Sie war besonders wütend auf sie, weil sie M. Darblay, dem reichen Getreide- und Mehlmagnaten und gleichzeitig Bürgermeister von Corbeil, nicht erlaubten, eine einzige Kutsche oder ein einziges Pferd für sich zu behalten. Dabei hatte er ihnen bereits vier Kutschen und acht Pferde überlassen und wollte nur eine kleine Kutsche und einen kleinen Wagen behalten.

Wir bekamen eine Mahlzeit im Hotel, konnten dort aber kein Bett ergattern und machten uns daher auf eine Erkundungstour in die Stadt. Überall sahen wir Schilder mit den Wechselkursen zwischen französischem und deutschem Geld, und der Ort schien voller Tabakläden zu sein, die ausnahmslos von deutschen Juden besetzt waren, die mit Hamburger Zigarren handelten. Als wir uns in einem Café nach einer Unterkunft erkundigten, wurde uns gesagt, dass wir nur schwer eine bekommen würden, da die Stadt voller Truppen sei, darunter mehr als tausend Kranke und Verwundete, von denen jeden Tag fünfzehn oder zwanzig starben. Schließlich überquerten wir den Fluss erneut und fanden Quartier in einem minderwertigen Hotel, dessen oberstes Stockwerk durch einige herabfallende Steinblöcke schwer beschädigt worden war, als die Franzosen die Stadtbrücke sprengten. Unsere Betten waren jedoch recht bequem und wir hatten eine gute Nachtruhe.

Schwarzer Kaffee war am Morgen wieder das einzige verfügbare Getränk. Es gab keine Milch und nicht einmal ein Stück Zucker. In dieser Hinsicht war Corbeil noch schlimmer dran als Paris. Das Wetter hatte sich inzwischen geändert und es regnete unaufhörlich. Wir hatten eindeutig einen schlimmen Tag vor uns. Trotzdem wurde ein weiterer Karrensatz für die ärmeren Leute unserer Gruppe besorgt, bei dessen Zusammenziehung sich herausstellte, dass ein Mann fehlte. Er war krank geworden, so wurde uns gesagt, und konnte die Reise nicht fortsetzen. Bald darauf stellte sich außerdem heraus, dass es sich um Pocken handelte, eine Krankheit, die vor kurzem in Paris ausgebrochen war. Wir ließen den Kranken zur Behandlung im bereits überfüllten örtlichen Krankenhaus zurück und machten uns auf den Weg. Als wir die Stadt verließen, kamen wir an einer Herde von ein paar hundert Ochsen und etwa dreihundert Schafen vorbei, die in der Obhut deutscher Soldaten standen. Wir hatten kaum eine weitere Meile zurückgelegt, als in der Nähe von Essonnes, das für seine Papiermühlen bekannt ist, einer unserer Karren eine Panne hatte, was kaum überraschend war, da das Land hügelig, die Straßen schwer und die Pferde lahm waren. Wiederum regnete es in Strömen, was den Insassen der Karren und auch Mr. Wodehouses Gruppe in der Pause sehr unangenehm war. Aber es ließ sich nichts dagegen tun, und so fuhren wir Meile um Meile weiter, bis wir schließlich völlig durchnässt waren.

Als wir Longjumeau erreichten, das für seinen gutaussehenden und verliebten Postillon berühmt ist, hatte sich der Regen in Schneeregen verwandelt. Zwei Drittel der Geschäfte dort waren geschlossen und die Gasthöfe waren voll mit deutschen Soldaten, also fuhren wir weiter in Richtung Palaiseau. Aber wir hatten erst etwa die Hälfte der Strecke zurückgelegt, als uns ein Schneesturm überfiel und wir in Champlan Schutz suchen mussten. Ein deutscher Offizier half uns dort, unsere Fahrzeuge unter Dach zu bringen, aber die wenigen Bauern, die uns von ihren Haustüren aus neugierig beäugten, erklärten, das einzige, was sie uns zu essen geben könnten, sei trockenes Brot, da es im ganzen Dorf kein Fleisch, keine Eier, keine Butter, keinen Käse gäbe. Außerdem behaupteten sie, sie hätten nicht einmal einen halben Liter Wein, den sie uns zur Verfügung stellen könnten. „Die Deutschen haben alles mitgenommen", sagten sie; „wir haben 800 von ihnen im Dorf und in der Umgebung, und von uns sind nicht mehr als ein Dutzend übrig, da alle anderen nach Paris geflohen sind, als die Belagerung begann."

Die Aussichten schienen schlecht, aber Mr. Wodehouses Diener, ein kluger und energischer Mann von ungefähr dreißig Jahren namens Frost, sagte zu mir: „Ich glaube das alles nicht. Ich wage zu behaupten, dass wir etwas bekommen werden, wenn wir etwas Geld zusammenbekommen." Also nahmen wir uns gemeinsam einen trostlos aussehenden Kerl vor, der, wenn ich mich recht erinnere, entweder der Stellmacher oder der Schmied des Dorfes war. Wir ließen die Frage nach dem Essen für einen Moment beiseite und fragten ihn, ob er nicht wenigstens ein Feuer in seinem Haus habe, an dem wir uns wärmen könnten. Zu unserer Gruppe gehörte auch eine Dame, die Frau des Vizekonsuls, und obwohl sie die Reise in einem geschlossenen Privatomnibus unternahm, litt sie unter der Kälte. Dies wurde dem Mann, den wir ansprachen, erklärt, und als er sich davon überzeugt hatte, dass wir keine verkleideten Deutschen waren, sagte er uns, dass wir in sein Haus kommen und uns wärmen könnten, bis der Sturm nachließ. Etwa neun oder zehn von uns, darunter die erwähnte Dame, machten von dieser Erlaubnis Gebrauch, und der Mann führte uns nach oben in ein Zimmer im ersten Stock, wo ein großes Holzfeuer brannte. Davor saßen seine Frau und seine Tochter, beide gute Beispiele französischer ländlicher Schönheit. Mit großer Gutmütigkeit machten sie sofort Platz für uns und legten weiteres Brennmaterial ins Feuer.

Die Hälfte der Schlacht war gewonnen, und bald wurden wir mit allem bewirtet, was sie uns an Nahrung anbieten konnten – das heißt, Brot und gebackene Birnen, die sich als sehr annehmbar erwiesen. Schließlich, nachdem er aus dem Fenster geschaut hatte, um sich zu vergewissern, dass keine Deutschen in der Nähe des Hauses herumlungerten, schloss unser Gastgeber die Zimmertür ab, wandte sich einem großen Haufen Stroh, Brennholz und Haushaltsgegenständen zu und begann, ihn zu zerstören, bis er ein kleines Fass zum Vorschein brachte – ein halbes Oxhoft, glaube ich – , das, wie er flüsternd sagte, Wein enthielt. Das war alles, was er hatte verstecken können. Als der Feind in der Gegend eintraf, war eine Gruppe von Offizieren zu seinem Haus gekommen und hatte ihren Männern befohlen, den Rest seines Weins zusammen mit fast all seinem Bettzeug und allen Hühnern und Schweinen, die er besaß, wegzubringen. „Sie haben das im ganzen Bezirk getan", fügte der Mann hinzu, „und Sie sollten sich einige der Schlösser ansehen – sie wurden vollständig ihres Inhalts beraubt."

Sein Gesicht hellte sich auf, als wir ihm sagten, dass Paris offenbar nicht kapitulieren wolle und dass es laut offiziellen Berichten genug Brot habe, um bis zum nächsten Monat Februar Widerstand zu leisten. Wie die meisten seiner Landsleute war unser Gastgeber Champlan der Ansicht, dass die Ehre der Nation zumindest gerettet werden könne, wenn man die Deutschen nur aus Paris fernhalten könne, was auch immer sonst passieren möge; und so war er sehr froh zu hören, dass die Verteidigung der Stadt verlängert werden würde.

Er wurde für seine Gastfreundschaft großzügig entlohnt, und als das Wetter etwas besser wurde, setzten wir unsere Reise nach Versailles fort. Wir folgten der Hauptstraße über Palaiseau und Jouy-en-Josas und trieben die Pferde zu schnellstem Tempo an, während das Licht schwand und die Abendschatten sich um uns sammelten.

VIII

VON VERSAILLES IN DIE BRETAGNE

Kriegskorrespondenten in Versailles – Dr. Russell – Lord Adare – David Dunglas
Home und seine außergewöhnliche Karriere – Seine *Séancen* in Versailles – Ein   amüsantes
Interview mit Colonel Beauchamp Walker – Parlamentszuschuss für britische Flüchtlinge – Generäle Duff und Hazen, USA – Amerikanische Hilfe – Einblicke in König Wilhelm und Bismarck – Unser Geleitbrief – Von Versailles nach Saint-Germain-en-Laye – Ärger in Mantes – Der deutsche Zerstörungsteufel – Von den deutschen zu den französischen Linien – Endlich ein Zug – Durch die Normandie und Maine – Saint-Servan und seine englische Kolonie – Ich beschließe, an die Front zu gehen.

Es war dunkel, als wir Versailles schließlich über die Avenue de Choisy betraten. Wir sahen einige Wachen, aber sie stellten uns nicht zur Rede, und wir fuhren weiter, bis wir die Avenue de Paris erreichten, wo wir an der Präfektur vorbeikamen, deren Fenster alle in Licht getaucht waren. König und später Kaiser Wilhelm hatte dort sein Quartier; Bismarck hingegen residierte in einem Haus in der Rue de Provence, das dem französischen General de Jessé gehörte. Als wir um den Place d'Armes herumgingen, bemerkten wir, dass die Fenster eines Flügels des berühmten Palastes von Ludwig XIV. erleuchtet waren, da er als Krankenhaus genutzt wurde, und dass auf dem Platz vier Artilleriebatterien aufgestellt waren, vielleicht als Hinweis an die Versailler, sich von ihrer besten Seite zu zeigen. Wir fuhren jedoch weiter und hielten wenige Augenblicke später vor dem berühmten Hôtel des Réservoirs.

Es gab keine Möglichkeit, dort eine Unterkunft zu finden. Vom Erdgeschoss bis zu den Dachgeschossen war das Hotel vollgestopft mit deutschen Prinzen, Herzögen, Herzoginnen und ihren Gefolge sowie einer gewissen Anzahl englischer, amerikanischer und anderer Kriegskorrespondenten. Ganz in der Nähe jedoch – wenn ich mich recht erinnere, auf der anderen Straßenseite – befand sich ein Café, wohin mein Vater und ich unsere Schritte lenkten. Wir fanden es voll mit Offizieren und Zeitungsleuten, und durch den einen oder anderen der letzteren gelang es uns, eine bequeme Unterkunft in einem Privathaus zu finden. Der Zeichner der *Illustrated London News* mit den deutschen Mitarbeitern war Landells, der Sohn des gleichnamigen Kupferstechers, und wir fanden schnell heraus, wo er sich aufhielt. Er teilte sich das Zimmer mit Hilary Skinner, dem Vertreter der *Daily News* in Versailles, und beide begrüßten uns herzlich.

Der Chefkorrespondent im deutschen Hauptquartier war William Howard Russell von der *Times*, über den – vielleicht weil er sich von seinen Kollegen etwas distanzierte – eine Reihe nicht gerade gutmütiger Geschichten erzählt wurden, die meist darauf abzielten, zu zeigen, dass er seine eigene Bedeutung etwas überschätzte. Eine Geschichte besagte, dass es üblich war, dass der Kronprinz von Preußen – später Kaiser Friedrich – dem Doktor immer den Steigbügelriemen hielt, wenn er auf sein Pferd stieg. Persönlich kann ich nur sagen, dass mein Vater uns sehr herzlich empfing, als er mit mir nach Russell kam (er hatte meinen Vater zuvor kennengelernt und kannte meinen Onkel Frank gut) und dass er uns, als wir Versailles verließen, wie ich gleich erzählen werde, seinen Kurier und seinen privaten Omnibus zur Verfügung stellte. Später begleitete einer meiner Cousins, der verstorbene Montague Vizetelly, Russell nach Südamerika. Ich habe noch einige Briefe, die mir dieser über Zolas Roman „La Débâcle" schrieb, für den er großes Interesse zeigte.

Ein weiterer Kriegskorrespondent in Versailles war der heutige Earl of Dunraven, damals noch nicht ganz dreißig Jahre alt und unter dem Höflichkeitstitel Lord Adare bekannt. Er hatte zuvor als Repräsentant des *Daily Telegraph* bei Napiers Expedition gegen Theodor von Abessinien mitgewirkt und hielt sich jetzt, glaube ich, im Auftrag derselben Zeitschrift in Versailles auf. Seine Zimmer im Hôtel des Réservoirs teilte sich Daniel Dunglas Home, das Medium, mit dem mein Vater und ich schnell Bekanntschaft machten. Home, damals etwa siebenunddreißig Jahre alt, war sehr groß und schlank, hatte blaue Augen und eine Fülle gelblichen Haars. Er entstammte dem alten Geschlecht der Earls of Home, deren Name in der schottischen Geschichte so oft auftaucht. Sein Vater war ein unehelicher Sohn des zehnten Earls, und seine Mutter gehörte einer Familie an, die behauptete, die Gabe des „zweiten Gesichts" zu besitzen. Home selbst hatte – nach eigenen Angaben – zur Zeit des Todes seiner Mutter Visionen und empfing mysteriöse Warnungen, und im Laufe der Zeit brachten seine vielen Besuche aus der anderen Welt die Tante, bei der er lebte – eine Mrs. McNeill Cook aus Greeneville, Connecticut [er war im Alter von etwa neun Jahren von Schottland nach Amerika gebracht worden] – so sehr durcheinander, dass sie ihn schließlich vor die Tür setzte. Andere Menschen jedoch fanden ein ungesundes Vergnügen daran, ihre Möbel ohne menschliches Zutun umherwandern zu sehen und mehr oder weniger lächerliche Botschaften aus dem Geisterland zu erhalten; und in Menschen dieser Art fand Home einige nützliche Freunde.

Er kam im Frühjahr 1855 nach London und als er in Cox's Hotel in der Jermyn Street eine *Séance abhielt*, gelang es ihm, Sir David Brewster (damals 74 Jahre alt) zu täuschen, aber bei einem anderen Siebzigjährigen, Lord Brougham, war er weniger erfolgreich. Später fing er den einfallsreichen Sir Edward Bulwer (später Lord Lytton) ein, der als Autor von „Zanoni" vielleicht dazu bestimmt war, an ihn zu glauben, und er beeindruckte auch Mrs. Browning, aber nicht Browning selbst. Letzterer stellte Home tatsächlich als „Schlamm, das Medium" dar. Der bereits berüchtigte Abenteurer reiste für einige Zeit nach Italien und hielt dort *Séancen* in einer verwunschenen Villa in der Nähe von Florenz ab. Als er jedoch im Jahre 1856 zum katholischen Glauben konvertierte, empfing ihn der gutaussehende, kultivierte, aber keineswegs zufriedenstellende Papst Pio Nono in einer Privataudienz. Acht Jahre später veranlasste dieser jedoch seine sofortige Ausweisung aus Rom, da er ein mit dem Teufel im Bunde stehende Zauberer sei.

Inzwischen hatte sich Home bei einer Reihe gekrönter Häupter beliebt gemacht – bei Napoleon III. und Kaiserin Eugénie, in deren Anwesenheit er *Séancen* in den Tuilerien, in Fontainebleau und Biarritz abhielt, beim König von Preußen, der ihn in Baden-Baden empfing, und bei Königin Sophie von Holland, die ihm in Den Haag Gastfreundschaft gewährte. Als er eine russische Dame, die Tochter des Generals Graf von Kroll, heiratete, wurde er von Zar Alexander II. mit Geschenken überhäuft und wurde nach seiner Rückkehr nach England zu einer der „Attraktionen" in Milner-Gibsons Salon – Mrs. Gibson, eine Tochter des Reverends Sir Thomas Gery Cullum, war eine der ersten englischen Förderinnen des sogenannten Spiritismus, zu einem Glauben, zu dem sie von Home „bekehrt" wurde, den sie auf Reisen auf dem Kontinent kennenlernte. Ich erinnere mich, in meinen jüngeren Tagen viel über ihn gehört zu haben. Thackerays Freund Robert Bell schrieb einen Artikel über ihn in *The Cornhill* , der Gegenstand erheblicher Diskussionen war. Bell war, glaube ich, auch in die Affäre der „Davenport Brothers" verwickelt, von denen ich mich erinnere, dass ich einen ihrer Auftritte miterlebt habe. Später wurden sie in Paris von Vicomte Alfred de Caston wirkungsvoll bloßgestellt. Zu Hause wiederum wurde er von den Parisern kaum ernst genommen, und als er bei einer *Séance* in Anwesenheit der Kaiserin Eugénie grobe und wiederholte Versprechungen über ihren Vater, den Grafen von Montijo, machte, erhielt er die Andeutung, dass seine Anwesenheit bei Hofe entbehrlich sei. Er tröstete sich dann damit, nach Peterhof zu gehen und dem Zaren seine Macht zu demonstrieren.

Bestimmte schottische und englische Wissenschaftler wie Dr. Lockhart Robertson, Dr. Robert Chambers und Dr. James Manby Gully – der Apostel der Hydropathie, der im berüchtigten Bravo-Fall zu Fall kam – unterstützten Home nachdrücklich. Das taten auch Samuel Carter Hall und seine Frau William Howitt sowie Gerald Massey; und er gründete schließlich ein sogenanntes „Spiritual Athenaeum" in der Sloane Street. Eine wohlhabende Witwe in fortgeschrittenem Alter, eine Mrs. Jane Lyon, wurde Spenderin dieser Einrichtung und schenkte ihm, da sie sich in Home verliebte, etwa 30.000 Pfund und überließ ihm einen ähnlichen Betrag, der nach ihrem Tod ausgezahlt werden sollte. Doch nach ein oder zwei Jahren bereute sie ihre Verliebtheit und leitete rechtliche Schritte ein, um ihr Geld zurückzubekommen. Sie konnte einige ihrer Anschuldigungen nicht belegen, aber Vizekanzler Giffard, der den Fall verhandelte, entschied zu ihren Gunsten und beschrieb Home in seinem Urteil als bedürftigen und hinterlistigen Mann. Ich muss hinzufügen, dass Home zu dieser Zeit Witwer war und sich mit den Verwandten seiner verstorbenen Frau in Russland über deren Eigentum im Clinch befand.

Zu den Künsten, die Home zugeschrieben wurden, gehörte die sogenannte Levitation, bei der er durch eine unsichtbare und unbekannte Kraft in die Luft gehoben wurde und dort schwebte; dies war sozusagen der erste Schritt zum menschlichen Fliegen ohne die Hilfe eines Doppeldeckers, Eindeckers oder anderer mechanischer Vorrichtungen. Das erste Mal, bei dem Home diese Fähigkeit gezeigt haben soll, war Ende der fünfziger Jahre, als er in einem Schloss in der Nähe von Bordeaux zu Gast bei der Witwe von Théodore Ducos war, dem Neffen von Bonapartes Kollegen im Konsulat. In den Werken, die zu Homes Gunsten vorgelegt wurden – eines davon mit dem Titel „Ereignisse in meinem Leben" wurde anscheinend hauptsächlich von seinem Freund und Anwalt, einem Herrn WM Wilkinson, geschrieben – wird auch behauptet, dass seine Fähigkeit zur Levitation in späteren Jahren von Lord Lindsay, dem späteren Earl of Crawford und Balcarres, und vom gegenwärtigen Earl of Dunraven bestätigt wurde. Uns wird tatsächlich erzählt, dass der Letztgenannte einmal tatsächlich gesehen hat, wie Home durch ein Fenster aus einem Raum schwebte und durch ein anderes wieder hinein. Ich weiß nicht, ob Home Professor Crookes auch mit einer Vorführung dieser Art beglückte, aber letzterer war sicherlich der Meinung, dass einige von Homes Kunststücken echt waren.

Als mein Vater und ich ihn zum ersten Mal in Versailles trafen, war er ständig in der Gesellschaft von Lord Adare. Er behauptete, als Korrespondent einer kalifornischen Zeitschrift zu arbeiten, aber seine Hauptbeschäftigung schien darin zu bestehen, *Séancen* zur Unterhaltung aller deutschen Prinzen und Prinzenjungen abzuhalten, die im Hôtel des Réservoirs wohnten. Die meisten dieser Hoheiten und Mächtigen gehörten zu dem, was die Deutschen selbst sarkastisch ihren „Zierstab" nannten, und da Moltke ihnen selten eine wirkliche Beteiligung an den militärischen Operationen gestattete, fanden sie in Homes Auftritten zweifellos eine gewisse Erleichterung von dem *Tédium vitae* , das sie während ihres langen Wartens auf die Kapitulation von Paris überkam. Nachdem Metz nun gefallen war, war dies die Hauptfrage, die die Köpfe aller in Versailles versammelten Deutschen beschäftigte, und Home wurde aufgefordert, vorherzusagen, wann dies geschehen würde. Bei bestimmten Gelegenheiten, glaube ich, beschwor er die Geister Friedrichs des Großen, Napoleons, Blüchers und anderer, um von ihnen eine genaue

Vorhersage zu erhalten. Ein anderes Mal versuchte er, durch Kristallsehen in die Zukunft zu blicken, wobei er die Hilfe eines kleinen Kindes benötigte. „Meine Experimente waren nicht erfolgreich", sagte er eines Tages, als wir mit ihm im Café in der Nähe des Hôtel des Réservoirs saßen; „aber das ist nicht meine Schuld. Ich brauche ein absolut rein gesinntes Kind und kann hier keines finden, denn diese französische Rasse ist von Kindheit an verdorben." Er fastete zu dieser Zeit und nahm anscheinend mehrere Tage lang nichts außer ein wenig *Eau Sucrée* zu sich. „Die Geister werden mich nicht bewegen, wenn ich dies nicht tue", sagte er. „Um sie zu mir zu bringen, muss ich gegen den materiellen Teil meiner Natur ankämpfen."

[Anmerkung: Die Deutschen betrachteten es zum Zeitpunkt meiner Ankunft in Versailles als umso dringlicher, da nur wenige Daten zuvor (9. November) die neue französische Loire-Armee unter D'Aurelle de Paladines die Bayern bei Coulmiers besiegt und sich damit erneut die Herrschaft über Orleans gesichert hatte.]

Ein paar Jahre später, nach einem weiteren Besuch in St. Petersburg, wo er, wie es scheint, wieder vom Zaren gut aufgenommen wurde und wieder eine Dame des russischen Adels heiratete, begann Homes Gesundheit zu schwinden, vielleicht aufgrund des Hungers, dem er sich zeitweise unterwarf. Ich sah ihn gelegentlich in seinen letzten Jahren, als er in Auteuil lebte und fast mein Nachbar war. Er starb dort 1886, damals etwa 53 Jahre alt. Persönlich habe ich nie Vertrauen in ihn gesetzt. Anfangs betrachtete ich ihn mit großer Neugier, aber einige Zeit vor dem Krieg hatte ich viel über Cagliostro, Saint Germain, Mesmer und andere Scharlatane gelesen und auch einen Vortrag über sie in der Salle des Conferences besucht; und all das, zusammen mit der Enthüllung der Davenport Brothers und anderer Spiritisten und Illusionisten, trug dazu bei, dass ich gegen einen Mann wie Home voreingenommen war. Gleichzeitig war dieser sogenannte „Zauberer des 19. Jahrhunderts" sicherlich eine eigenartige Persönlichkeit, die, wie ich annehme, über beträchtliche suggestive Kräfte verfügte, die es ihm manchmal ermöglichten, andere glauben zu lassen, was er wollte. Wir hätten Charcots Meinung zu seinem Fall kennen sollen.

Da mein Vater und ich drei Tage gebraucht hatten, um von Paris nach Versailles zu gelangen, und wir nicht wissen konnten, welche weiteren unangenehmen Erfahrungen die Zukunft für uns bereithalten würde, gab unsere finanzielle Lage Anlass zu einiger Sorge. Ich erwähnte bereits, dass wir die Hauptstadt mit verhältnismäßig wenig Geld verließen, und es schien nun, als könnte unsere Reise eine lange und ziemlich kostspielige Angelegenheit werden, insbesondere da das deutsche Personal uns durch Nordfrankreich und von dort über Belgien schicken wollte. Nach Rücksprache mit Landells, Skinner und einigen anderen Korrespondenten schien es, als könnten mehrere Tage vergehen, bevor wir Überweisungen aus

England erhalten würden. Andererseits klammerte sich jeder Korrespondent an das Geld, das er in seinem Besitz hatte, denn das Leben in Versailles war sehr teuer, und jederzeit konnte ein Notfall eintreten, der unerwartete Ausgaben erforderlich machte. Es wurde uns jedoch vorgeschlagen, uns an Colonel Beauchamp Walker zu wenden, den offiziellen britischen Vertreter beim deutschen Hauptquartier. Denn, so wurde uns gesagt, das Parlament habe in seiner Großzügigkeit einen Betrag von 4.000 Pfund bewilligt, um bedürftigen britischen Staatsbürgern zu helfen, die aus Paris kämen, und Colonel Walker sei für die Verwaltung dieses Geldes zuständig.

Natürlich lehnte mein Vater diesen Vorschlag zunächst ab und sagte, er könne nicht *in formâ pauperis* um wohltätige Zwecke bitten. Aber er wurde darauf hingewiesen, dass er das nicht tun müsse. „Gehen Sie zu Walker", hieß es, „erklären Sie ihm Ihr Problem und bieten Sie ihm einen Wechsel oder einen Wechsel für die *Illustrated* an, und wenn gewünscht, wird ein halbes Dutzend von uns ihn unterstützen." Nachdem wir uns auf einen solchen Plan geeinigt hatten, besuchten wir Colonel Walker am zweiten oder dritten Tag unseres Aufenthalts in Versailles.

Sein vollständiger Name war Charles Pyndar Beauchamp Walker. Geboren wurde er 1817, und er hatte schon viel Dienst geleistet. Er hatte als *Adjutant* von Lord Lucan auf der Krim gedient und wurde später Oberstleutnant der 2. Dragonergarde. Er war während der letzten Operationen zur Niederschlagung der Meuterei in Indien und anschließend während der französisch-britischen Expedition in China. Während des österreichisch-preußischen Krieges von 1866 wurde er als britischer Kommissar den Streitkräften des Kronprinzen von Preußen zugeteilt und erlebte die Schlacht bei Königgrätz. Er diente in derselben Funktion während des deutsch-französischen Krieges, als er in Weißenburg, Wörth und Sedan war. In späteren Jahren wurde er Generalmajor, Generalleutnant, KCB und Oberst der 2. Dragonergarde; und von 1878 bis zu seiner Pensionierung 1884 fungierte er als Generalinspekteur für militärische Ausbildung. Ich habe diese Fakten dargelegt, weil ich Walkers Verdienste und Fähigkeiten nicht herabwürdigen möchte. Aber ich muss über einen Satz lächeln, den ich in einem Bericht über ihn im „Dictionary of National Biography" gefunden habe. Er bezieht sich auf seine Pflichten während des Deutsch-Französischen Krieges und lautet wie folgt: „Die Verärgerung der Deutschen gegen England und die Anzahl der herumziehenden Engländer machten ihm seine Aufgabe nicht leicht, aber er war durch sein Taktgefühl und seine Freundlichkeit bestens dafür geeignet, und sein Handeln fand die volle Zustimmung der Regierung."

Die betreffende Regierung hätte alles gebilligt. Aber lassen wir das beiseite. Wir besuchten den Oberst etwa um halb zwölf Uhr morgens und wurden in ein großes und komfortabel eingerichtetes Zimmer geführt, wo Karaffen und

Zigarren auf einem zentralen Tisch prominent ausgestellt waren. Zehn Minuten später erschien der Oberst, gekleidet in einen wunderschönen gemusterten Morgenmantel mit einem Quastengürtel. Ich wusste, dass der britische Offizier seine Uniform gern ablegte, und ich war mir durchaus bewusst, dass französische Offiziere dies auch taten, wenn sie in Paris Urlaub hatten, aber es war ein ziemlicher Schock für meinen jungen Verstand, den militärischen Vertreter Ihrer Majestät mit König William mitten am Tag in einem bunten Morgenmantel zu sehen. Er setzte sich und fragte meinen Vater mürrisch, was er zu tun habe. Er wurde ihm sehr kurz erklärt. Er runzelte die Stirn, murrte, warf sich in seinen Sessel zurück und rief knapp aus: „Ich bin kein Geldverleiher!"

Die Tatsache, dass die *Illustrated London News* die weltweit führende Zeitschrift ihrer Art war, spielte keine Rolle. Die Angebote der anderen Korrespondenten der englischen Presse, die Unterschrift meines Vaters zu unterstützen, wurden mit Verachtung zurückgewiesen. Als der Oberst daran erinnert wurde, dass er einen beträchtlichen Geldbetrag besaß, der vom Parlament bewilligt worden war, erwiderte er: „Das ist für bedürftige Personen! Aber Sie bitten mich, Ihnen Geld zu *leihen* !" „Ganz recht", antwortete mein Vater; „ich möchte dem Finanzministerium keine Belastung sein. Ich möchte nur ein Darlehen, da ich eine schwierige und möglicherweise teure Reise vor mir habe." „Wie viel wollen Sie?", fauchte der Oberst. „Nun", sagte mein Vater, „ich würde mich wohler fühlen, wenn ich tausend Francs (40 Pfund) in der Tasche hätte." „Vierzig Pfund!", rief Oberst Walker, als wäre er vor Erstaunen verloren. Und während er von seinem Stuhl aufstand, fuhr er auf die theatralischste Art und Weise fort, die möglich war: „Wissen Sie, Sir, dass ich in die größten Schwierigkeiten geraten könnte, wenn ich Ihnen vierzig Pfund geben würde? Morgen – vielleicht sogar noch heute Nacht – könnten Hunderte unserer leidenden Landsleute vor den Toren von Versailles stehen und ich könnte ihnen nicht helfen!" „Aber", sagte mein Vater ruhig, „Sie hätten immer noch 3960 Pfund in der Hand, Colonel Walker." Der Colonel starrte ihn wütend an, und mein Vater, der dieses Gespräch nicht in die Länge ziehen wollte, verließ den Raum, gefolgt von mir.

Viele der ärmeren Leute, die mit uns Paris verließen, kamen überhaupt nicht nach Versailles, sondern ließen uns in Corbeil oder anderswo zurück, um sich so gut wie möglich durch Frankreich durchzuschlagen. Eine weitere Gruppe von etwa hundert Mann wurde jedoch später mit Hilfe von Mr. Washburne aus der Hauptstadt geschickt, und für sie musste Colonel Walker etwas Geld ausgeben. Aber jede Zuwendung war sehr knausrig, und es würde mich nicht überraschen, zu erfahren, dass der Großteil des vom Parlament bewilligten Geldes letztlich an die Staatskasse zurückfließt – ein Umstand, der wahrscheinlich die „volle Zustimmung" erklärt, die die Regierung dem

Verhalten des Colonels zu dieser Zeit schenkte. Er starb Anfang 1894, und bald darauf wurde ein Teil seiner Korrespondenz in einem Band mit dem Titel „Tage aus dem Leben eines Soldaten" veröffentlicht. Als ich in einer der führenden Literaturzeitschriften eine Rezension dieses Werks las, fiel mir eine Passage auf, in der Walker als enttäuschter und verbitterter Mann beschrieben wurde, der immer das Gefühl hatte, dass seine Verdienste nicht ausreichend anerkannt wurden, obwohl er zum Ritter geschlagen wurde und mit dem Ehrenrang eines Generals in den Ruhestand ging. Ich nehme an, dass er zumindest eine Viscounty, wenn nicht eine Earlswürde, und einen Feldmarschallstab *anstrebte*.

Als wir den Herrn verließen, dessen „Takt und Freundlichkeit" im „Dictionary of National Biography" gewürdigt werden, begaben wir uns – mein Vater und ich – in das Café, in dem sich die meisten englischen Zeitungsleute trafen. Mehrere waren dort, und mein Vater wurde sofort mit Fragen zu seinem Interview mit Colonel Walker bestürmt. Sein Bericht darüber löste Gelächter und eine Reihe von Kommentaren aus, die die Laune des Colonels kaum verbessert hätten. Ich erinnere mich jedoch, dass Captain, später Colonel Sir, Henry Hozier, der Autor von „Der Sieben-Wochen-Krieg", ruhig lächelte, ansonsten aber seine Meinung für sich behielt. Schließlich wurde mein Vater gefragt, was er unter diesen Umständen zu tun gedenke, und er antwortete, er wolle so schnell wie möglich mit England kommunizieren und in der Zwischenzeit in Versailles bleiben, obwohl er unbedingt weg wollte.

Nun traf es sich, dass sich unter den Gästen des Cafés zwei amerikanische Offiziere befanden, einer davon war Brigadier-General Duff, ein Bruder von Andrew Halliday, dem Dramatiker und Essayisten, dessen richtiger Patronym ebenfalls Duff war. Mein Vater kannte Halliday durch ihre gemeinsamen Freunde Henry Mayhew und die Broughs. Der andere amerikanische Offizier war Generalmajor William Babcook Hazen, dessen Name gelegentlich in der populären Aufzeichnung über Präsident Garfields Karriere erwähnt wird: „Vom Blockhaus zum Weißen Haus". Während des Bürgerkriegs in den Vereinigten Staaten hatte er eine Division bei Shermans Marsch zum Meer kommandiert. Er führte auch das Kaltwellen-Signalsystem in der amerikanischen Armee ein und verfolgte 1870-71 im Auftrag seiner Regierung die Operationen der Deutschen.

Ich weiß nicht mehr, ob General Duff (der, wie man mir sagte, noch lebt) ebenfalls in offizieller Funktion in Versailles war, aber im Laufe des Gesprächs hörte er von dem Gespräch meines Vaters mit Colonel Walker und sprach mit General Hazen darüber. Hazen zögerte nicht, sondern kam zu meinem Vater, unterhielt sich kurz mit ihm, knöpfte seine Uniform auf, holte ein Etui mit Banknoten hervor und fragte meinen Vater, wie viel er wolle, wobei er ihm sagte, er solle sich nicht kneifen. Die ganze Transaktion war in wenigen Minuten abgeschlossen. Mein Vater wollte nicht ganz so viel nehmen, wie er von Colonel Walker verlangt hatte, aber General Hazen gab ihm etwa 20 oder 30 Pfund in Scheinen, von denen ein oder zwei später von einem der deutschen Juden, die damals in Versailles verkehrten und vom Goldmangel profitierten, gegen eine stattliche Summe eingetauscht wurden. Wir waren also zweimal den Vertretern der Vereinigten Staaten etwas schuldig. Den *Passierschein,* der uns die Ausreise aus Paris ermöglichte, hatte uns Mr. Washburne besorgt, und die Mittel, die uns eine bequeme Weiterreise ermöglichten, wurden uns von General Hazen zur Verfügung gestellt. Ich ziehe meinen Hut im Gedenken an diese beiden Herren.

Während der wenigen Tage, die wir in Versailles blieben, erhaschten wir einen Blick auf König Wilhelm und Bismarck, die wir beide bereits 1867 in Paris gesehen hatten, als sie Gäste von Napoleon III. waren. In meinem Tagebuch finde ich eine Notiz, die vielleicht von meinem Vater diktiert wurde: „Bismarck viel dicker und aufgedunsener." Eines Tages sahen wir ihn die Präfektur verlassen, wo der König sein Quartier hatte. Er blieb einen Moment draußen stehen, plauderte und lachte laut mit einigen anderen deutschen Persönlichkeiten, dann schritt er mit einem Begleiter davon. Er war erst fünfundfünfzig Jahre alt und zu dieser Zeit voller Energie, obwohl er in den letzten Jahren an Gewicht zugelegt haben und deshalb dem Tanzen abgeschworen haben könnte – seine letzte Partnerin beim Walzer war Mme. Carette gewesen, die Vorleserin der Kaiserin Eugénie, die er auf einem der Bälle von 1867 in den Tuilerien herausführte. Auch der König, den Bismarck im Begriff war, zum Kaiser zu machen, sah sehr gesund und munter aus. Doch der Sieger von Sedan war bereits 73 Jahre alt. Ich sah ihn nur während meines Aufenthaltes in Versailles zu Pferd. Meine Erinnerungen an ihn, Bismarck und Moltke gehören insbesondere dem Jahr 1872 an, als ich im Zusammenhang mit dem berühmten Treffen der drei Kaiser in Berlin war.

Mein Vater und ich blieben mit Mr. Wodehouse in Kontakt, von dem wir erfuhren, dass wir uns wegen weiterer Geleitbriefe an den deutschen General wenden müssten, der in Versailles kommandierte. Zunächst wurde uns mitgeteilt, dass von dem Plan, uns über Epernay, Reims und Sedan aus Frankreich zu schicken, nicht abgewichen werden könne, und dies entsprach keineswegs den Wünschen der meisten Engländer, die aus Paris gekommen waren, denn sie wollten nach Westen weiterreisen und sich eine Passage über den Kanal von Le Hâvre oder Dieppe aus sichern. Mein Vater und ich wollten ebenfalls nach Westen, aber um in die Bretagne zu gelangen, befanden sich meine Stiefmutter und ihre Kinder in Saint Servan, in der Nähe von Saint Malo. Schließlich beschlossen die deutschen Behörden, uns die Alternativrouten Mantes und Dreux zu geben, wobei die erstgenannte für diejenigen, die nach England wollten, vorzuziehen war. Auch mein Vater hatte sich für diese Route entschieden, da uns die Route über Dreux in eine

Region geführt hätte, in der Feindseligkeiten im Gange waren und wir uns womöglich plötzlich „aufgehalten" gefühlt hätten.

Die gesamte Gruppe britischer Flüchtlinge war nun auf fünfzehn oder sechzehn Personen beschränkt. Einige hatten das Warten satt und waren über die Sedan-Route geflohen, während andere – wie Kutscher und Stallburschen – sich entschlossen, in Versailles zu bleiben, nachdem sie bei deutschen Fürsten und Generälen Arbeit gefunden hatten. Auch Mr. Wodehouse blieb kurze Zeit dort. Er war schon vorher bei schlechter Gesundheit gewesen und hatte sich während unserer dreitägigen Fahrt in einem offenen Wagen eine Erkältung zugezogen. Da die meisten, die sofort nach England weiterreisten, nun fast zahlungsunfähig waren, wurde vereinbart, ihre Ausgaben für den Weg über die deutschen Linien zu bezahlen und jedem von ihnen eine Summe von fünfzig Schilling zu geben, damit sie sich auf den Weg Richtung Kanal machen konnten, sobald sie einen noch nicht besetzten Teil Frankreichs erreicht hatten. Colonel Walker gab natürlich so wenig Geld wie möglich aus.

In Versailles war es absolut unmöglich, Fahrzeuge zu mieten, die uns bis Mantes brachten, aber man versicherte uns, dass in Saint-Germain-en-Laye Transportmittel beschafft werden könnten; und so lieh Dr. Russell meinem Vater seinen kleinen Omnibus für die Fahrt in die letztgenannte Stadt und schickte gleichzeitig seinen Kurier, um bei weiteren Vorbereitungen behilflich zu sein. Ich erinnere mich nicht an die Nationalität des Kuriers, aber er sprach Englisch, Französisch und Deutsch, und seine Dienste waren äußerst nützlich. Wir fuhren über Rocquencourt nach Saint-Germain, wo wir eine Anzahl Landleute am Straßenrand fanden, die kleine Stände hatten, an denen sie Wein und Obst an die deutschen Soldaten verkauften. Dieser Teil der Umgebung von Paris schien weniger gelitten zu haben als die östlichen und südlichen Bezirke. Bisher hatte es auf dieser Seite nur einen Ausfall gegeben – den von Ducrot in Richtung La Malmaison. Es hatte jedoch die Belagerungstruppen vorübergehend alarmiert, und während wir in Versailles waren, erfuhr ich, dass am betreffenden Tag alles für König Wilhelms Abmarsch nach Saint Germain vorbereitet worden war, falls die Franzosen einen echten Erfolg erzielen sollten. Aber es erwies sich als eine kleine Angelegenheit, da Ducrots Truppen dem dafür erforderlichen Aufwand überhaupt nicht angemessen waren.

In Saint Germain half Dr. Russells Kurier bei der Beschaffung von Transportmitteln für unsere gesamte Gruppe, und bald fuhren wir in Richtung Mantes-la-Jolie, berühmt als die Stadt, in der Wilhelm der Eroberer auf Plünderung und Zerstörung die Verletzungen erlitt, die seinen Tod verursachten. Hier mussten wir uns beim deutschen Kommandanten melden, der zur allgemeinen Bestürzung zunächst seine Erlaubnis zur Weiterfahrt verweigerte. Er tat dies, weil die meisten der uns in Versailles ausgehändigten Passierscheine zunächst nur besagten, dass wir über Sedan reisen sollten; die Worte „oder Mantes oder Dreux" wurden später zwischen den Zeilen hinzugefügt. Diese Zeileneinfügung sei nicht korrekt, sagte der General in Mantes; es könne sogar eine Fälschung sein; jedenfalls könne er sie nicht erkennen, also müssten wir dorthin zurückkehren, woher wir gekommen waren, und zwar schnell – tatsächlich gab er uns nur eine halbe Stunde, um die Stadt zu verlassen! Glücklicherweise waren einige der Geleitbriefe jedoch nicht mit Zeilen versehen, sondern enthielten die Worte „Sedan oder Mantes oder Dreux" im Hauptteil des Dokuments. Als der General darauf hingewiesen wurde, kam er zu dem Schluss, dass wir ihn nicht betrügen wollten. Er widerrief daraufhin seinen vorherigen Befehl und beschloss, dass wir, da es bereits dunkel wurde, diese Nacht in Mantes bleiben und unsere Reise am nächsten Tag um 5.45 Uhr unter der Aufsicht einer Kavallerieeskorte fortsetzen könnten.

Nachdem wir uns ein paar Betten gesichert und in einem der Gasthäuser etwas zu Abend gegessen hatten, schlenderten mein Vater und ich durch die Stadt, die voller Ulanen und Husaren war. Die alte Steinbrücke über die Seine war von den Franzosen vor ihrer Räumung der Stadt gesprengt worden, und auch ein Teil der Eisenbahnlinie war von ihnen zerstört worden. Aber die Deutschen waren für das schreckliche Aussehen des Bahnhofs verantwortlich. Niemals mehr habe ich etwas gesehen, das ihm ähnelte. Tausende Glasscheiben von Fenstern oder Dächern waren in Atome zersplittert. Jeder Spiegel in Warte- oder Erfrischungsräumen war in Stücke geschlagen, jeder vergoldete Rahmen in kleine Stücke zerbrochen. Die Uhren lagen in kleinen Fragmenten herum; Rechnungsbücher und gedruckte Formulare waren in Fetzen gerissen; Trennwände, Stühle, Tische, Bänke, Kisten, Schubladensätze waren zerhackt, gespalten, zerbrochen und zu bloßen Holzstreifen zerfallen. Die großen Öfen waren umgestürzt und zerbrochen, und die Marmortheke mit den Erfrischungen – etwa neun Meter lang und früher ein Wahrzeichen des Bahnhofs – war nun mit Kies übersät. Es war in der Tat ein erstaunlicher Anblick, umso erstaunlicher, als eine solche Zerstörungsarbeit nicht ohne extreme Anstrengung hätte vollbracht werden können. Als wir zum Abendessen ins Gasthaus zurückkehrten, stellte ich einige Fragen. „Wer hat es getan?" „Die ersten deutschen Truppen, die hierherkamen", war die Antwort. „Warum haben sie es getan? War es, weil Ihre Männer die Telegrafendrähte durchgeschnitten und Teile des Gleises zerstört hatten?" „Oh nein! Sie erwarteten, im Erfrischungsraum etwas zu trinken zu finden, und als sie entdeckten, dass alles weggebracht worden war, machten sie sich daran, die Einrichtung zu zerstören!" Liebe, nette, ruhige deutsche Soldaten, die für ein paar Minuten auf den französischen Wein verzichteten!

Am Morgen verließen wir Mantes im Mondschein zur vereinbarten Zeit, allerdings ohne Eskorte. Entweder hatte der Kommandant die Sache vergessen, oder seine Männer hatten verschlafen. Am Stadtrand wurden wir von einem Wachposten angehalten, der unseren Pass zu einem Wachhaus brachte, wo ihn ein Unteroffizier im Licht einer Laterne inspizierte. Dann gingen wir noch etwa eine Achtelmeile weiter, als wir erneut angegriffen wurden, diesmal von der deutschen Vorhut. Als wir unsere Reise fortsetzten, bemerkten wir im Rücken eine kleine Gruppe Husaren, die uns nicht folgten, sondern plötzlich nach links abbogen, zweifellos auf einer Erkundungsexpedition. Wir waren jetzt jenseits der deutschen Linien, und die Morgendämmerung brach an. Dort war die Seine, mit mehreren Inseln in ihrem Schoß und einigen bewaldeten Höhen, die sich dahinter erhoben. Wir näherten uns dem Fluss, passierten das Dorf Rolleboise, das dem Haupttunnel der Westlinie seinen Namen gab, und fuhren durch das umstrittene Gelände, wo französische Francstireurs ständig auf der Jagd nach wagemutigen Ulanen waren. Schließlich erreichten wir Bonnières, einen kleinen Ort mit etwa sieben- oder achthundert Einwohnern am Rande von Seine-et-Oise; und dort mussten wir aussteigen, denn die Fahrzeuge, die uns aus Saint Germain gebracht hatten, konnten nicht weiterfahren.

Glücklicherweise konnten wir andere sichern und weiter in Richtung des Dorfes Jeufosse fahren, wo die nächsten französischen Außenposten errichtet waren. Wir hissten die weiße Flagge, aber die ersten französischen Wachen, denen wir begegneten, junge Burschen der Mobilgarde, weigerten sich eine Zeit lang, uns passieren zu lassen. Schließlich übergaben sie die Angelegenheit einem Offizier, der, als er herausfand, dass wir Engländer waren und aus Paris kamen, begann, sehr freundlich mit uns zu plaudern, alle üblichen Fragen über die Lage in der Hauptstadt zu stellen und die übliche Zufriedenheit darüber zum Ausdruck zu bringen, dass die Stadt noch durchhalten konnte. Als wir uns verabschiedeten, wünschte er uns herzlich *eine gute Reise*, und wir eilten weiter, immer noch dem Lauf der Seine folgend, in die kleine Stadt Vernon. Die neugierigen Einwohner umringten uns sofort und wollten unbedingt wissen, wer wir waren, woher wir kamen und wohin wir gingen. Aber wir blieben nicht viele Minuten, denn wir erfuhren plötzlich, dass die Eisenbahnverbindung nach Rouen erst in Gaillon begann, mehrere Meilen weiter, und dass es nur einen Zug pro Tag gab. Die Frage, die sich sofort stellte, war: Könnten wir es fangen?

Weiter ging es also, diesmal eine Reihe steiler Hügel hinauf, hinüber und hinab, bis wir schließlich den Bahnhof Gaillon erreichten und zu unserer Freude feststellten, dass der Zug erst in zwanzig Minuten abfahren würde. Alle unsere Gefährten hatten Fahrkarten nach Rouen, von wo aus sie nach Dieppe oder Le Hâvre weiterfahren wollten. Aber mein Vater und ich bogen ab, bevor wir die normannische Hauptstadt erreichten, und reisten, nachdem wir in Elbeuf angekommen waren, durch die Departements Eure und Orne und passierten Alençon auf unserem Weg nach Le Mans. Zwei- oder dreimal mussten wir von einem Zug in den anderen umsteigen. Die Fahrt ging extrem langsam voran und es gab unzählige Unterbrechungen. Die Gleise waren ständig mit mit militärischem Nachschub beladenen Wagen verstopft, und die Bahnhöfe waren voller Truppen, die in die eine oder andere Richtung unterwegs waren. In den Warteräumen fand man Scharen von Offizieren, die auf den Sofas, Stühlen und Tischen lagen und versuchten, ein paar Stunden Schlaf zu ergattern, während sich überall auf dem Boden und den Bahnsteigen Soldaten zu demselben Zweck ausgestreckt hatten. Nur sehr selten war etwas zu essen zu bekommen, aber glücklicherweise konnte ich mir in Alençon ein Brot, etwas Käse und eine Flasche Wein sichern. Es muss etwa ein Uhr morgens gewesen sein, als wir endlich Le Mans erreichten und feststellten, dass es für die nächsten vier oder fünf Stunden keinen Zug nach Rennes geben würde.

Der große Bahnhof von Le Mans war voller Verstärkungen für die Loire-Armee. Nachdem wir ein paar Minuten umhergeschlendert waren, setzten sich mein Vater und ich mit dem Rücken an eine Wand auf den Bahnsteig, denn es waren weder eine Bank noch ein Stuhl frei. Ab und zu machte sich ein Zug zur Abfahrt bereit, Männer wurden hastig zusammengerufen und dann in alle möglichen Waggons und Wagen geklettert. Ein verspäteter General eilte vorbei, begleitet von eifrigen *Adjutanten*. Ab und zu glitt einem Mobilgardisten, der zu viel getrunken hatte, ein Gewehr aus der Hand und fiel klirrend auf den Bahnsteig. Dann wurden Vorräte in Lastwagen verladen, Pfeifen ertönten, Motoren schnauften, und währenddessen schien der Bahnhof, obwohl ständig Männer abfuhren, so überfüllt zu sein wie immer. Als ich schließlich aufstand, um mich zu strecken, bemerkte ich an der Wand, an die ich gelehnt hatte, eine Proklamation Gambettas zu D'Aurelle de Paladines' Sieg über Von der Tann in Orleans. In einem anderen Teil des Bahnhofs hingen lithografierte Bekanntmachungen des Präfekten des Departements, die verschiedene aktuelle Regierungserlasse und Kriegsnachrichten, Scharmützel, Aufklärungen usw. enthielten. Endlich kam unser Zug an. Er bestand fast ausschließlich aus Waggons dritter Klasse mit Holzsitzen, und wir mussten uns mit dieser Ausstattung zufrieden geben.

Dann begann eine weitere lange und ermüdende Reise. Wieder reisten wir langsam, wieder gab es unzählige Zwischenstopps, wieder passierten wir Züge, die mit Soldaten überfüllt oder mit Kriegsmaterial vollgestopft waren. An einer Stelle, wo wir anhielten, stand ein Zug, der einige Dutzend Pferde transportierte, meist arme, jämmerliche alte Geschöpfe. Ich schaute und wunderte mich über ihren Anblick. „Sie sind aus England gekommen", sagte ein Mitreisender; „jedes Boot von Southampton nach Saint Malo bringt eine ganze Menge herüber." Es war unangenehm, sich vorzustellen, dass so traurig aussehende Tiere von den eigenen Landsleuten verschifft worden waren. Schließlich erreichten wir jedoch Rennes und konnten dort eine ordentliche Mahlzeit einnehmen und meiner Stiefmutter ein Telegramm schicken, das sie über unsere frühe Ankunft informierte. Es war jedoch spät, als wir in Saint Malo ankamen, von wo aus wir nach La Petite Amelia in Saint Servan fuhren.

Die letztgenannte Stadt beherbergte damals eine beträchtliche Kolonie von Engländern, unter denen das militärische Element überwog. Eine ganze Reihe von Halbsold- oder pensionierten Offizieren waren mit ihren Familien dorthin gezogen, da sie Jersey überfüllt fanden und sparsam leben wollten. Die Kolonie umfasste auch mehrere irische Grundbesitzer in bescheidenen Verhältnissen, die die unruhige Insel verlassen hatten, um der Ermordung durch „Rory of the Hills" und Leute seines Schlages zu entgehen. Darüber hinaus gab es mehrere unverheiratete Damen unterschiedlichen Alters, aber alle mit bescheidenen Mitteln; ein oder zwei Hofherren von hoher Abstammung, aber mit zahlreichen Nachkommen belastet; zusammen mit einem Reitlehrer, der Romane schrieb, und einem älteren Geistlichen, der vom Bischof von Gibraltar ernannt worden war. Ich wage zu behaupten, dass es in der Kolonie ein paar schwarze Schafe gegeben haben mag; aber das Bild, das Mrs. Annie Edwardes in ihrem Roman „Susan Fielding" von ihr zeichnete, war übertrieben, obwohl die Vorfälle, die sie in einem anderen ihrer Werke einfließen ließ, „Ought We to Visit Her?", wahr waren. Im Großen und Ganzen war die Kolonie Saint Servan sehr respektabel, auch wenn sie nicht über große Mittel verfügte. Als ich während meiner Ferien dorthin fuhr, traf ich viele junge Männer in meinem Alter oder ungefähr in diesem Alter, die meisten von ihnen stammten aus Militärfamilien. Es gab auch mehrere bezaubernde Mädchen, sowohl Engländerinnen als auch Irinnen. Mit den jungen Männern fuhr ich Boot, mit den jungen Damen spielte ich Krocket.

Während mein Vater und ich in Paris eingesperrt waren, hatten wir meiner Stiefmutter häufig per Ballonpost geschrieben, und als einige unserer Briefe dem Geistlichen der Kolonie gezeigt wurden, bat er um Erlaubnis, sie seiner Gemeinde vorzulesen – was er häufig tat, wobei er natürlich die privateren Passagen ausließ, aber alle Neuigkeiten und Kommentare zur Situation wiedergab, die die Briefe enthielten. Tatsächlich half dies dem ehrwürdigen Herrn aus einer Verlegenheit. Er war ein ausgezeichneter Mann, aber wie viele andere seines Standes wusste er nicht, wie man predigt. Tatsächlich schrieb ich ein oder zwei Jahre später selbst ein oder zwei Predigten für ihn, in die ich bestimmte für die Kolonie interessante Themen einarbeitete. Während der ersten Phase der Belagerung von Paris ersparte das Vorlesen der Briefe meines Vaters und meiner eigenen von der Kanzel am Ende des üblichen Gottesdienstes dem Pfarrer der Kolonie jedoch die Mühe, eine schlechte Predigt zu verfassen oder eine mittelmäßige aus einem vergessenen theologischen Werk herauszupicken. Als mein Vater in Saint-Servan ankam, zog er sich so weit wie möglich zurück, um sich vor seiner Weiterreise nach England eine Weile auszuruhen. Ich hingegen ging weitgehend wie gewöhnlich umher. Da ich durch meine von der Kanzel vorgelesenen Briefe und diverse andere Dinge zu einer Art „öffentlicher Persönlichkeit" geworden war, wurde ich sofort auf der Straße überfallen, in den Club und in Privathäuser geschleppt und dort von einem Dutzend oder zwanzig Veteranenoffizieren aus der Krim und Indien, die den Verlauf des Krieges mit leidenschaftlichem Interesse verfolgten, verhört und ins Kreuzverhör genommen.

Ein oder zwei Jahre zuvor hatte meine Stiefmutter außerdem eine enge Freundschaft mit einer der bedeutendsten französischen Familien der Stadt geschlossen. Der Vater, ein pensionierter Offizier der französischen Marine, sollte ein örtliches Marschbataillon befehligen, erkrankte jedoch unglücklicherweise und starb und hinterließ seiner Frau eine Tochter, ein schönes Mädchen, das ungefähr in meinem Alter war. Zu dieser Familie kamen nun die Eltern der Frau, ein älteres Ehepaar, die beim Vorrücken der Deutschen nach Paris den Vorort, in dem sie lebten, verlassen hatten. Ich war oft mit diesen Freunden in Saint Servan, und als wir von Paris dorthin kamen, drehte sich unser Gespräch natürlich um den Krieg. Da das Haus des alten Herrn in der Umgebung der Hauptstadt innerhalb der französischen Linien lag, hatte er keinen großen Grund, um seine Sicherheit zu fürchten, und außerdem hatte er die Vorsichtsmaßnahme getroffen, seine Wertsachen in die Stadt zu bringen. Aber er war zutiefst beunruhigt durch all die widersprüchlichen Nachrichten über die militärischen Operationen in den Provinzen, die gemeldeten Siege, die sich als Niederlagen herausstellten, die negativen Gerüchte über den Zustand der französischen Streitkräfte, den angeblichen Skandal im Lager von Conlie, wo die neueren bretonischen Aushebungen angeblich wie faule Schafe ausstarben, und viele andere Dinge. Jeden Abend, wenn ich diese Freunde besuchte, war das Gespräch das gleiche. Die Damen, die Großmutter, die Tochter und die Enkelin saßen da und nähten Kleidungsstücke für die Soldaten oder bereiteten Watte für die Verwundeten vor – das waren die ständigen Beschäftigungen der Frauen der Bretagne während all der Stunden, die sie von ihren häuslichen Pflichten erübrigen konnten – und währenddessen besprach der alte Herr mit mir sowohl die wahren als auch die falschen Nachrichten des Tages. Das Ergebnis dieser Gespräche war, dass ich, sobald mein Vater sich nach England begeben hatte, beschloss, selbst an die Front zu gehen, so viel Wahrheit wie möglich herauszufinden und tatsächlich „auf eigene Faust" Kriegskorrespondent zu werden. Bei dieser Entscheidung wurde ich außerdem von einem jener Jugendträume beeinflusst, die sich im Leben nur selten oder nie erfüllen.

IX

Der Krieg in den Provinzen

Erste Bemühungen der Delegierten der Nationalverteidigung – La Motte-Rouge und sein gefärbtes Haar – Der deutsche Vormarsch südlich von Paris – Moltke und König Wilhelm – Bourges, das deutsche Ziel – Merkmale von Beauce, Perche und Sologne – Französische Evakuierung von Orleans – Gambetta kommt in Tours an – Sein Koadjutor Charles Louis de Saulces de Freycinet – Gesamtstreitkräfte der Nationalverteidigung bei Gambettas Ankunft – D'Aurelle de Paladines verdrängt La Motte-Rouge – Die Affäre von Châteaudun – Cambriels – Garibaldi – Jessie White Mario – Edward Vizetelly – Der katholische Hass auf Garibaldi – Die Deutschen bei Dijon – Der geplante Entsatz von Paris – Trochus Irrtümer und Ducrots Pläne – Der französische Sieg bei Coulmiers – Planänderung in Paris – Meine Zeitungsarbeit – Mein Bruder Adrian Vizetelly – Die allgemeine Lage.

Als ich zu Beginn der zweiten Novemberhälfte von Paris kommend die Bretagne erreichte, konnte die Provinzdelegation der Regierung der Nationalen Verteidigung den Deutschen mit sehr beträchtlichen Kräften entgegentreten. Dies war jedoch unmittelbar nach Sedan nicht der Fall gewesen. Wie ich bereits zuvor ausgeführt habe, war – abgesehen von der Blüte der alten kaiserlichen Armee, die um Metz belagert war – eine für bloße Verteidigungszwecke viel zu große Streitmacht innerhalb der Linien eingeschlossen, mit denen die Deutschen Paris umschlossen. In den Provinzen war die Zahl der einsatzbereiten Truppen tatsächlich sehr gering. Der Justizminister Old Crémieux wurde bereits am 12. September aus Paris abgeschickt und nahm einen gewissen General Lefort mit, der sich um die militärische Organisation in den Provinzen kümmern sollte. Aber man setzte wenig oder gar kein Vertrauen in die dortigen Ressourcen. Die militärischen Mitglieder der Regierung der Nationalen Verteidigung – General Trochu, ihr Präsident, und General Le Flò, ihr Kriegsminister – hatten nicht die geringste Ahnung, dass die französische Provinz zu einer großen Anstrengung fähig sein könnte. Sie stützten sich hauptsächlich auf die gefangene Armee von Paris, wie aus all ihren Depeschen und späteren Entschuldigungen hervorgeht. Glais-Bizoin folgte Crémieux jedoch nach Tours, wo die Regierungsdelegation sich niederlassen sollte, und er wurde von Admiral Fourichon, dem Marineminister, begleitet. Als die neuen Behörden die Loire-Region erreichten, fanden sie dort einige Bataillone der Mobile Guards vor, die schlecht bewaffnet und schlecht ausgerüstet waren, ein Bataillon Scharfschützen, das zuvor aus Algerien gebracht worden war, ein oder zwei Artilleriebatterien und eine Kavalleriedivision aus vier Regimentern unter dem Kommando von General Reyau. Diese Division war in den letzten

Tagen des Kaiserreichs zusammengestellt worden und sollte nach Mezières geschickt werden, um Mac-Mahon bei seinen Bemühungen zu unterstützen, Bazaine zu helfen; als sie dort jedoch nicht ankam, hatte sie nur einige vergebliche Versuche unternommen, den Vormarsch der Deutschen auf Paris aufzuhalten, und war dann in den Süden der Hauptstadt zurückgefallen.

General Leforts erste Aufgabe war es, die notwendigen Elemente für ein zusätzliches Armeekorps – das 15. – zu sammeln, und er rief den erfahrenen General de la Motte-Rouge zu Hilfe, der früher ein sehr fähiger Offizier war, jetzt aber fast 70 Jahre alt war und dessen besondere Angewohnheit es war, sich die Haare zu färben und so zu versuchen, nicht älter als 50 auszusehen. Zweifellos nahm der berühmte Prinz von Condé mit dem Adlerblick im 17. Jahrhundert zwanzig Perücken mit, wenn er in einen Feldzug aufbrach; aber selbst eine solche Vorgehensweise ist für die modernen Kriegsbedingungen nicht geeignet, obwohl zugegeben werden muss, dass es weniger Zeit in Anspruch nimmt, die Perücke zu wechseln, als sich die Haare färben zu lassen. Letztere Vorgehensweise kann einem Mann natürlich helfen, bei Paraden eine gute Figur zu machen, aber auf dem Schlachtfeld ist sie nutzlos. In einer Kontroverse, die nach der Veröffentlichung von Zolas Roman „La Débâole" aufkam, gab es widersprüchliche Beweise darüber, ob die Wangen von Napoleon III. geschminkt waren oder nicht, um seine grausige Blässe am verhängnisvollen Tag von Sedan zu verbergen. Das mag für immer ein strittiger Punkt bleiben; aber ich denke, es ist sicher, dass in den letzten beiden Jahren seiner Herrschaft sein Schnurrbart und sein „Imperial" gefärbt waren.

Doch lassen Sie mich zur Landesverteidigung zurückkehren. Paris wurde, wie ich bereits erwähnte, am 19. September eingenommen. Am 22. besetzte eine bayerische Truppe das Dorf Longjumeau, das in meinem Reisebericht nach Versailles erwähnt wird. Ein paar Tage später brach die Vierte Division deutscher Kavallerie unter dem Kommando von Prinz Albert (dem Älteren) von Preußen nach Süden durch die Departements Eure-et-Loir und Loiret auf und marschierte in Richtung Artenay in Richtung Orleans. Diese Division, die zunächst auf wenig Widerstand stieß, gehörte zu einer Truppe, die von der Hauptarmee des Kronprinzen von Preußen abgezogen und dem Kommando des Großherzogs Friedrich Franz von Mecklenburg-Schwerin unterstellt wurde. In der Nähe dieser „Armée-Abtheilung", wie die Deutschen sie nannten, befand sich das erste bayerische Armeekorps, das am Tag von Sedan bei Bazeilles gekämpft hatte. Es wurde von General von und zu der Tann-Rathsamhausen kommandiert, der allgemein von der Tann genannt wurde, *tout court*.

Als Prinz Albert von Preußen bei seiner Annäherung an Artenay feststellte, dass   sich
in der Gegend eine große Zahl französischer Soldaten befand, sowohl

reguläre als auch irreguläre, d. h. Franctireurs, hielt er es für das Beste, sich nach Toury und Pithiviers zurückzuziehen. Doch sein Auftauchen so weit im Süden hatte ausgereicht, um den französischen Befehlshaber in Orleans, General de Polhès, zu beunruhigen, der seinen Männern sofort befahl, die Stadt zu räumen und sich teils nach Blois, teils nach La Motte-Beuvron zurückzuziehen. Diese Kleinmütigkeit erzürnte die Delegierten der Nationalverteidigung, und Polhès wurde vorübergehend durch General Reyau und später (5. Oktober) durch La Motte-Rouge abgelöst.

Heute weiß man, dass die Deutschen zunächst ratlos waren, was sie nach der Belagerung von Paris am besten tun sollten. Moltke hatte keine lange Belagerung der französischen Hauptstadt erwartet. Er hatte sich vorgestellt, dass die Stadt sich schnell ergeben und der Krieg dann zu Ende sein würde. Obwohl er das Land zwischen dem Rhein und Paris gut kannte, hatte er viel weniger Ahnung von anderen Teilen Frankreichs. Und obwohl er seit langem wusste, wie viele Männer die militärische Organisation des Kaiserreichs ins Feld schicken konnte, unterschätzte er zweifellos die weiteren Ressourcen der Franzosen und rechnete nicht mit einem heftigen Widerstand der Provinzen. Sein Herrscher, König Wilhelm, schätzte die Dauer des Kampfes richtiger ein und korrigierte, wie ich in meinem vorherigen Buch „Das republikanische Frankreich" erwähnte, mehr als einmal die Fehler des großen deutschen Strategen.

Das Ziel der Angreifer in Zentralfrankreich war Bourges, die alte Hauptstadt von Berry, die für ihre Waffen- und Munitionsfabriken bekannt war. In den Tagen, als die Truppen unseres Heinrich V. Frankreich überrannten, war es der Ort, an dem sich Karl VII. zurückzog, bevor er von Agnes Sorel oder Jeanne d'Arc inspiriert wurde. Um einer aus Paris kommenden Armee die Einnahme von Bourges zu ermöglichen, ist es zunächst notwendig – wie ein Blick auf jede Karte Frankreichs zeigt –, den Besitz von Orleans zu sichern, das am nördlichsten Punkt, sozusagen am Scheitelpunkt des Laufs der Loire, liegt und nur etwa 68 Meilen von Paris entfernt ist. Gleichzeitig ist es ratsam, jeden Vorstoß auf Orleans im Westen durch einen entsprechenden Vorstoß auf Chartres und von dort auf Châteaudun abzusichern. Dies wurde der deutsche Plan, und während eine Truppe unter General von Wittich auf Chartres marschierte, näherten sich von der Tanns Männer Orleans durch die Region Beauce.

Vom Wald von Dourdan im Norden bis zur Loire im Süden und von der Region Chartres im Westen bis zum Gatinais im Osten ist dieses große Getreideanbauplateau (der Schauplatz von Zolas berühmtem Roman „La Terre") nahezu eben. Obwohl der Boden sehr fruchtbar ist, gibt es in Beauce nur wenige Wasserläufe, und keiner von ihnen ist außerdem so beschaffen, dass er den Marsch einer Armee behindert. Die Straßen sind von verkrüppelten Ulmen gesäumt, und hier und da sieht man ein kleines

Wäldchen, einen verstreuten Bauernhof, ein kleines Dorf, zusammen mit vielen Reihen von Schornsteinen. Das Ganze bildet im Spätherbst und im Winter – wenn Orkane, Regen und Schneestürme über die große Fläche fegen – ein so trostloses Bild, wie es sich der melancholischste Mensch nur wünschen kann. Während es kein natürliches Hindernis gibt, das den Vormarsch eines Eindringlings behindern könnte, gibt es auch keine Deckung zur Verteidigung. Auf der ganzen Strecke von Chartres nach Orleans wird die Hauptstraße nicht ein einziges Mal von einem Fluss gekreuzt. Fast alle der wenigen Flüsse, die es in der Gegend gibt, verlaufen von Süden nach Norden und bieten keine Verteidigung gegen eine Armee, die aus Richtung Paris kommt. Die Gegend ist eher für den Einsatz von Kavallerie und Artillerie geeignet als für den von Fußsoldaten.

Die Gegend um Chartres ist besser bewässert als die um Beaude. In beiden Bezirken von Perche, in Richtung Mortagne oder Nogent-le-Rotrou, ist das Land im Westen hügeliger und bewaldeter; Hecken, Gräben und enge Pfade sind dort reichlich vorhanden. In solchen Bezirken kann Infanterie gut zu Verteidigungszwecken eingesetzt werden. Jenseits des Loir – nicht der Loire – südsüdwestlich von Chartres liegt das Pays Dunois, das ist der Bezirk Châteaudun, eine kleine Stadt, die im Norden und Westen durch den Loir und die Conie sowie durch die Hügel, zwischen denen diese Flüsse fließen, geschützt ist, aber jedem Angriff aus dem Osten ausgesetzt ist, aus welcher Richtung die Deutschen sie natürlicherweise angingen.

Jenseits der Loire, südöstlich von Beauce und Orleans, liegt die Schafzuchtregion Sologne, die die Deutschen hätten durchqueren müssen, wenn sie ihren geplanten Marsch auf Bourges fortgesetzt hätten. Kavallerie und Artillerie sind hier wenig hilfreich, da das Land voller Flüsse, Teiche und Sümpfe ist. Ganz abgesehen von natürlichen Hindernissen war jedoch kein Vormarsch auf Bourges möglich, solange die Franzosen Orleans hielten; und selbst als diese Stadt in die Hände der Deutschen gefallen war, zwang die Anwesenheit großer französischer Streitkräfte im Westen die Invasoren, die Feindseligkeiten in diese Richtung zu verlagern und ihren geplanten Marsch nach Süden aufzugeben. So wurde der Feldzug, der mich interessierte, hauptsächlich in den Departements Eure-et-Loir, Loiret, Loir-et-Cher und Sarthe geführt und endete schließlich in Mayenne.

Unter den Truppen, die La Motte-Rouge unter seinem Kommando hatte, herrschte große Disziplinlosigkeit. Ein Angriff von der Tanns nördlich von Orleans am 10. Oktober führte zum Rückzug eines Teils der französischen Streitkräfte. Am folgenden Tag, als die Franzosen 12.000 bis 13.000 Mann im Einsatz hatten, wurden sie schwer geschlagen; etwa 1.800 ihrer Männer wurden außer *Gefecht gesetzt* und ebenso viele gefangen genommen. Dieser Rückschlag, der teilweise auf einige Fehler La Motte-Rouges und teilweise auf die minderwertige Qualität seiner Truppen zurückzuführen war, führte zur sofortigen Räumung von Orleans. Genau in diesem Moment erschien Gambetta auf der Bildfläche. Man wird sich erinnern, dass er Paris am 7. Oktober verlassen hatte; am 8. war er in Rouen, am 9. traf er sich mit den anderen Regierungsdelegierten in Tours und am 10. – am Vorabend von La Motte-Rouges Niederlage – wurde er Kriegsminister und Innenminister.

Zuvor hatte Admiral Fourichon das Ressort für den Krieg in den Provinzen innegehabt, mit General Lefort als seinem Assistenten. Fourichon war jedoch im Zusammenhang mit einem kommunistischen Aufstand zurückgetreten, der Ende September in Lyon stattgefunden hatte, als der Präfekt Challemel-Lacour vorübergehend von den Aufständischen gefangen genommen, später jedoch von einigen loyalen Nationalgardisten freigelassen wurde. [Siehe mein Buch „The Anarchists: Their Faith and their Record", John Lane, 1911.] Challemel-Lacour beschwerte sich, dass General Mazure, der Garnisonskommandeur, bei dieser Gelegenheit seine Pflicht nicht erfüllt hatte, und ließ ihn verhaften. Fourichon, der sich auf die Seite des Generals stellte, trat daraufhin vom Kriegsministerium zurück und Crémieux übernahm es bis zu Gambettas Ankunft. Man kann sich durchaus fragen, wie man erwarten konnte, dass die militärischen Angelegenheiten Frankreichs gedeihen würden, wenn sie solch erbärmlichen Streitereien unterworfen waren.

Unter den Männern, die Gambetta in Tours vorfand, befand sich ein Ingenieur, der nach der Revolution vom 4. September zum Präfekten von Tarn-et-Garonne ernannt worden war, aber, da er mit den Extremisten von Montauban in Konflikt geriet, so wie Challemel-Lacour mit denen von Lyon in Konflikt geraten war, seine Ämter umgehend niederlegte. Sein Name war Charles Louis de Saulces de Freycinet, und obwohl er in Foix in der Nähe der Pyrenäen geboren wurde, gehörte er einer alten Familie aus dem Dauphiné an. Zu dieser Zeit (Oktober 1870) war Freycinet fast 42 Jahre alt. Nach Abschluss seines Ingenieurstudiums an der Ecole Polytechnique hatte er verschiedene Posten in Mont-de-Marsan, Chartres und Bordeaux inne, bevor er 1864 die Stelle des Verkehrsleiters des Chemin de Fer du Midi erhielt. Anschließend wurde er mit verschiedenen Auslandsmissionen betraut, und 1869 krönte das Institut de France eine kleine Arbeit von ihm über die Beschäftigung von Frauen und Kindern in englischen Fabriken. Bergbauingenieurwesen war sein Spezialgebiet, doch er war äußerst vielseitig und einfallsreich und erregte sofort die Aufmerksamkeit Gambettas. Man muss ihm zugutehalten, dass er in dieser Stunde der Krise alle Vorurteile beiseite schob. Er kümmerte sich nicht um die Vorgeschichte eines Mannes, der bereit war, bei der Verteidigung Frankreichs mitzuhelfen. Und so wählte Gambetta Freycinet, obwohl er aus einem alten Adelsgeschlecht stammte und sich unter dem Kaiserreich einen Namen gemacht hatte, das ihn zuerst zum Ritter und dann zum Offizier der Ehrenlegion ernannt hatte, sofort zu seinem Kabinettschef und Delegierten in militärischen Angelegenheiten.

Zu diesem Zeitpunkt hatte die Nationalverteidigung nur 40.000 Mann reguläre Infanterie, eine gleiche Anzahl Mobilgardisten, 5.000 bis 6.000 Kavalleristen und etwa 100 Geschütze, einige davon veralteter Bauart und mit sehr wenigen Mann zu ihrer Bedienung im Einsatz. Es gab zwar eine ganze Menge Männer in verschiedenen Regimentsdepots, zusammen mit Mobilgardisten und Nationalgardisten in allen nicht besetzten Provinzen Frankreichs; aber alle diese mussten ausgebildet, ausgerüstet und bewaffnet werden. Dies war der erste Teil der großen Aufgabe, die vor Gambetta und Freycinet lag. Innerhalb eines Monats jedoch – abgesehen davon, was in anderen Teilen des Landes geschah – hatte Frankreich allein an der Loire eine Armee von 100.000 Mann, die zumindest für einen Moment das Kriegsglück wendete. Gleichzeitig möchte ich hinzufügen, dass die Delegierten der Nationalen Verteidigung vor Gambettas Eintreffen auf der Bühne begonnen hatten, einige kleine Truppenteile sowohl in der Normandie als auch in der Picardie und im Artois zu konzentrieren, wobei letztere den ersten Kern der Nordarmee bildeten, die später von Faidherbe kommandiert wurde. Darüber hinaus gab es im Osten Frankreichs eine Truppe unter General Cambriels, deren Aufgabe es war, die deutschen Kommunikationswege in den Vogesen abzuschneiden.

Von der Tann besetzte nach dem Sieg über La Motte-Rouge Orléans, während sich die Franzosen über die Loire nach La Motte-Beuvron und Gien zurückzogen, südlich und südöstlich ihrer früheren Stellungen. Gambetta musste sofort handeln. Er tat dies, indem er La Motte-Rouge von seinem Kommando entzog und es D'Aurelle de Paladines übertrug. Letzterer, ein General auf der Reserveliste mit hervorragenden Leistungen, war in seinem 66. Lebensjahr und 1804 in Languedoc geboren. Er war ein talentierter Organisator und als disziplinarischer Mann bekannt, aber er wurde alt und schien sowohl in sich selbst als auch in seine Männer Vertrauen zu haben. Als D'Aurelle ernannt wurde, wollte von der Tann gemäß Moltkes Anweisungen auf Bourges vorrücken und schlug dabei vor, Orléans zu räumen; dies wurde jedoch von König Wilhelm und dem Kronprinzen verboten, und in der Folge erlitt der bayerische General eine Zurückweisung bei Salbris, die seinen Vormarsch nach Süden behinderte. D'Aurelle, der immer noch Bourges und Vierzon deckte, hatte dank der Bemühungen von Gambetta und Freyeinet bald 60.000 Mann unter seinem Kommando. Doch der Feind rückte nun westlich von Orleans vor, wo sich am 18. Oktober die tragische Affäre von Châteaudun ereignete. Die deutsche Kolonne, die auf dieser Seite unter General von Wittich operierte, bestand aus 6.000 Infanteristen, vier Batterien und einem Kavallerieregiment, die von Osten her auf Châteaudun vorrückten und auf Widerstand der Dorfbewohner von

Varize und Civry stießen, diese gnadenlos niederschossen und alle ihre Häuser (etwa 130 an der Zahl) in Brand steckten. Diese Strafe hielt die Nationalgarde von Châteaudun und die sich ihnen angeschlossenen Francstireurs jedoch nicht davon ab, den Invasoren energisch Widerstand zu leisten, obwohl die letzteren allein zahlenmäßig sieben zu eins überlegen waren. Dem erbitterten Kampf folgten schreckliche Szenen. Die meisten Freikämpfer, die bei dem Gefecht nicht gefallen waren, traten den Rückzug an. Als die Deutschen dies entdeckten, scheuten sie sich nicht, eine Reihe von Zivilisten, darunter auch Frauen und Kinder, niederzuschießen. Für sie war allein der Name Freikämpfer wie ein rotes Tuch für einen Stier.

Ich erinnere mich noch an die Aufregung, die die Nachrichten über die Châteaudun-Affäre im belagerten Paris auslösten. Und als ich die Hauptstadt einige Wochen später verließ, hörte ich ständig davon reden. Vergeblich versuchten die Deutschen, die Wahrheit zu beschönigen. Die Beweise waren zu zahlreich und die Wirklichkeit zu schrecklich. Zweihundertfünfunddreißig Häuser der kleinen Stadt wurden den Flammen übergeben. Zum ersten Mal im gesamten Kriegsverlauf wurden Frauen absichtlich angegriffen, und ein paar deutsche Prinzen entehrten ihre hohe Stellung in einer betrunkenen und brandstiftenden Orgie.

In der Zwischenzeit war Cambriels im Osten Frankreichs mit seinem Versuch gescheitert, die deutschen Verbindungen zu unterbrechen, und er war gezwungen, den Rückzug anzutreten. Man muss ihm allerdings sagen, dass seine Truppen ein sehr trauriger Haufen waren, auf den man sich nicht verlassen konnte. Sie waren nicht nur schlecht diszipliniert und der Trunksucht verfallen, sondern sie neigten auch zu Plünderungen und Brandschatzungen und waren den Männern, die der deutsche General von Werder gegen sie anführte, in keiner Weise gewachsen. Garibaldi, der italienische Befreier, hatte Frankreich kurz nach dem Fall des Zweiten Kaiserreichs sein Schwert angeboten. Am 8. Oktober – also einen Tag vor Gambetta – traf er in Tours ein, um ein Kommando wie das von Cambriels im Osten Frankreichs zu arrangieren. Die kleine Vogesenarmee, die schließlich unter seinem Befehl aufgestellt wurde, bestand aus sehr heterogenen Elementen. In ihren Reihen befanden sich Italiener, Schweizer, Polen, Ungarn, Engländer und ebenso Franzosen. Der General konnte nicht als sehr alt bezeichnet werden, da er tatsächlich erst dreiundsechzig Jahre alt war, aber er hatte ein ereignisreiches und beschwerliches Leben geführt; und wie man sich erinnern wird, war er seit der Affäre von Aspromonte im Jahr 1862 lahm und wurde allmählich immer gebrechlicher. Er hatte jedoch zwei seiner Söhne bei sich, Menotti und Ricoiotti (der zweite war ein fähigerer Soldat als der erste), und mehrere fähige Männer, wie seinen Landsmann Lobbia und den Polen Bosak-Hauké. Sein Stabschef Bordone, früher Marinearzt, war jedoch ein sehr pingeliger Mensch, der sich für ein militärisches Genie hielt. Unter den Engländern, die bei Garibaldi waren, waren Robert Middleton und mein Bruder Edward Vizetelly; und es gab eine Engländerin, Jessie White Mario, Tochter von White, dem Bootsbauer aus Cowes, und Witwe von Mario, Garibaldis Waffengefährten in den glorreichen Tagen der Befreiung. Mein Bruder erzählte mir oft, dass Mme. Mario fühlte sich in der Ambulanz ebenso wohl wie in einem Krankenwagen, denn sie war eine ausgezeichnete Krankenschwester und eine bewundernswerte Reiterin sowie eine gute Schützin. Sie ist eine der Frauen, an die ich denke, wenn ich höre oder lese, dass die Mitglieder des anderen Geschlechts nicht miteinander kämpfen können. Aber das ist natürlich nur die Meinung einiger Mediziner und Zeitungsleute.

Mme. Mario steuerte eine Reihe von Artikeln zu den *Daily News* bei. Das tat auch mein Bruder – er schloss sich Garibaldis Streitkräften zunächst als Korrespondent *der Daily News* an –, wurde aber rasch Ordonnanz des Generals und später Hauptmann im Stab. Er war bei den Schlachten von Dijon und Autun dabei und diente unter Lobbia bei der Entsatzschlacht von Langres. Einige französische Historiker der letzten Zeit haben so abschätzig über die kleine Vogesenarmee geschrieben, dass es mir leid tut, dass mein Bruder keine bleibenden Aufzeichnungen seiner Erlebnisse hinterlassen hat. Garibaldis Aufgabe war nicht leicht. Erstens zögerte die Nationale Verteidigung, ihn einzustellen; zweitens wollte man ihn Cambriels unterordnen, und er lehnte eine solche Position ab; nicht, dass er Einwände gehabt hätte, unter einem Vorgesetzten zu dienen, der ihn fair behandelt hätte, sondern weil er, Garibaldi, ein Freidenker war und wusste, dass er von den streng katholischen Generälen wie Cambriels zutiefst verabscheut wurde. Wie es der Zufall wollte, sicherte er sich ein unabhängiges Kommando. Aber um diese Macht auszuüben, musste er in verschiedener Weise mit Cambriels zusammenarbeiten, und in späteren Jahren erzählte mir mein Bruder, wie schändlich Cambriels sich mehr als einmal gegenüber den Garibaldi-Streitkräften verhalten hatte. Es war in der Tat eine Wiederholung dessen, was zu Beginn des Krieges geschehen war, als unter bestimmten Marschällen und Generälen so große Eifersucht herrschte, dass einer lieber zuließ, dass der andere besiegt wurde, als ihm „beim Klang der Kanonen" zu Hilfe zu marschieren.

Ich erinnere mich auch, wie mein Bruder mir erzählte, dass der Garnisonskommandeur den Garibaldianern zunächst den Zutritt zur Stadt verweigerte, als Langres (das in der Haute Marne westlich der Aube und der Côte d'Or liegt) von Lobbias Kolonne entlastet wurde. Er war bereit, sich notfalls den Deutschen zu ergeben, aber der Gedanke, dass er, ein frommer Katholik, einer Bande ungläubiger Räuber wie den Garibaldianern, die dem Papst feind waren, Hilfe schuldete, war ihm absolut zuwider. Glücklicherweise kam diese Art von Gefühl in Westfrankreich nicht zum

Vorschein. Es gab einen Moment lang ein paar kleine Schwierigkeiten bezüglich der Position von Cathélineau, dem Nachkommen des berühmten Vendée-Führers, aber im Großen und Ganzen unterstützten sich Katholiken, Royalisten und Republikaner loyal, angetrieben von einem gemeinsamen Patriotismus.

Das Scheitern von Cambriels Versuchen, die deutschen Kommunikationswege zu unterbrechen, und die relativ geringe Bedeutung der Garibaldi-Streitkräfte inspirierten Gambetta zu der Idee, eine große Ostarmee aufzustellen, die mit Langres, Belfort und Besançon als Stützpunkten in diesem Teil Frankreichs energisch in die Offensive gehen sollte. Moltke hatte jedoch bereits General von Werder den Befehl gesandt, die sich zurückziehenden Cambriels zu verfolgen. Auf verschiedene Gefechte folgte Ende Oktober ein deutscher Marsch auf Dijon. Zu dieser Zeit befanden sich 12.000 oder 13.000 Mobile Guards in der Côte d'Or, aber kein General befehligte sie. Die Befehlsgewalt lag bei einem Zivilisten, Dr. Lavalle. Die in Dijon und Beaune versammelten Streitkräfte beliefen sich einschließlich der regulären Truppen und der Nationalgarde auf etwa 20.000 Mann, aber sie waren sehr schlecht ausgerüstet und bewaffnet, und ihre Offiziere waren wenige und von sehr mittelmäßiger Fähigkeit. Werder näherte sich Dijon etwas zögerlich, wie jemand, der sich seines Terrains oder der Stärke des Feindes vor ihm nicht sicher ist. Doch die Franzosen waren durch sein Herannahen alarmiert und am 30. Oktober wurde Dijon geräumt und bald darauf von Werder mit zwei Brigaden besetzt.

Drei Tage zuvor hatte Metz kapituliert, und Frankreich taumelte unter dem unerwarteten Schlag, trotz aller leidenschaftlichen Proklamationen, mit denen Gambetta Hoffnung zu vermitteln und Patriotismus zu wecken versuchte. Bazaines Kapitulation bedeutete natürlich die Freilassung der Streitkräfte unter Prinz Friedrich Karl, die er eingesetzt hatte, und ihre Verlegung in andere Teile Frankreichs, um die Invasion energischer durchzuführen. Werder sollte nach der Besetzung Dijons westwärts durch das Nivernais vorrücken, um andere Streitkräfte bei den Plänen für Bourges zu unterstützen. Doch einige Tage vor der tatsächlichen Einnahme Metz' schickte Moltke ihm andere Anweisungen, in denen er erklärte, er solle Bourges nicht weiter berücksichtigen, sondern Dijon halten und sich in Vesoul konzentrieren und Langres und Besançon im Auge behalten. Für einen Moment jedoch eroberten 3600 Franzosen unter einem Offizier namens Fauconnet plötzlich Dijon zurück, obwohl dort mehr als 10.000 Badener unter General von Beyer stationiert waren. Unglücklicherweise kam Fauconnet bei diesem Vorfall ums Leben, es kam zu einer erneuten Evakuierung der burgundischen Hauptstadt und die Deutschen blieben für mehr als zwei Monate in der Gewalt der Stadt.

Im Westen wurde die Loire-Armee dank der unermüdlichen Anstrengungen von Gambetta, Freycinet und D'Aurelle stetig vergrößert und gefestigt. Letzterer trug zweifellos viel zur Organisation der Streitkräfte bei, obwohl er wenig geneigt war, seine Linien zu verlassen und in die Offensive zu gehen. Zweifellos war es diese Armee, auf die Gambetta seine größten Hoffnungen gründete. Die ihr zugewiesene Aufgabe war größer als die jeder anderen Armee, die allmählich Gestalt annahm – tatsächlich bestand sie darin, das belagerte Paris zu entsetzen.

Trochus eigene Erinnerungen zeigen, dass er zu Beginn der Belagerung nur daran dachte, in der Defensive zu bleiben. In diesem Zusammenhang wird heute angenommen, dass er die deutsche Stimmung falsch eingeschätzt hat, dass er sich angesichts der energischen Angriffe der Alliierten auf Sewastopol - er befand sich, wie wir wissen, zu dieser Zeit auf der Krim - vorstellte, dass die Deutschen ähnlich energische Angriffe auf Paris unternehmen würden. Er erwartete keine lange und sozusagen passive Belagerung, eine bloße Blockade, bei der sich die Belagerungsarmee damit begnügen würde, die Versuche der Belagerten, ihre Linien zu durchbrechen, abzuwehren. Er wusste, dass die Deutschen sich im Fall von Straßburg und einigen anderen östlichen Festungen anders verhalten hatten, und erwartete ein ähnliches Vorgehen gegenüber der französischen Hauptstadt. Aber die Deutschen zogen es vor, sowohl gegenüber Metz als auch gegenüber Paris eine abwartende Politik zu verfolgen. Es wurde gesagt, dass dies weniger die Idee Moltkes als die Bismarcks war, dessen berühmter Ausspruch, man solle die Pariser in ihrem eigenen Saft schmoren lassen, in Erinnerung bleiben wird. Man sollte jedoch auch bedenken, dass sowohl Metz als auch Paris von großen Streitkräften verteidigt wurden und dass es wenig Aussicht auf Erfolg eines *Handstreichs gab* ; während ein Bombardement zwar eine gewisse moralische Wirkung haben könnte, aber vermutlich nur sehr geringe materielle Auswirkungen haben würde. Metz wurde nicht wirklich bombardiert und der Versuch, Paris zu bombardieren, wurde um mehrere Monate verschoben. Als es schließlich doch geschah, wurden eine Reihe von Gebäuden beschädigt, 100 Menschen getötet und 200 verletzt – eine materielle Auswirkung, die man im Fall einer so großen und bevölkerungsreichen Stadt nur als absolut unbedeutend bezeichnen kann.

Trochus Idee, lediglich in der Defensive zu bleiben, gefiel seinem Koadjutor General Ducrot nicht. Dieser hatte am Tag von Sedan die deutschen Linien durchbrechen wollen und wollte sie nun rund um Paris durchbrechen. Ihm kamen verschiedene Pläne. Einer bestand darin, einen Ausfall in Richtung Le Bourget und der Ebene von Saint Denis zu machen, aber ein Ausbruchsversuch im Norden schien sinnlos, da die Deutschen Laon, Soissons, La Fère und Amiens hielten. Es gab auch die Idee, einen Versuch im Süden in Richtung Villejuif zu machen, aber alles schien darauf hinzudeuten, dass die Deutschen auf dieser Seite der Stadt extrem stark waren und einen großen Teil des umliegenden Landes besetzten. Die Frage eines Ausfalls im Osten, über die Marne, wurde ebenfalls diskutiert und aus verschiedenen Gründen verworfen; Die Idee, die schließlich angenommen wurde, bestand darin, über die Halbinsel Gennevilliers auszubrechen, die im Nordwesten durch den Lauf der Seine gebildet wurde, und dann (nachdem die Höhen von Cormeil gesichert waren) die Oise zu überqueren und anschließend nach Rouen zu marschieren, wo es möglich sein würde, die Armee mit Lebensmitteln zu versorgen. Darüber hinaus sollten Anweisungen in die Provinzen geschickt werden, damit sowohl die Streitkräfte an der Loire als auch die im Norden in Richtung Normandie vorstoßen und sich dort mit der Armee aus Paris vereinigen könnten, so dass zwischen Dieppe, Rouen und Caen eine Viertelmillion Mann vorhanden wäre. Trochu stimmte schließlich diesem Plan zu und hegte sogar die Hoffnung, dass er Paris über die Seine wieder mit Lebensmitteln versorgen könnte, zu welchem Zweck eine Flottille von Booten vorbereitet wurde. Ducrot und er erwarteten, bis zum 15. oder 20. November bereit zu sein, aber es wird gesagt, dass sie in ihren Vorbereitungen durch die Einwände von Guiod und Chabaud-Latour behindert wurden, ersterer ein Ingenieur und letzterer ein Artilleriegeneral. Darüber hinaus führte der Verlauf der Ereignisse in der Provinz plötzlich zu einer völligen Umkehrung von Ducrots Plänen.

Am 9. November besiegte D'Aurelle de Paladines Von der Tann bei Coulmiers, westlich von Orleans. Die jungen französischen Truppen verhielten sich außerordentlich gut, aber da D'Aurelle den Sieg nicht mit genügend Nachdruck fortsetzte, blieb er einigermaßen unvollständig, obwohl er die Deutschen dazu zwang, Orleans zu räumen. Insgesamt war dies der erste nennenswerte Erfolg der Franzosen seit Kriegsbeginn, und er trug viel dazu bei, die seit dem Fall von Metz gedämpfte Stimmung wiederzubeleben. Ein weiteres Ergebnis war, dass Ducrots Pläne für den Ausfall nach Paris geändert wurden. Er und Trochu hatten den Provinzarmeen bisher wenig Beachtung geschenkt, und der Erfolg von Coulmiers kam für sie überraschend und wie eine Offenbarung. Es gab also tatsächlich eine Armee der Loire, und sie rückte von Orleans aus auf Paris vor. Die Pariser Streitkräfte mussten daher nach Südosten ausbrechen und sich mit dieser Entsatzarmee im Wald von Fontainebleau oder in der Nähe davon zusammentun. Daher wurden sämtliche Vorbereitungen für einen Ausfall über Gennevilliers aufgegeben und andere begannen mit einem Versuch in Richtung Champigny.

So ungefähr war die Lage, als ich in der Bretagne ankam und auf die Idee kam, mich den französischen Streitkräften an der Loire anzuschließen und einige Berichte über ihre Operationen nach England zu schicken. Während meines Aufenthalts in Paris mit meinem Vater hatte ich ihm bei der Vorbereitung mehrerer Artikel geholfen und selbst andere geschrieben. Mein ältester Bruder, Adrian Vizetelly, war zu dieser Zeit stellvertretender Sekretär am Institut für Schiffsbauingenieure. Er war Student an der Royal School of Naval Architecture bei den Whites, Elgars, Yarrows, Turnbulls und anderen berühmten Schiffsbauern gewesen und hatte nach seinem Ausscheiden aus der Schule die Stelle des stellvertretenden Sekretärs angenommen, bis eine geeignete Stelle im Staatsdienst oder auf einer großen privaten Werft frei würde. Der berühmte Schiffsbauingenieur EJ Reed hatte seine Laufbahn auf genau derselben Stelle begonnen, und tatsächlich war es sein persönlicher Vorschlag, dass mein Bruder sie annahm. Ein oder zwei Jahre später halfen er und sein Freund Dr. Francis Elgar, später Direktor der Werften und einer der Leiter der Fairfield Shipbuilding Company, Reed bei seiner Zeitschrift *Naval Science* . Zur Zeit des Deutsch-Französischen Krieges schrieb mein damals 26-jähriger Bruder über Marinethemen für die *Daily News* und die *Pall Mall Gazette,* die von John Robinson bzw. Frederick Greenwood herausgegeben wurden. Einige Artikel, die ich während der Belagerung geschrieben hatte, wurden per Ballonpost direkt an letztere geschickt, aber ich wusste nicht, was mit ihnen geschehen würde. Vielleicht konnte die *Pall Mall* sie nicht verwenden, und es bestand keine Möglichkeit, dass sie zu mir nach Paris zurückgeschickt wurden. Mein Vater, dem ich beim Verfassen verschiedener Artikel half, schlug vor, alle Artikel dieser Art – also Arbeiten, die nicht für die *Illustrated London News bestimmt waren* – an meinen Bruder zu schicken, damit er sich bei Gelegenheit darum kümmern könne. Er platzierte einige Artikel bei *der Times* – insbesondere einige recht lange über die Befestigungen und die Bewaffnung von Paris –, während andere an die *Daily News* und die *Pall Mall gingen* .

Als ich nach meiner Abreise aus Paris in der Bretagne ankam, hörte ich, dass praktisch alles, was mein Vater oder ich aus der Hauptstadt schickten, in der einen oder anderen Zeitung verwendet worden war, und war nicht wenig erfreut, einen Scheck auf ein Bankhaus in Saint Malo für meinen Anteil am Erlös zu erhalten. Dieses Geld ermöglichte es mir, zunächst in Richtung Le Mans vorzurücken, das bereits von den Deutschen bedroht wurde. Bevor ich jedoch auf meine eigenen Erfahrungen eingehe, muss ich noch etwas zur allgemeinen Lage sagen. Auf die Schlacht von Coulmiers (9. November) folgte eine Zeit der Untätigkeit seitens der Loire-Armee. Hätte D'Aurelle von der Tann verfolgt, hätte er seinen dürftigen Sieg vielleicht zu seinem Vorteil nutzen können. Aber er hatte nicht viel Vertrauen in seine Truppen, und das Wetter war schlecht – es fielen ununterbrochen Schneeregen und Schnee. Außerdem glaubte der französische Kommandant, dass der Rückzug der Bayern eine Falle berge. Bei einer Konferenz zwischen ihm, Gambetta, Freyoinet und den Generälen an der Spitze der verschiedenen Armeekorps war nur einer von ihnen – Chanzy – für einen sofortigen Marsch auf Paris.

Borel, der Chef von D'Aurelles Stab, schlug vor, die Operationen auf einen Vormarsch auf Chartres zu beschränken, was zweifelsohne eine gute Position gewesen wäre, da die Armee dadurch näher an die Hauptstadt gekommen wäre, zwei Eisenbahnlinien – die von Le Mans und Granville – zur Verpflegung gehabt und im Fall eines ernsten Rückschlags einen Rückzug in die Bretagne ermöglicht hätte. Es kam jedoch zu keinem Vormarsch. Den Deutschen wurde alle nötige Zeit gegeben, um ihre Truppen zu verstärken, während die Franzosen innerhalb D'Aurelles Linien inaktiv blieben und ihre *Moral* aufgrund der Strapazen, denen sie ausgesetzt waren, stetig sank. Der Oberbefehlshaber weigerte sich, sie in den Dörfern einzuquartieren – aus Angst, so sagte er, vor Disziplinlosigkeit – und zwang sie, unter Zeltplanen im Schlamm zu biwakieren; Außerdem wurde selten zugelassen, dass Feuer entzündet wurden. Dieser Zustand hielt zwanzig Tage lang an, und die Folgen davon waren in der Schlacht von Beaune-la-Rolande zu sehen.

Die Verantwortung für die Behandlung der Truppen liegt in D'Aurelles Andenken und in dem einiger seiner Generalskollegen. In der Zwischenzeit bemühten sich Gambetta und Freycinet, die Situation allgemein zu verbessern. Sie erkannten, dass die Befreiung der Streitkräfte von Prinz Friedrich Karl aus der Belagerung von Metz eine Verstärkung der Loire-Armee erforderlich machte, und sie unternahmen entsprechende Schritte. Cambriels war inzwischen in Ostfrankreich durch einen gewissen General Michel ersetzt worden, der seinen Kopf verlor und durch seinen Kameraden Crouzat ersetzt wurde. Letzterer hatte 30.000 Mann und 40 Kanonen bei sich, um gegen die 21.000 Mann und 70 Kanonen von Werders Armee anzutreten. Um jedoch die Loire-Streitkräfte zu verstärken, erhielten die Hälfte von Crouzats Männern und er selbst den Befehl, sich Orléans über Nevers und Gien zu nähern, während der Rest seiner Armee angewiesen wurde, sich nach Lyon zurückzuziehen, um die in dieser Stadt herrschende Unruhe zu beruhigen. Die Stadt fühlte sich wehrlos und beklagte sich bitter darüber, obwohl zumindest für einige Zeit kein deutscher Angriff wahrscheinlich war.

Nach den neuen Regelungen blieb Garibaldi Oberbefehlshaber in Ostfrankreich, obwohl die ihm direkt unterstellten Truppen zu diesem Zeitpunkt nicht mehr als 5.000 Mann zählten und außerdem nicht weniger als 60 kleine Freikorps umfassten, die wenig auf Disziplin achteten. [In mehreren dieser Kompanien gab es Frauen, eine davon umfasste nicht weniger als 18 Amazonen.] Ein oder zwei Monate zuvor war die Ankunft von zwanzig- bis dreißigtausend italienischen Freiwilligen zuversichtlich prophezeit worden, aber nur sehr wenige von ihnen meldeten sich. Trotzdem besiegte Ricciotti Garibaldi (mit dem mein Bruder Edward zusammen war) eine deutsche Streitmacht in einem heftigen Gefecht bei Chatillon-sur-Seine (19. November), und eine Woche später unternahmen die Garibaldianer einen tapferen Versuch, die Stadt Dijon zurückzuerobern. Fünftausend Mann waren jedoch gegen ein Armeekorps nutzlos; und so wäre es, selbst wenn der Angriff Garibaldis vorübergehend erfolgreich gewesen wäre, unmöglich gewesen, Dijon gegen Werders Truppen zu halten. Da der Versuch fehlschlug, beschloss der deutsche Kommandant, die Vogesenarmee zu vernichten. Diese floh und zerstreute sich, schnell verfolgt von einer Brigade unter General von Keller. Zu diesem Zeitpunkt herrschte große Eifersucht unter den französischen Generälen, die verschiedene Korps befehligten, die den Garibaldianern hätten helfen können. Bressolles, Crevisier und Cremer lagen im Clinch. Am 30. November lieferte sich Letzterer einen ergebnislosen Kampf bei Nuits, dem fast drei Wochen später ein weiterer folgte, bei dem er den Sieg für sich beanspruchen konnte.

Inzwischen waren Crouzats Truppen, die nun als 20. Armeekorps bekannt waren, auf Nevers vorgerückt. Um der Loire-Armee noch weiter beizustehen, war General Bourbaki aus dem Nordwesten Frankreichs herbeigerufen worden. Nach dem Untergang des Kaiserreichs war die Verteidigung dieses Landesteils Fririon anvertraut worden, dessen Nachfolger Espinet de la Villeboisnet wurde. Die Ressourcen, die diesen beiden Generälen zur Verfügung standen, waren sehr begrenzt und beschränkten sich auf Männer aus den Regimentsdepots und einige Mobilgarden. Es herrschte ein Mangel an Offizieren und Waffen, und bei den ersten Gefechten mit dem Feind waren bewaffnete Bauern, ländliche Feuerwehrleute und die Nationalgarden verschiedener Städte die Hauptkämpfer. Es stimmt, dass die deutschen Truppen eine Zeit lang nur aus einem Infanteriebataillon und etwas sächsischer Kavallerie bestanden. Unter Anatole de la Forge, dem Präfekten der Aisne, leistete die offene Stadt Saint Quentin dem Eindringling tapferen Widerstand, doch obwohl dies eine gewisse moralische Wirkung hatte, war seine Bedeutung nicht groß. Bourbaki, der La Villeboisnet als Kommandeur der Region ablöste, war hinsichtlich des Wertes seiner Truppen ebenso zurückhaltend wie D'Aurelle an der Loire. Zuvor hatte er die Elite der französischen Armee kommandiert, nämlich die Kaiserliche Garde, und die Männer, die jetzt unter seinem Befehl standen, waren keineswegs von derselben Klasse. Bourbaki war zu diesem Zeitpunkt erst 54 Jahre alt, und als er, nachdem er von Metz aus auf eine Mission zu Kaiserin Eugénie nach Hastings geschickt worden war, der Nationalverteidigung seine Dienste anbot, hatte diese ihm den bestmöglichen Empfang bereitet. Aber er wurde zu einem der größten militärischen Versager dieser Zeit.

Nach dem Fall von Metz entsandten die Deutschen größere Truppen unter Manteuffel in den Nordwesten Frankreichs. Insgesamt waren es 35.000 Infanteristen und 4.000 Kavalleristen mit 174 Kanonen, denen eine französische Streitmacht von 22.000 Mann gegenüberstand, die mit 60

Kanonen über eine Front von etwa 50 Kilometern verteilt war, um sowohl Amiens als auch Rouen zu schützen. Als Bourbaki an die Loire gerufen wurde, ließ er Farre als Oberbefehlshaber im Norden zurück, mit Faidherbe und Lecointe als seinen wichtigsten Leutnants. Beide Seiten verfolgten eine schlechte Strategie, aber La Fère kapitulierte am 26. November vor den Deutschen und Amiens am 29. November.

Inzwischen verschlechterte sich die Lage im belagerten Paris immer mehr. Etwa zehntausend Mann der regulären oder der Hilfstruppen lagen im Krankenhaus, weniger wegen Verwundungen als wegen Krankheiten. Holzkohle – nach dem orthodoxen französischen System zum Kochen – war streng rationiert. Am 20. November waren von dem gesamten Viehbestand, der vor der Belagerung zusammengetragen worden war, nur noch eine bestimmte Anzahl Milchkühe und einige hundert Ochsen übrig, die für Krankenhaus- und Ambulanzpatienten reserviert waren. Ende November wurden täglich 500 Pferde geschlachtet. Andererseits war die Brotzuteilung von 750 Gramm auf ein Kilogramm pro Tag erhöht worden, und den Pferden wurde viel Brot als Futter gegeben. Eine etwas unsichere Verbindung mit den Provinzen war durch Brieftauben hergestellt worden. Die erste Brieftaube, die Depeschen in die Stadt brachte, traf am 15. November dort ein. Die Depeschen, die so klein wie möglich fotografiert wurden, waren normalerweise in Federkielen eingeschlossen, die unter einem oder mehreren Flügeln der Vögel befestigt waren. Jeder Ballon, der die Stadt verließ, nahm jetzt eine bestimmte Anzahl Brieftauben für diesen Dienst mit. Aufgrund der bitteren Kälte, die in diesem Winter herrschte, starben jedoch viele Vögel auf der Rückreise, und so erreichten die Depeschen, die sie trugen, Paris nicht. Wann immer solche Nachrichten dort ankamen, mussten sie mithilfe einer Laterna-Magica-Vorrichtung vergrößert werden, damit sie entziffert werden konnten. In der Zwischenzeit beförderten die Aeronauten, die die Stadt verließen, Regierungsdepeschen sowie private Korrespondenz, und auf diese Weise konnte Trochu Gambetta informieren, dass die Armee von Paris am 29. November eine große Anstrengung unternehmen wollte.

X

MIT DER „ARMEE DER BRETAGNE"

Der deutsche Vormarsch nach Westen – Gambetta in Le Mans – Die „Armee der   Bretagne" und der Graf von Kératry – Das Lager von Conlie – Die bretonische Marschdivision – Kératry tritt zurück – Der Ausfall von Champigny aus Paris – Der zögerliche d'Aurelle – Das bemitleidenswerte 20. Armeekorps – Schlachten bei Beaune-la-Rolande und Loigny – Verlust von Orleans – D'Aurelle wird durch Chanzy abgelöst – Chanzys langsamer Rückzug – Das 21. Korps wird an die Front beordert – Ich marschiere mit der bretonischen Division – Marchenoir und Fréteval – Unser Rückzug – Unser Nachhutgefecht bei Droué – Verhalten der Einwohner – Wir kämpfen uns von Fontenelle nach Saint-Agil durch – Kanonen und Sümpfe – Unsere Rückkehr nach Le Mans – Ich fahre weiter nach Rennes und Saint-Malo.

Nach der Châteaudun-Affäre sicherten sich die Deutschen den Besitz von Chartres, von wo aus sie das Département Eure überfielen. Über Nogent-le-Roi und Châteauneuf-en-Thimerais eroberten sie am 19. November die alte Kirchenstadt Evreux, woraufhin sich die Franzosen hastig in die Orne zurückzogen. Es folgten einige kleinere Gefechte, die alle zum Vorteil der Deutschen ausfielen, die am 22. die alte und strategisch wichtige Stadt Nogent-le-Rotrou angriffen und besetzten – deren Herrschaft kurz vor der großen Revolution der Familie des berühmten Grafen D'Orsay gehörte, des Liebhabers von Lady Blessington und des Freundes von Napoleon III. Die Besetzung von Nogent brachte die Deutschen an einen günstigen Punkt an der direkten Eisenbahnlinie zwischen Paris und Le Mans, der Hauptstadt von Maine. Die Region war von einem eher dürftigen französischen Armeekorps – dem 21. – unter dem Kommando eines gewissen Generals Fiereck besetzt worden. Nach dem Verlust von Nogent ersetzte Gambetta ihn sofort durch einen der vielen Marineoffiziere, die inzwischen bei den französischen Armeen waren, nämlich durch Postkapitän (später Admiral) Constant Jaurès, den Onkel des berühmten sozialistischen Führers der jüngeren Zeit. Jaurès beschloss sofort, sich nach Le Mans zurückzuziehen, eine Entfernung von etwas mehr als hundert Meilen, und dies wurde innerhalb von zwei Tagen durchgeführt, allerdings unter beklagenswerten Umständen. Tausende hungernder Männer desertierten, und andere konnten nur durch den Einsatz von Kavallerie und die Drohung, die Artillerie auf sie zu richten, in den Kolonnen bleiben.

Als Gambetta von der Lage erfuhr, eilte er sofort nach Le Mans, um die Verteidigung dieses äußerst wichtigen Punktes zu gewährleisten, an dem nicht weniger als fünf große Eisenbahnlinien zusammenliefen, nämlich die von Paris, Alençon, Rennes, Angers und Tours. Die von Jaurès befehligten Truppen befanden sich in einem sehr beklagenswerten Zustand, und es war unbedingt notwendig, sie zu verstärken. So kam es, dass eine große Truppe von Männern in Conlie, sechzehn oder siebzehn Meilen entfernt, zusammengezogen wurde. Sie bildeten die sogenannte „Armee der Bretagne" und wurden von Graf Emile de Kératry befehligt, dem Sohn eines angesehenen Politikers und Literaten, der während der Terrorherrschaft der Guillotine entkam. Der Graf selbst hatte im Zweiten Kaiserreich in der gesetzgebenden Körperschaft gesessen, hatte sein Leben jedoch als Soldat begonnen und sowohl auf der Krim als auch in Mexiko gedient, in welchem letzteren Land er als einer von Bazaines Ordonnanzoffizieren gedient hatte. Während der Revolution wurde Kératry zum Polizeipräfekten ernannt, verließ Paris jedoch am 14. Oktober per Ballon, nachdem er von Trochu und Jules Favre mit einer Mission nach Prim betraut worden war, in der Hoffnung, dass er die spanische Unterstützung für Frankreich gewinnen könnte. Prim und seine Kollegen weigerten sich jedoch, einzugreifen, und Kératry eilte daraufhin nach Tours, wo er sich Gambetta zur Verfügung stellte, mit dem er eng befreundet war. Sie vereinbarten, dass Kératry alle verfügbaren Männer, die in der Bretagne verblieben waren, zusammenbringen und ausbilden und organisieren sollte. Zu diesem Zweck wurde in Conlie, nordwestlich von Le Mans, ein Lager errichtet.

Conlie war der erste Ort, den ich nach meiner Abreise aus Saint-Servan zu besuchen beschloss. In der ganzen Bretagne kursierten die schrecklichsten Gerüchte über das neue Lager. Es hieß, es werde völlig schlecht geführt und sei eine Brutstätte von Krankheiten. Ich besuchte es, sammelte eine Menge Informationen und verfasste einen Artikel, der in der *Daily News abgedruckt wurde* und beträchtliche Aufmerksamkeit erregte. Er wurde von mehreren anderen Londoner Zeitungen zitiert und in zwei Fällen als Text für Leitartikel verwendet. Was die Verteidigung des Lagers und die Bewaffnung der darin versammelten Männer anging, waren meine Kritikpunkte völlig berechtigt, aber bestimmte offizielle Dokumente, die später veröffentlicht wurden, deuten darauf hin, dass ich in einigen Punkten im Irrtum war. Da die ganze Frage unter den Autoren des Deutsch-Französischen Krieges zu einer Menge Kontroversen geführt hatte – einige von ihnen betrachteten Conlie als eklatanten Beweis für Gambettas Misswirtschaft in militärischen Angelegenheiten –, werde ich hier die meiner Meinung nach absolute Wahrheit darüber darlegen.

Das Lager wurde in der Nähe eines alten römischen Lagers errichtet, das zwischen Conlie und Domfront lag. Der Hauptteil des Lagers befand sich auf einer Anhöhe in der Mitte eines ausgedehnten Tals. Es sollte eher ein Übungslager als ein befestigtes Lager sein, obwohl im Süden ein Schutzwall errichtet und an der Nord- und Nordostseite mit einigen Arbeiten begonnen wurde. Als der Großherzog von Mecklenburg nach der Schlacht von Le Mans Conlie erreichte, drückte er sein Erstaunen darüber aus, dass die Franzosen eine so gute Stellung nicht ernsthafter befestigt hatten, und verteidigte sie mit aller Kraft. Sowohl die Eisenbahnlinie als auch die Hauptstraße zwischen Laval und Le Mans waren in unmittelbarer Nähe, und nur wenige Meilen entfernt lag die alte Stadt Sillé-le-Guillaume, einer der wichtigsten Getreide- und Viehmärkte der Region. In der Umgebung gab es beträchtliche Waldflächen und Holz in Hülle und Fülle. Aber es gab keinen Wasserlauf, und die Brunnen der verschiedenen kleinen Bauernhöfe in der Nähe lieferten nur eine sehr unzureichende Wasserversorgung für ein Lager, in dem zu einem Zeitpunkt etwa 40.000 Männer versammelt waren. So fehlte dem Lager von Anfang an eine wichtige Grundversorgung, und das war auch der Fall, als ich es im November besuchte. Aber ich muss hinzufügen, dass bald darauf mitten im Lager eine Quelle gefunden und mit Hilfe einer Dampfpumpe so erfolgreich angezapft wurde, dass sie am Ende über 300.000 Liter Wasser pro Tag lieferte. Die Kritiker des Lagers haben gesagt, der Ort sei sehr feucht und schlammig und daher zwangsläufig ungesund gewesen, und diese Behauptung ist wahr; aber das Gleiche gilt für alle Lager dieser Zeit, insbesondere für das Lager D'Aurelle de Paladines vor Orleans. Und wenn auf eine Woche Schneefall zwei Wochen Tauwetter folgten, konnte die Lage kaum anders sein. [Vom 12. November bis 7. Januar 1942 wurden in den fünf Krankenwagen des Lagers Krankheitsfälle behandelt. Darunter waren 264 Pockenfälle. Es gab sehr viele Fälle von Bronchitis und verwandten Krankheiten, aber nicht viele Fälle von Ruhr. Von den Pockenfällen endeten 88 tödlich.]

Aus Dokumenten aus dieser Zeit erfahre ich, dass am 23. November, dem Tag vor Gambettas Besuch im Lager, wie ich gleich berichten werde, die Gesamtstärke 665 Offiziere mit 23.881 Mann betrug. Bis zum 5. Dezember (obwohl eine Marschdivision von etwa 12.000 Mann an die Front aufgebrochen war) war die Stärke auf 1241 Offiziere mit etwa 40.000 Mann angestiegen. [Die Rationierung der Männer kostete durchschnittlich etwa 7 d. pro Tag.] Es gab 40 Kanonen zur Verteidigung des Lagers und etwa 50 Feldgeschütze verschiedener Typen, oft jedoch ohne Kutschen und fast immer ohne Gespanne. Zu keinem Zeitpunkt, so finde ich, waren mehr als 360 Pferde und 50 Maultiere im Lager. Es herrschte auch ein großer Mangel an Munition für die Kanonen. Am 23. November verfügten die 24.000 im Lager versammelten Männer über die folgenden Feuerwaffen und Munition:

Waffen Patronen

Spencers (ohne Bajonette) .. 5.000 912.080
Chassepots .. .. 2.080 100.000 Remingtons .. .. 2.000 218.000 Snyders .. .. 1.866 170.000 Musketen verschiedener Typen .. ... 9.684 *Unzureichend*

Revolver .. .. 500 *Ausreichend*
________ 21.130

Dinge wie Gewehre, Lafetten, Feuerwaffen, Patronen, Bajonette und so
weiter waren Gegenstand unzähliger Telegramme und Briefe, die zwischen
Kératry und der Nationalen Verteidigungsdelegation in Tours ausgetauscht
wurden. Ersterer erhielt ständig Versprechungen von Gambetta, die selten
eingehalten wurden. Lieferungen, die ursprünglich für ihn bestimmt waren,
wurden im letzten Moment in andere Richtungen geschickt, je nach den
dringenderen Erfordernissen der Stunde. Außerdem waren viele der Waffen,
die Kératry tatsächlich erhielt, defekt. In den ersten Tagen des Lagers
erhielten viele der Männer Stöcke – in manchen Fällen Besenstiele – zum
Einsatz beim Exerzieren.

Als Gambetta in Le Mans ankam, nachdem Jaurès sich dorthin
zurückgezogen hatte, erfuhr er, dass Maßnahmen umso dringender
geworden waren, da die Deutschen ihren Vormarsch stetig fortsetzten. Auf
Befehl des Großherzogs von Mecklenburg, zu dessen Armee diese Truppen
gehörten, wurden die Franzosen nach La Ferté-Bernard verfolgt; und
während eine deutsche Kolonne dann nach Westen in Richtung Saint Cosme
vorrückte, rückte eine andere nach Süden nach Vibraye vor und bedrohte so
Le Mans ernsthaft. Dies war die Lage am 23. November. Glücklicherweise
konnte Freycinet Jaurès Verstärkung schicken, die seine Truppe auf etwa
35.000 Mann erhöhte, und gleichzeitig drängte Gambetta Kératry, eine
Marschdivision der Männer in Conlie vorzubereiten. Am frühen Morgen des
24. besuchte Gambetta (der übrigens mit voller Geschwindigkeit auf einer
Lokomotive von Tours nach Le Mans gereist war) das Lager und äußerte
seine Zustimmung zu allem, was er dort sah. Ich erhaschte einen Blick auf
ihn, eingehüllt in seinen Pelzmantel, und er sah, wie es nicht anders sein
konnte, schrecklich unterkühlt aus. Sein Befehl an Kératry lautete, nach
Saint-Calais und von dort in den Wald von Vibraye vorzudringen, um Le
Mans im Osten abzudecken. Es dauerte vierzehn Stunden und
einundzwanzig Züge, um die Marschdivision nach Yvré l'Evêque an der
Huisne, gleich hinter Le Mans, zu bringen. Die effektive Stärke der Division
betrug etwa 12.000 Mann, fast alle von ihnen waren bretonische Mobilisés.
Die Artillerie bestand aus einer Batterie von 12er- und einer von 4er-
Kanonen mit den erforderlichen Pferden, zwei Batterien von 4er-Kanonen,
die von Marinefreiwilligen gezogen wurden, und mehreren Gatling-
Geschützen, die gerade erst geliefert worden waren. Diese Gatlings, die zu
dieser Zeit in Frankreich völlig unbekannt waren, waren nicht montiert,
sondern in Abschnitten in versiegelten Zinkkisten verpackt, die während der
Reise in den Eisenbahnwaggons geöffnet wurden, wo die Geschütze von
einem jungen Marineoffizier und ein paar zivilen Ingenieuren

zusammengebaut wurden. Wenig später wurde die Artillerie der Truppe verstärkt.

Nachdem diese Truppen in Yvré Stellung bezogen hatten, fanden verschiedene Konferenzen zwischen Gambetta, Jaurès und Kératry statt, um den Feind am Überqueren der Huisne zu hindern. General Le Bouëdec wurde das Kommando in Conlie überlassen und General Trinité zum Kommandeur der Marschdivision der Bretonen ernannt. Kératry war jedoch von Anfang an gegen die Pläne von Gambetta und Jaurès, und für den Moment beschränkten sich die Aufgaben der Bretonen auf die Teilnahme an einer Aufklärung größeren Ausmaßes – zwei Kolonnen von Jaurès' Streitkräften unter den Generälen Colin und Rousseau beteiligten sich an dieser Bewegung, die hauptsächlich auf Bouloire, auf halbem Weg zwischen Le Mans und Saint-Calais im Osten, gerichtet war. Als Bouloire erreicht wurde, hatten sich jedoch die Deutschen, die es vorübergehend besetzt hatten, zurückgezogen, und die Franzosen zogen sich daraufhin auf ihre früheren Stellungen in der Nähe von Le Mans zurück.

Dann kam es zu Schwierigkeiten. Gambetta stellte Kératry unter das Kommando von Jaurès, und Kératry wollte die Position nicht annehmen. Zwischen diesen beiden Männern herrschte große Eifersucht; Kératry, der zehn Jahre in der französischen Armee gedient hatte, behauptete, er wisse viel mehr über militärische Angelegenheiten als Jaurès, der, wie ich bereits erwähnte, bis dahin Marineoffizier gewesen war. Am Ende gab Kératry sein Kommando auf. Le Bouëdec folgte ihm in Conlie, und Fregattenkapitän Gougeard (später Marineminister in Gambettas Großem Ministerium) übernahm das Kommando über die Bretonen in Yvré, wo er sich bemühte, sie auf ein höheres Leistungsniveau zu bringen.

Ich muss jetzt auf einige andere Dinge eingehen. Trochu hatte Gambetta von seiner Absicht informiert, einen Ausfall im Südosten von Paris zu machen. Die Pläne, die übernommen wurden, stammten hauptsächlich von Ducrot, der das Oberkommando übernahm. Ein von Vinoy am 29. November im Süden der Stadt durchgeführtes Ablenkungsmanöver gab den Deutschen eine Ahnung von dem, was beabsichtigt war, und erwies sich als fruchtloses Unterfangen, das die Franzosen 1000 Mann kostete. Ein weiteres Ablenkungsmanöver von General Susbielle am 30. November führte zu einem ähnlichen Ergebnis mit einem Verlust von 1200 Mann. Ducrot überquerte jedoch die Marne, und es kam zu sehr erbitterten Kämpfen bei Champigny und benachbarten Ortschaften. Aber Ducrots Truppen (weniger als 100.000 Mann) reichten für sein Vorhaben nicht aus. Außerdem war das Wetter extrem kalt, die Männer hatten weder Zelte noch Decken mitgebracht und mussten ohne Feuer biwakieren. Laut Trochus Memoiren herrschte auch ein Mangel an Munition. Somit scheiterte der Ausfall nach Champigny und die Franzosen zogen sich auf ihre früheren Linien zurück. [Vom 30.

November bis 3. Dezember verloren die Franzosen 9.482 Mann, die Deutschen 5.288 Mann.]

Genau in dem Moment, als die Armee von Paris sich auf dem Rückzug befand, begann die zweite Schlacht von Orleans. Gambetta und Freyoinet wollten, dass D'Aurelle mit der Loire-Armee vorrückte, um den Parisern entgegenzutreten, die im Falle eines Sieges über Melun nach Fontainebleau marschieren würden. In den letzten Novembertagen deckte D'Aurelle Orleans noch immer im Norden mit dem 15. und 16. Armeekorps (Generäle Martin des Pallieres und Chanzy). Zu seiner Linken stand das 17. unter Durrieu, der einige Tage später von einem schneidigen Kavallerieoffizier, General de Sonis, abgelöst wurde. In der Nähe befand sich auch das 18. Armeekorps, zu dessen Befehl Bourbaki aus Nordfrankreich berufen worden war. Seinen Platz nahm vorübergehend der junge General Billot ein, der zu seinem Stabschef ernannt worden war. Die ehemalige Ostarmee unter Crouzat [das war jetzt das 20. Armeekorps] befand sich auf der Südseite der Loire, irgendwo zwischen Gien und Nevers, und war in einem sehr beklagenswerten Zustand. Es fehlten Stiefel für 10.000 Mann, Zelte für eine ähnliche Anzahl und Tornister für 20.000 Mann. In einigen Bataillonen reichten die Tornister nur für ein Viertel der Männer, die anderen trugen ihre Kleidung, Proviant und Patronen kreuz und quer in Segeltuchtaschen. Ich hörte einmal einen Augenzeugen berichten, dass viele von Crouzats Soldaten mit ihren Keksen (Vorrat für vier Tage) marschierten, die wie Kränze aneinandergereiht waren und ihnen um den Hals oder die Schultern hingen.

Die Deutschen hatten von der Verlegung von Crouzats Truppen ins Loireland gehört, und um ein Ablenkungsmanöver zu schaffen, wurde dem Großherzog von Mecklenburg befohlen, nach Beaugenoy südwestlich von Orleans zu marschieren. In der Zwischenzeit flehten Gambetta und Freyoinet D'Aurelle vergeblich an, vorzurücken. Er brachte alle möglichen Entschuldigungen vor. In einem Moment bot er an, ihre Pläne zu überdenken – nicht, ihnen zu folgen; im nächsten wollte er auf entscheidende Nachrichten von Trochu und Ducrot warten. Schließlich wurde beschlossen, statt der fünf Armeekorps entschlossen in Richtung Paris vorzurücken, nur mit dem 18. (Billot), dem 20. (Crouzat) und einigen Abteilungen des 15. (Martin des Pallieres) den Weg freizumachen. Das Ergebnis war die erbitterte Schlacht und schwere Niederlage von Beaune-la-Rolande (28. November), bei der sich das 18. Korps außerordentlich gut verhielt, während sich das 20., auf dessen beklagenswerten Zustand ich gerade hingewiesen habe, nach kurzem Kampf zurückzog; die Männer des 15. auf ihrer Seite taten wenig oder gar nichts. Bei diesem Gefecht verloren die Franzosen, deren Streitkräfte stärker konzentriert sein sollten, 4000 Mann an Toten und Verwundeten und 1800 wurden gefangen genommen; die deutschen Verluste überstiegen nicht 1000 Mann. Vier Tage später (2. Dezember) kam es zur sehr schweren Zurückweisung von Loigny-Poupry, bei der das 15., 16. und 17. Armeekorps kämpften. Die Franzosen verloren damals 6000 bis 7000 Mann (von denen 2500 gefangen genommen wurden), und obwohl die deutschen Verluste 4000 überstiegen, endete das Gefecht mit einer ziemlichen Demoralisierung von D'Aurelles Armee.

Unter diesen Bedingungen kam es am 3. und 4. Dezember zur Schlacht von Orleans – die Deutschen standen nun unter dem Oberbefehl des fähigen Soldaten Prinz Friedrich Karl von Preußen, dem Vater der Herzogin von Connaught. Bei dieser Gelegenheit befahl D'Aurelle dem in Loigny eingesetzten Korps, sich in sein verschanztes Lager zurückzuziehen. Das 18. und 20. Regiment konnten jedoch nicht an dieser Bewegung teilnehmen; und als die drei anderen zurückgedrängt wurden, wies D'Aurelle Chanzy an, sich nach Beaugency und Marchenoir zurückzuziehen, gab jedoch keinen Befehl an Bourbaki, der nun am Schauplatz des Geschehens war. Schließlich beschloss der Oberbefehlshaber, sein verschanztes Lager aufzugeben, die Truppen lösten sich auf und zerstreuten sich, und Orleans wurde evakuiert, wobei die Flucht so überstürzt war, dass zwei der fünf Brücken über die Loire intakt blieben und dem Feind zur Verfügung standen. Außerdem war die französische Armee nun zerstreut. Bourbaki mit dem 18. und Des Pallières mit dem 15. Korps befanden sich südlich des Flusses, während die anderen drei Korps auf der Nordseite standen. Ersteres zog sich in Richtung Bourges und Nevers zurück, während Chanzy, der nun den Oberbefehl über die anderen Korps innehatte, sich nach und nach in Richtung des Waldes von Marchenoir zurückzog, nachdem D'Aurelle von seinem Posten abgesetzt worden war. In dieser zweiten Schlacht von Orleans verloren die Franzosen 20.000 Mann, aber 18.000 von ihnen wurden gefangen genommen. Die Deutschen (die 74 Kanonen erbeuteten) verloren ihrerseits weniger als 1.800 Mann.

Drei Tage lang (8. bis 10. Dezember) wehrte sich Chanzy gegen den deutschen Vormarsch bei Villorceau, doch am 12. Dezember musste Blois geräumt werden, und die Armee zog sich an die Loir-Linie in der Nähe von Vendôme zurück. Inzwischen, genau in dem Moment, als das Schicksal von Orleans besiegelt wurde, erreichte Jaurès in Le Mans der Befehl, der Loire-Armee zur Unterstützung zu eilen. Ich wohnte in einem Gasthof in der Stadt, da meine Mittel zu gering waren, um mir zu ermöglichen, eines der großen Hotels am Place des Halles zu besuchen, die zudem mit Offizieren, Funktionären usw. überfüllt waren. Ich hatte einige Offiziere der bretonischen Division unter Gougeard kennengelernt, und als ich hörte, dass sie an die Front gingen, gelang es mir, von Oberst Bernard, Gougeards Stabschef, die Erlaubnis zu erhalten, die Kolonne mit einem der Sanitätstrupps zu begleiten. Während des Vormarsches fuhr ich ab und zu in einem der Vorposten mit, aber die meiste Zeit marschierte ich mit den

Männern, was übrigens die bevorzugte Vorgehensweise war, da das Wetter extrem kalt war. Selbst wenn ich die Mittel dazu gehabt hätte (und ich hatte höchstens etwa 10 Pfund in der Tasche), hätte ich mir in Le Mans kein Pferd kaufen können. Ich war robust gekleidet, trug einen sehr warmen Mantel aus grauem irischem Fries, gute Stiefel und ein Paar Gamaschen, die mir Nicholas, der Schuhmacher aus Saint Malo, der jüngere Bruder (wie er selbst behauptete) des Tenors Niccolini, der früher Ehemann von Mme. Patti, gemacht hatte.

Unsere Truppe, die nun als vierte Division des 21. Armeekorps galt, bestand aus 10.000 bis 12.000 Mann. Fast alle Männer beider Brigaden waren bretonische Mobilisés, denen jedoch, vielleicht um sie zu stabilisieren, drei oder vier sehr kleine Abteilungen ehemaliger Linienregimenter beigefügt waren. Es gab auch ein kleines Kontingent der französischen Fremdenlegion, das aus Algerien hergebracht worden war. Wir marschierten gegen Mittag des 4. Dezember von Yvré l'Evêque nach Ardenay, wo wir die Nacht verbrachten. Das Wetter war schön und trocken, aber bitterkalt. Am 5. schlugen wir unser Lager auf einigen Hügeln in der Nähe der Stadt Saint-Calais auf, zogen am 6. nur ein oder zwei Meilen weiter – da es bei der Zustellung bestimmter Befehle zu Verzögerungen kam – und brachen dann am 7. um sieben Uhr in Richtung Vendôme auf, wobei wir etwa zwölf Stunden marschierten und nur ganz kurze Pausen einlegten. Wir überquerten das Département Sarthe in das Département Loir-et-Cher und marschierten weiter, bis wir einen kleinen Ort namens Ville-aux-Cleros erreichten, wo wir die Nacht unter ungemütlichen Bedingungen verbrachten, denn es schneite. Früh am nächsten Tag brachen wir wieder auf, ließen Vendôme etwa ein paar Meilen von uns entfernt auf unserer rechten Seite liegen, passierten Fréteval und schlugen unser Lager am Rande des Waldes von Marchenoir auf.

Die Nacht war bitterkalt, die Temperatur lag etwa vierzehn Grad unter dem Gefrierpunkt. Ich schlief zusammengekauert in einem Wagen, aber die Männer waren meist unter Zeltplanen untergebracht, und es gab sehr wenig Stroh, auf dem sie liegen konnten, so dass manche von ihnen am Morgen tatsächlich feststellten, dass ihre Kleidung am Boden festgefroren war! Die ganze Nacht des 10. hörten wir in der Ferne Kanonendonner. Am 11., 12. und 13. Dezember marschierten wir ununterbrochen, immer in Richtung der Kanonen. Wir gingen von Ecoman nach Morée, nach Saint Hilaire-la-Gravelle und von dort zum Chateau de Rougemont in der Nähe von Fréteval, einem Ort, der als Schauplatz eines Sieges unseres Richard Löwenherz über Philipp August berühmt ist. Das mehr oder weniger entfernte Artilleriefeuer hörte sowohl tagsüber als auch nachts nicht auf; aber wir unterstützten nur andere Divisionen des Korps und gerieten nicht wirklich in Kampfhandlungen. Am 15. jedoch kam es sowohl bei Fréteval als auch bei Morée zu heftigen Kämpfen, und am Morgen des 16. rückten unsere Gatlings vor, um die zweite Division unseres Armeekorps zu unterstützen, die von den Deutschen schwer bedrängt wurde.

Doch plötzlich trafen Befehle zum allgemeinen Rückzug ein, da Chanzy sich schließlich entschlossen hatte, sich nach Le Mans zurückzuziehen. Es herrschte erhebliche Verwirrung, doch schließlich brachen unsere Männer in nordwestlicher Richtung auf. Auf der Straße herrschte ziemlich gute Ordnung, und die drahtigen kleinen Bretonen bewiesen zumindest, dass ihre Marschfähigkeit unbeeinträchtigt war. Wir marschierten die ganze Nacht hindurch unaufhörlich, wenn auch langsam, weiter und machten erst am nächsten Morgen gegen sieben Uhr wirklich Halt, als wir, fast völlig erschöpft, eine kleine Stadt namens Droué erreichten.

Jaurès, das sollte ich erwähnen, hatte am 16. Dezember gegen 16 Uhr den Befehl zum Rückzug erhalten und hatte rasch drei verschiedene Routen für den Rückzug des 21. Armeekorps ausgewählt. Unsere Division war jedoch die letzte, die ihre Stellungen verließ, denn es war etwa 20 Uhr abends, als wir aufbrachen. So dauerte unser Marsch neun Stunden. Das Land war eine Abfolge von gewundenen Tälern und steilen Hängen, und oft ragten Ufer über die von Eichen und Büschen gesäumten Straßen hinaus. Es gab mehrere Bäche, ein paar Wälder und ziemlich viele kleine Gehölze. Die Bauernhöfe lagen oft dicht beieinander, und hin und wieder wurde versucht, den Bauern Essen und Trinken abzukaufen, die, als sie uns kommen hörten, manchmal mit Lichtern an ihre Türen kamen. Aber sie waren ein geiziger Haufen und verlangten exorbitante Preise. Ein halber Franc war der niedrigste Preis für ein Stück Brot. In Anbetracht der schlechten Stiefel der Männer war der Marsch sehr gut, aber eine Reihe von Männern desertierten im Schutz der Nacht. Generell wurde der Rückzug, obwohl es, wie ich gleich berichten werde, ein kleines Gefecht bei Cloyes und eine Auseinandersetzung bei Droué gab, vom Feind nicht wesentlich behindert. Tatsächlich war Moltke, wie die Enthüllungen der letzten Jahre gezeigt haben, mehr um die Streitkräfte Bourbakis besorgt als um die von Chanzy, und sowohl Prinz Friedrich Karl als auch der Großherzog von Mecklenburg hatten die Anweisung, die Bewegungen von Bourbakis Korps streng zu beobachten. Trotzdem versuchten einige Truppen des Großherzogs – insbesondere eine Kavallerieeinheit – uns den Rückzug abzuschneiden. Als jedoch am späten 16. einige unserer Männer in der Nähe von Cloyes auf eine Abteilung des Feindes trafen, stoppten sie dessen Vorrücken vorübergehend, und wie ich bereits erwähnt habe, gelang es uns, Droué ohne Verluste zu erreichen.

An diesem Morgen, dem 17., war das Wetter wieder sehr kalt, nach dem Regen und Schneeregen der vorherigen Tage war Nebel. Etwas später begann es jedoch zu schneien. In Droué – einem kleinen Ort mit etwa tausend Einwohnern, einer Burgruine und einer alten Kirche – frühstückten wir, so gut wir konnten. Gegen neun Uhr kam der Marschbefehl, und eine

Stunde später, als ein großer Teil unserer Männer bereits auf dem Weg nach Saint Agil war, unserem nächsten Rastplatz, bestieg General Gougeard sein Pferd und bereitete sich darauf vor, mit seinem Stab direkt vor unserer Nachhut loszumarschieren. Genau in diesem Moment wurden wir jedoch von den Deutschen angegriffen, deren Anwesenheit in unserer Nähe wir nicht vermutet hatten.

Einigen Einwohnern von Droué war es jedoch mit Sicherheit bekannt. Sie waren entsetzt über die Härte der Deutschen gegenüber den Orten, an denen sie auf Widerstand stießen, und schreckten davor zurück, Gougeard oder einen seiner Offiziere zu informieren, dass der Feind in der Nähe war. Die Artillerie, die unsere Nachhut schützen sollte, befand sich in diesem Augenblick auf dem kleinen Platz von Droué. Sie bestand aus einer Gebirgsbatterie unter Unterleutnant Gouesse von der Artillerie und drei Gatlings unter Unterleutnant De la Forte von der Marine, mit Marineleutnant Rodellec du Porzic als Oberbefehlshaber. Während die Batterie in Position gebracht wurde, galoppierte Oberst Bernard, Gougeards Stabschef, davon, um den Rückzug des anderen Teils unserer Kolonne aufzuhalten. Die feindlichen Streitkräfte bestanden aus Kavallerie-, Artillerie- und Landwehrinfanterieabteilungen. Bevor unsere kleinen Geschütze auf sie gerichtet werden konnten, hatten die Landwehrmänner bereits mehrere abgelegene Häuser, Scheunen und Schuppen eingenommen, von wo aus sie versuchten, unsere Dachrinnen zu erlegen. Einen Moment lang zögerten unsere Mobilisés, weiterzugehen, aber Gougeard stürzte sich zwischen sie, appellierte an ihren Mut und führte sie dann gegen den Feind.

Die Hauptmasse der kämpfenden Truppen war nicht mehr als dreihundert Meter voneinander entfernt, und tatsächlich befanden sich einige Deutsche in den Häusern weniger als zweihundert Meter entfernt. Unsere Männer zwangen diese Kerle schließlich zum Rückzug, wobei sie mehrere von ihnen töteten und verwundeten; während dank des schnellen Eingreifens von Oberst Bernard ein Bataillon des 19. Linienregiments und zwei Kompanien der Fremdenlegion, deren Rückzug hastig gestoppt wurde, die rechte Flanke des Feindes bedrohten. Eine Schwadron der Zweiten Ulanen unter einem jungen Leutnant kam uns ebenfalls zu Hilfe, stieg ab und unterstützte Gougeards Mobilisierungen mit den Karabinern, die sie trugen. Als der Feind erkannte, dass wir in Überzahl waren, zog er sich schließlich zurück, aber erst nachdem es in und um die umliegenden Häuser von Droué heftige Kämpfe gegeben hatte.

Das war, kurz gesagt, die erste Aktion, die ich je miterlebte. Wie andere auch, stand ich eine Zeit lang unter Beschuss, war in der Nähe der Geschütze und half, die Kanonenschützen wegzutragen, die die Deutschen aus den Fenstern der Häuser, in denen sie sich verschanzt hatten, erschossen hatten. Wir verloren auf diese Weise vier oder fünf Artilleristen, darunter den Ersten

Offizier, M. de Rodelleo du Porzic, den eine Kugel in die Brust traf. Er starb in einem kleinen Café, wohin wir ihn trugen. Er war, glaube ich, der Letzte seiner Familie, da zwei seiner Brüder zuvor im Kampf gefallen waren.

Wir verloren bei diesem Gefecht vier oder fünf weitere Offiziere sowie einen bretonischen Kaplan der Mobilisés. Unsere Gesamtverluste waren sicherlich höher als Gougeard später in seinem offiziellen Bericht angab. Sie beliefen sich, glaube ich, auf 120 bis 150 Tote und Verwundete. Obwohl sich die Offiziere im Allgemeinen sehr gut benahmen – einige von ihnen sogar hervorragend –, gab es einige beklagenswerte Fälle von Feigheit. Auf Gougeards Befehl wurden am Ende des Rückzugs vier von ihnen verhaftet und vor ein Kriegsgericht gestellt. Zwei von ihnen wurden freigesprochen, während ein dritter erschossen und ein vierter zu zwei Jahren Festungshaft verurteilt wurde. [Von der Aufstellung der „Armee der Bretagne" bis zum Waffenstillstand gab es insgesamt elf Hinrichtungen. Darunter waren ein Offizier (siehe oben) wegen Feigheit in Gegenwart des Feindes; fünf Männer der Fremdenlegion wegen Bauernmordes; ein Franc-titeur wegen bewaffneten Raubüberfalls und vier Mann (Linien- und Mobilgarde) wegen Desertion in Gegenwart des Feindes. Die Zahl wäre noch höher gewesen, wenn es möglich gewesen wäre, die Hauptschuldigen an der Massenpanik in der Tuilerie während der Schlacht von Le Mans zu identifizieren und zu bestrafen.]

Nachdem die Verfolgung durch den Feind gestoppt war, verließen wir schließlich Droué, doch als wir noch etwa drei Meilen zurückgelegt hatten und ein Dorf namens Fontenelle erreichten, rückten die Deutschen wieder an. Es war nun etwa zwei Uhr nachmittags, und während wir unseren Rückzug fortsetzten, hielt der Feind etwa ein paar Stunden lang ununterbrochen Kanonade und versuchte wiederholt, uns von hinten zu bedrängen. Wir erwiderten jedoch ständig ihr Feuer und hielten sie zuverlässig auf Abstand. Wir verloren nur wenige Männer, bevor die Dunkelheit hereinbrach und die Verfolgung aufhörte. Danach trotteten wir langsam weiter – die Straßen waren in einem schrecklichen Zustand –, bis wir etwa um halb sieben das Dorf Saint Agil erreichten, wo sich der Stab im stattlichen Renaissanceschloss des Grafen von Saint-Maixent niederließ.

Am 18. Dezember war das Wetter besser, denn obwohl es extrem kalt war, hörte es auf zu schneien. Aber wir hatten noch immer eine gewaltige Aufgabe vor uns. Die Straßen waren, wie ich schon sagte, miserabel, und in Saint Agil hatten wir mit einigen schrecklichen Sümpfen zu kämpfen, über die wir unsere Kanonen, Munitionswagen und unseren Tross zunächst nicht bringen konnten. Es wurde notwendig, Bäume zu fällen und zu fällen und mit ihnen eine Art Bett zu bilden, über das unsere Impedimenta fahren konnten. Stunde um Stunde verging in unaufhörlicher Arbeit. Ein Munitionswagen, der nur die Hälfte seiner eigentlichen Ladung enthielt, erforderte die

Anstrengungen eines Dutzends Pferde, um ihn über diesen Morast zu ziehen, während für jedes der zwölf Geschütze sogar noch mehr Pferde nötig waren. Es war drei Uhr nachmittags am 18., als das letzte Geschütz hinübergebracht wurde. Drei Lafetten gingen bei diesen Bemühungen kaputt, aber unsere Männer konnten die Teile retten. Gegen Ende der Operationen tauchten die Deutschen erneut auf, wurden aber von unseren Gatlings und Gebirgsgeschützen in Respekt gehalten. Eine halbe Stunde nach unserer Abreise aus Saint Agil drangen sie jedoch in das Dorf ein.

In einem sehr erbärmlichen Zustand, halb verhungert und mit wunden Füßen zogen wir weiter durch das plötzlich einsetzende Tauwetter nach Vibraye, dessen Wald, in jenen Tagen voller Wildschweine und Hirsche, sich zu unserer Linken erstreckte. Wir befanden uns nun im Département Sarthe, und als wir querfeldein in Richtung Huisne gingen, erreichten wir schließlich das alte kleine *Dorf* Connerré an der Hauptstraße (links vom Fluss) nach Le Mans. Dort verabschiedete ich mich von unserer Kolonne, kaufte mir ein Hemd und ein paar Socken und eilte zum anderthalb Meilen entfernten Bahnhof – in der Hoffnung, dass es nach dem, was man mir sagte, eine Möglichkeit geben könnte, mit dem Zug nach Le Mans zu gelangen, anstatt unsere Männer auf der Landstraße zu begleiten. Am Bahnhof Connerré fand ich ein sehr gutes Gasthaus, wo ich sofort die beste Mahlzeit zu mir nahm, die ich seit meiner Abreise aus Le Mans vor sechzehn Tagen gegessen hatte. Dann wusch ich mich, zog mein neues Hemd und meine neuen Socken an und ging zum Bahnhofsvorsteher, um ihn zu befragen. Da ich eine von Oberst Bernard unterzeichnete Genehmigung besaß und eine Ambulanzarmbinde trug, durfte ich nach vielen Schwierigkeiten in einem Eisenbahnwaggon nach Le Mans reisen. Es gab keinen regelmäßigen Zugverkehr, da die einzigen, die jetzt so weit im Norden fuhren, für militärische Zwecke genutzt wurden. Ich kam in Le Mans ein paar Stunden bevor unsere Kolonne Yvré l'Evêque am Abend des 20. Dezember erreichte, an und suchte sofort nach einem Zug, der mich nach Rennes bringen würde, wenn nicht bis Saint-Malo. Dann folgte eine weitere lange, langsame, trostlose Reise in einem schäbigen Drittklassewagen mit Holzsitzen. Es war zwischen zehn und elf Uhr morgens, als wir Rennes erreichten. Ich hatte noch etwa fünfundzwanzig Francs in der Tasche, und da ich wusste, dass mich die Fahrt nach Saint-Malo nicht mehr als ein Viertel dieses Betrags kosten würde, beschloss ich, mir im Hôtel de France ein gutes *Frühstück zu gönnen.*

Außer ein paar Kellnern war niemand in dem langen Speisesaal, aber die Tische waren dort bereits gedeckt. Als ich mich jedoch an einen der Tische setzte, kam der Oberkellner und erklärte, ich könne nicht bedient werden, da die Tische für die Herren reserviert seien . Ich erkundigte mich gerade, wer *die Herren* sein könnten, als einige von ihnen sehr großspurig den Raum betraten. Alle waren in modische und brandneue Uniformen gekleidet, trugen schöne Stiefel und sahen tadellos aus. Sie gehörten, wie ich herausfand, einem freien Korps namens „Eclaireurs d'Ille-et-Vilaine" an, und ihre Hauptbeschäftigungen bestanden darin, ausgiebig zu vergnügen und dann durch die Stadt zu schlendern und alle hübschen Mädchen anzustarren, die ihnen über den Weg liefen. Das Korps ging nie an die Front. Als ich drei oder vier Wochen später wieder durch Rennes kam – diesmal zum zweiten Mal mit meinem Vater –, stellten die Messieurs les Eclaireurs inmitten all des Elends, das die Überreste eines von Chanzys *Armeekorps zur Schau stellten, immer noch ihre makellosen Uniformen und auf Hochglanz polierten Stiefel zur Schau* .

Obwohl ich kaum mehr als ein Junge war, kochte mein Blut, als ich aufgefordert wurde, meinen Platz am Tisch für diese arroganten jungen Gecken aufzugeben. Ich ging zum Hotelbüro, um mich zu beschweren , aber da ich dort nicht vom Wirt, sondern von der Wirtin angesprochen wurde, drückte ich meine Gefühle nicht so stark aus, wie ich es hätte tun können. „Madame" teilte mir freundlich mit, dass das erste *Frühstück* ausschließlich für die Herren Eclaireurs reserviert sei, dass ich aber ausreichend Platz fände, wenn ich bis zum zweiten *Frühstück* am Mittag warten würde. Ich war jedoch nicht geneigt, so etwas zu tun. Ich dachte an all die armen, ausgehungerten, zitternden Männer, die ich vor weniger als 24 Stunden verlassen hatte und denen ich während unserer langen und mühseligen Märsche mehr als einmal geholfen hatte, Brot, Käse und Wein zu kaufen. Sie hatten jedenfalls ihre Pflicht so gut wie möglich erfüllt, und ich war zutiefst empört über die großspurige Jugend von Rennes, die sich damit zufrieden gab, in ihrer Heimatstadt zu bleiben, ihre Uniformen zur Schau zu stellen und sich zu amüsieren. Glücklicherweise kamen solche Fälle sehr selten vor.

Als ich zum Bahnhof zurückkehrte, holte ich mir etwas zu essen im Erfrischungsraum, wo ich bald hörte, wie jemand versuchte, einem Kellner eine in gebrochenem Französisch gegebene Bestellung verständlich zu machen. Da ich einen Landsmann erkannte, schritt ich ein und besorgte, was er wollte. Ich erfuhr, dass er wie ich nach Saint Malo fuhr, also machten wir uns gemeinsam auf den Weg. Er erzählte mir, dass er, obwohl er nur sehr wenig Französisch sprach, im Auftrag einer englischen Schuhfabrik nach Frankreich gekommen war, um einen Vertrag mit einer der Militärbehörden zu erhalten. Viele solcher Leute gab es in der Bretagne, in Le Mans, in Tours und anderswo während der letzten Kriegsjahre. Ein Onkel von mir, Frederick Vizetelly, kam, soweit ich mich erinnere, herüber und interviewte Freycinet und andere im Auftrag einer englischen Kleinwaffenfirma. Ich habe vergessen, ob er einen Vertrag erhielt oder nicht; aber es ist eine bedauerliche und unbestreitbare Tatsache, dass viele der Waffen und Stiefel, die von englischen Herstellern an die Nationale Verteidigung verkauft wurden, äußerst mangelhaft waren. Einige der amerikanischen Waffen waren sogar noch schlechter als unsere. Die Stiefel hatten oft nur „Kunstsohlen“, die schnell abgenutzt waren. Ich sah insbesondere nach der Schlacht von Le Mans Hunderte – ich könnte ohne Übertreibung sagen, Tausende – von Männern, deren Stiefel nur noch Reste waren. Einige humpelten durch den Schnee, nur mit Lumpen um die blutigen Füße gewickelt. Andererseits lieferten einige unserer Firmen zweifellos zufriedenstellende Stiefel, und das war vielleicht auch bei dem Reisenden der Fall, den ich in Rennes traf.

Wenige Tage nach meiner Rückkehr nach Saint-Malo traf mein Cousin Montague Vizetelly mit einem Auftrag der *Daily News dort ein* , sich Chanzys Streitkräften in Le Mans anzuschließen. Mr. Robinson, so erfuhr ich später, hatte meinem Bruder Adrian einige Fragen über mich gestellt und, als er hörte, wie jung ich war, gedacht, ich wäre der Situation vielleicht nicht gewachsen, sollte es zu einer entscheidenden Schlacht zwischen Prinz Frederick Charles und Chanzy kommen. Mein Cousin – damals vierundzwanzig Jahre alt – wurde daher dorthin geschickt. Von da an wurden fast alle meine Kriegsbriefe an die *Pall Mall Gazette weitergeleitet* , und einer davon war zufällig der erste Bericht über die große Schlacht von Le Mans von französischer Seite, der in einer englischen Zeitung erschien.

XI

VOR LE MANS

Der Krieg in verschiedenen Regionen Frankreichs – General Faidherbe – Schlacht bei Pont-Noyelles – Unzuverlässigkeit der offiziellen französischen Nachrichten – Gefecht bei Nuits – Ausfall bei Le Bourget – Schlachten bei Bapaume und Villersexel – Chanzys Operationsplan – Die Affäre von Saint-Calais – Der erbärmliche Zustand einiger von Chanzys Soldaten – Le Mans und seine historischen Verbindungen – Die umliegende Gegend – Chanzys Karriere – Positionen seiner Truppen – Vormarsch von Prinz Frederick Charles – Die ersten Kämpfe vor Le Mans und ihr Ergebnis.

Während Chanzy sich nach Le Mans zurückzog und dort seine Armee reorganisierte und verstärkte, fanden in anderen Teilen Frankreichs verschiedene Operationen statt. Nach der deutschen Besetzung von Amiens wies Moltke Manteuffel an, auf Rouen vorzurücken, was dieser auch tat und anschließend eine Kolonne nach Dieppe entsandte; das Ergebnis war, dass die Deutschen am 9. Dezember zum ersten Mal die Küste erreichten. Am 3. Dezember hatte Faidherbe den Oberbefehl über die Nordarmee in Lille übernommen. Er war ausgesprochen ein kluger General und damals erst 52 Jahre alt. Aber er hatte elf Jahre in Senegal verbracht, um diese Kolonie zu organisieren und zu entwickeln, und seine Gesundheit war durch das tropische westafrikanische Klima beeinträchtigt. Trotzdem bewies er nicht wenig Energie und verzweifelte nie, wie gering die ihm unterstellten Kräfte auch sein mochten und wie beengt seine Lage auch war. Sobald er die ihm anvertraute Armee neu organisiert hatte, rückte er nach Amiens vor, und am 23. und 24. Dezember kam es in der Nähe von Pont-Noyelles zu einer Schlacht. In mancher Hinsicht war Faidherbe im Vorteil, aber sein Erfolg war dürftig, und seine Verluste waren weit höher als die der Deutschen. Sie beliefen sich (neben vielen Deserteuren) auf 2300 Mann, während die Verluste des Feindes nicht mehr als tausend betrugen. Gambetta jedoch telegraphierte den Präfekten, dass ein großer Sieg errungen worden sei, und ich erinnere mich, dass alle Anwesenden in Jubel ausbrachen, als eine entsprechende Mitteilung im Rathaus von Saint-Servan ausgehängt wurde.

Die meisten unserer Kriegsnachrichten oder zumindest die frühesten Nachrichten über wichtige Gefechte erreichten uns auf die von mir beschriebene Weise: Die Stadtbewohner versammelten sich ständig vor den Präfekturen, Unterpräfekturen und städtischen Gebäuden, um die Nachrichten des Tages zu lesen. Manchmal waren sie völlig falsch, manchmal wurde ein kleiner Erfolg der französischen Waffen zu einem Sieg aufgebauscht und aus einem kleinen Gefecht wurde eine offene Schlacht. Die

Nachrichten in den französischen Zeitungen kamen normalerweise sehr verspätet und waren oft ziemlich unzuverlässig, obwohl ab und zu Telegramme aus London veröffentlicht wurden, die Informationen enthielten, die der Wahrheit so nahe kamen, wie die vielen englischen Kriegskorrespondenten auf beiden Seiten feststellen konnten. Nach dem Krieg gaben sowohl Franzosen als auch Deutsche mir gegenüber zu, dass von allen Zeitungsnachrichten aus dieser Zeit nichts an Genauigkeit an die unserer britischen Korrespondenten heranreichte. Nach allem, was ich in den zwei oder drei Jahren nach dem Krieg in Paris, Berlin, Wien und anderswo gehört habe, bin ich davon überzeugt, dass der Ruf der britischen Presse auf dem Kontinent durch die Nachrichten, die sie während des deutsch-französischen Feldzugs brachte, erheblich gestiegen ist. Im Laufe der nächsten Jahre hörte ich oft Ausländer fragen: „Was sagen die Londoner Zeitungen?" oder sagen: „Wenn eine englische Zeitung es sagt, muss es wahr sein." Ich möchte im Namen des Berufsstands, dem ich viele Jahre angehörte, nicht zu laut posaunen, aber was ich hier erwähnt habe, ist absolut wahr; und jetzt, da meine Reisetage vorüber sind, würde es mich freuen zu wissen, dass Ausländer die britische Presse immer noch genauso hoch schätzen.

Aber um auf meinen Bericht zurückzukommen: Während die von mir erwähnten Ereignisse in der Normandie und im Norden Frankreichs stattfanden, versuchte Gambetta vergeblich, Bourbaki zu überreden, in Richtung Montargis vorzurücken. Er wollte auch Garibaldi verstärken; aber die Feindschaft vieler französischer Offiziere gegenüber dem italienischen Befreier war so groß, dass sie nicht mit ihm dienen wollten. General von Werder deckte zu dieser Zeit die Belagerung von Belfort und beobachtete Langres. Am 18. Dezember kam es bei Nuits zu einem Gefecht zwischen einigen seiner Truppen und denen unter der Führung des französischen Kommandanten Cremer, der den Sieg für sich beanspruchte, sich aber später in Richtung Beaune zurückzog. Die Franzosen waren nun jedoch in der Lage, Dijon wieder einzunehmen. Am 21. wurde ein weiterer Ausfall von Paris aus unternommen, diesmal nach Norden, in Richtung Le Bourget und Ville-Evrard. Ducrot hatte wieder das Kommando und 200.000 Mann wurden zusammengezogen, aber nur 5.000 wurden ins Gefecht geschickt. Es gab sehr viele Desertionen, und nicht weniger als sechs Offiziere einer Brigade allein wurden vor ein Kriegsgericht gestellt und wegen mangelnden Mutes bestraft. Die Affäre scheint inszeniert worden zu sein, um die rücksichtsloseren Elemente in Paris zu beruhigen, die immer wieder „einen großen, stürmischen Ausfall" forderten. In diesem Fall jedoch gab es lediglich „viel Lärm um nichts". Die Wahrheit ist, dass sowohl Trochu als auch Ducrot seit der Champigny-Affäre jedes Vertrauen verloren hatten.

Am 2. und 3. Januar lieferten sich die Franzosen unter Faidherbe und die Deutschen unter Goeben eine Schlacht bei Bapaume, südlich von Arras. Die Franzosen waren zahlenmäßig weit überlegen, sie standen sich sogar drei zu eins gegenüber, und Faidherbe wird ein Sieg zugeschrieben. Aber auch dieser war nur erfolglos, denn obwohl die Deutschen zurückfielen, hielten es die Franzosen für ebenso notwendig, dasselbe zu tun. Etwa eine Woche zuvor war das 16. französische Armeekorps, mit dem Bourbaki an der Loire wenig oder gar nichts erreicht hatte, aus Vierzon und Bourges abgezogen worden, um sich der Ostarmee anzuschließen, deren Oberbefehl Bourbaki nun übernahm. Der Transport der Truppen erwies sich als sehr schwierige Angelegenheit, und es herrschte große Unordnung und wiederum viele Desertionen. Trotzdem kämpfte Bourbaki am 9. Januar gegen Werder bei Villersexel, in der Nähe von Vesoul, Montbéliard und Belfort. Bei diesem Gefecht sind auf beiden Seiten offenbar schwere Fehler passiert, und obwohl Bourbaki einen Erfolg für sich verbuchen konnte, waren seine Verluste zahlenmäßig doppelt so hoch wie die der Deutschen.

In der Zwischenzeit drängte Chanzy in Le Mans Gambetta und Freyeinet zu allen möglichen Plänen. In erster Linie wollte er seine durch ihren schwierigen Rückzug so schwer geprüften Truppen neu formieren und verstärken; und damit er Zeit dazu hätte, wollte er, dass Bourbaki ein mächtiges Ablenkungsmanöver durchführte, indem er in Richtung Troyes marschierte. Aber Gambetta und Freyeinet hatten anders entschieden. Bourbakis Vormarsch sollte in Richtung der Vogesen erfolgen, danach sollte er nach Westen abbiegen und mit 150.000 Mann auf Paris marschieren. Chanzy wurde um den 5. Januar (1871) von dieser Entscheidung informiert, und am 6. unternahm er einen letzten Versuch, den Regierungsplan abzuändern, damit Bourbakis Marsch auf einen Punkt näher an Paris gelenkt werden konnte. Als Antwort wurde ihm mitgeteilt, dass es zu spät sei, die Vorkehrungen zu ändern.

Was seine eigenen Operationen anbelangte, so plante Chanzy, nach der Reorganisation seiner Truppen in Richtung Hauptstadt zu marschieren. Seine Stützpunkte sollten der Fluss Sarthe, die Stadt Le Mans und die Eisenbahnlinie sein, die nach Norden nach Alençon führt. Von dort aus wollte er bis zu einem Punkt am Fluss Eure zwischen Dreux und Chartres vorrücken und danach auf einer Route, die die Umstände erlaubten, nach Paris vorrücken. Er hatte 130.000 Mann in der Nähe von Le Mans und wollte 120.000 mit 350 Feldgeschützen oder Maschinengewehren mitnehmen. Er rechnete damit, dass er eine Woche oder genauer gesagt acht Tage brauchen würde, um diese Truppen von Le Mans nach Chartres zu bringen, wobei er die Gefechte auf dem Weg einkalkulierte. Außerdem wollte er, dass Faidherbe und Bourbaki zur Unterstützung seiner Bewegungen energisch in die Offensive gingen, sobald er dazu bereit war. Die Durchführung des Plans wurde jedoch teilweise durch die Maßnahmen verhindert, die die Regierung Bourbaki auferlegte, und teilweise durch das sozusagen plötzliche Erwachen von Prinz Frederick Charles, der Bourbakis Maßnahmen gegenüber immer beunruhigter war und Chanzys Aktivitäten bis dahin bis zu einem gewissen Grad vernachlässigt hatte.

Am 22. Dezember erreichte der Hauptmann und spätere General de Boisdeffre [er war Chef des französischen Stabs während des berühmten Dreyfus-Falls, in dem sein Name häufig erwähnt wurde.], nachdem er Paris in einem der Ballons verlassen hatte, Le Mans und überbrachte Chanzy bestimmte Nachrichten, die Trochu ihm anvertraut hatte. Er brachte nichts Schriftliches mit, da das, was er mitzuteilen hatte, als zu ernst angesehen wurde, um es zu Papier zu bringen. Doch sowohl mein Vater als auch ich hätten praktisch dieselben Informationen übermitteln können, die nichts weiter als ein *Geheimnis de Polichinelles waren* . Sie betrafen den Zeitpunkt, an dem der Fall von Paris unvermeidlich werden würde. Wir - mein Vater und ich - hatten in Versailles und anderswo wiederholt gesagt, dass die Lebensmittelvorräte der Hauptstadt bis Ende Januar reichen würden und dass die Stadt (sofern sie nicht in der Zwischenzeit entsetzt würde) dann kapitulieren müsse. Authentische Informationen darüber lagen in Paris vor, bevor wir die Stadt im November verließen. Natürlich war Trochus Nachricht an Chanzy offiziell und hatte mehr Gewicht als die Behauptungen von Journalisten. Es hieß, es sei notwendig, am 20. Januar eine Kapitulation auszuhandeln, um Zeit für die Versorgung der zwei Millionen Einwohner der Stadt zu gewinnen. Tatsächlich verlängerte sich der Widerstand noch etwa eine Woche. Boisdeffres Informationen waren jedoch eindeutig genug, um Chanzy zu zeigen, dass keine Zeit verloren werden durfte, wenn Paris gerettet werden sollte.

Einige deutsche Kavallerie - wahrscheinlich dieselben Männer, die Gougeards Kolonne verfolgt hatten - tauchten bereits am 18. Dezember in Saint-Calais auf, das nur etwa fünfzig Kilometer nordöstlich von Le Mans liegt, zogen sich jedoch bald zurück, und mehrere Tage lang fand kein weiterer Vormarsch des Feindes in diese Richtung statt. Chanzy bildete zwei fliegende Kolonnen, eine Division unter General Jouffroy und eine 4000 Mann starke Truppe unter General Rousseau, um den Feind in Bedrängnis zu bringen und auf Distanz zu halten. Diese Truppen, insbesondere die von Jouffroy, die in Richtung Montoire und Vendôme zogen, hatten mehrere kleine, aber nichtsdestotrotz wichtige Gefechte mit den Deutschen. Prinz Frederick Charles erkannte tatsächlich, dass Jouffroys Operationen darauf abzielten, die Sicherheit von Chanzys Hauptarmee während ihrer Rekrutierung und Reorganisation zu gewährleisten, und beschloss daraufhin, nach Le Mans zu marschieren und Chanzy anzugreifen, bevor dieser sein Ziel erreicht hatte.

Am Weihnachtstag fiel eine Truppe deutscher Kavallerie, Artillerie und Infanterie in Saint-Calais ein (damals eine Stadt mit etwa 3500 Einwohnern), erhob eine Summe von 17.000 Francs, plünderte mehrere Häuser und misshandelte eine Anzahl der Stadtbewohner. Als einige von ihnen zu protestieren wagten und unter anderem darauf hinwiesen, dass nach verschiedenen kleinen Gefechten in der Umgebung mehrere verwundete Deutsche in die Stadt gebracht und dort gut versorgt worden seien, nannte der kommandierende Offizier des Feindes sie einen Haufen Feiglinge und warf ihnen 2000 Francs seiner letzten Aushebung zu, um sie, wie er sagte, für ihre sogenannten Dienste zu bezahlen. Die Angelegenheit wurde Chanzy gemeldet, der daraufhin einen empörten Brief an den deutschen General schrieb, der in Vendôme kommandierte. Er wurde von einem gewissen M. de Vézian, einem Bauingenieur aus Chanzys Stab, dorthin gebracht, der die folgende Antwort mitbrachte:

„Ich erhalte einen Brief von General Chanzy. Ein General aus Preußen wird weder einen Brief dieser Art schreiben, noch wird er es glauben, noch wird er eine Antwort darauf geben.

„Im Hauptquartier von Vendôme, 28. Dezember 1870."

Unterschrift (*unleserlich*).

Es war vielleicht schade, dass Chanzy seinen Protestbrief überhaupt geschrieben hat. Die französischen Generäle drückten ihre Gefühle angesichts dieses Krieges zu sehr schriftlich aus. Es waren Taten und nicht Worte gefragt.

In der Zwischenzeit wurde die Armee nur langsam rekrutiert. Am 13. Dezember hatte Gambetta – gerade rechtzeitig – ein Dekret erlassen, das die Einquartierung der Männer „während des Winterfeldzuges" erlaubte. Als Gougeards Truppen jedoch nach Yvreé l'Evêque zurückkehrten, wurde ihnen befohlen, wie vielen anderen Divisionen der Armee unter Zeltplanen zu schlafen. Das war ein großer Fehler. Bei diesem strengen Wetter – der Winter war einer der kältesten des 19. Jahrhunderts – litten die Männer sehr. Sie brauchten auch viele Dinge, neue Schuhe, Wäsche, Mäntel und andere Kleidungsstücke, und es kam zu großen Verzögerungen bei der Besorgung ihrer dringendsten Bedürfnisse. Daher war die Zahl der Desertionen nicht verwunderlich. Der Oberbefehlshaber tat sein Bestes, um die Disziplin seiner entmutigten Truppen aufrechtzuerhalten. Mehrere Männer wurden als Exempel erschossen. Als das 21. Armeekorps kurz vor der Schlacht von Le Mans die Huisne überquerte, um Stellungen bei Montfort einzunehmen, wurden mehrere Offiziere schwer bestraft, weil sie in Sanitäts- und Packwagen mitfuhren, anstatt mit ihren Männern zu marschieren.

Le Mans lässt sich nicht leicht gegen einen Feind verteidigen, der aus östlicher, nordöstlicher und südöstlicher Richtung angreift. Aufgrund der Beschaffenheit des Landes ist eine Verteidigung aus nächster Nähe unmöglich. Zu der Zeit, von der ich schreibe, hatte die Stadt etwa 37.000 Einwohner. Sie war sehr alt und existierte bereits zur Zeit der Römer. Sie wurde zur Hauptstadt von Maine. Wilhelm der Eroberer eroberte sie, aber sie wurde seinem Sohn Robert von Helie de La Flêche entrissen. Später wurde Gottfried, der Erste der Plantagenets, dort begraben. Außerdem war es der Geburtsort seines Sohnes, unseres Heinrich II. In späteren Jahren wurde sie von Philipp August von Richard Löwenherz genommen, der sie jedoch Richards Witwe, Königin Berengaria, zuwies. Ein Haus in der Stadt soll fälschlicherweise ihr Wohnsitz gewesen sein, aber zweifellos gründete sie die Abbaye de l'Epau in der Nähe von Yvré l'Evêque und wurde dort begraben. In Le Mans wurde König Johann von Frankreich geboren, der sich in Poitiers dem Schwarzen Prinzen ergab. Und im benachbarten Wald zeigte Johanns Enkel Karl VI. die ersten Anzeichen von Wahnsinn. Während der englisch-französischen Kriege zur Zeit Heinrichs V. und Heinrichs VI. wurde Le Mans fünfmal von der einen oder anderen der streitenden Parteien belagert. Die Stadt litt erneut während der Hugenottenkriege und noch einmal während der Revolution, als die Vendées sie einnahmen, aber von Marceau vertrieben wurden. Etwa 5.000 von ihnen wurden auf dem Place de l'Epéron mit dem Bajonett erstochen.

Le Mans ist reich an Verbindungen zur Geschichte Englands wie auch zur Geschichte Frankreichs und wird trotz seiner guten Erreichbarkeit – denn hier treffen Eisenbahnlinien aus fünf verschiedenen Richtungen zusammen – nur selten von unseren Touristen besucht. Sein Glanzstück ist seine Kathedrale, die von den zahlreichen englischen Autoren über die Kathedralen Frankreichs seltsamerweise vernachlässigt wird. Hier werden die Architekturstile von fünf aufeinanderfolgenden Jahrhunderten veranschaulicht, und wie Mérimée einmal schrieb, ist es, als ob man von einer Religion zur anderen wechselte, wenn man von einem Teil des Gebäudes zum anderen geht. Das herausragendste Merkmal der Kathedrale sind jedoch ihre Buntglasfenster, zu denen einige der ältesten der Welt gehören. Vor vielen Jahren, als sie in einem besseren Zustand waren als heute, hat Hucher in einem seltenen Foliobände Reproduktionen davon veröffentlicht. Hier befindet sich auch das Grab der Königin Berengaria von England, das aus der Abbaye de l'Epau überführt wurde; hier befand sich auch früher das Grab des Großvaters ihres Mannes, Geoffrey Plantagenet. Dieses wurde jedoch von den Hugenotten zerstört, und Sie müssen ins Museum gehen, um alles zu sehen, was davon übrig geblieben ist – das heißt die unbezahlbare Emaille-*Plakette* , die es früher überragte und die Geoffrey zeigt, wie er sein Schwert und seinen azurblauen Schild hält, wobei letzterer ein Kreuz und aufgerichtete Löwen trägt – nicht die Leopardenlöwen seiner englischen

Nachkommen. Über diesen Schild ist während der Streitigkeiten unter Heraldikern viel Tinte geflossen.

Den jüngsten Plänen von Le Mans zufolge hat es dort seit dem Deutsch-Französischen Krieg eine ganze Menge Veränderungen gegeben. Einige der kurvigen alten Straßen wurden durch neue, breite, gerade Straßen ersetzt. Die Pont Napoléon scheint jetzt die Pont Gambetta zu sein, und der Place des Minimes heißt Place de la République. Mir fällt auch eine Rue Thiers auf, die es damals noch nicht gab, als ich Le Mans als altmodische Stadt kannte. In dieser Erzählung muss ich es natürlich so nehmen, wie es damals war, nicht wie es heute ist.

Die Sarthe, die von Norden nach Süden fließt und dort, wo sie in ihren aus Nordosten kommenden Nebenfluss Huisne mündet, die Stadt noch immer in zwei ungleiche Abschnitte teilt; der größere, auf dessen höchstem Teil die Kathedrale steht, liegt am linken Flussufer. Zu der Zeit, von der ich schreibe, war die Sarthe von drei Steinbrücken, einer Hängebrücke und einem etwa 560 Fuß langen Eisenbahnviadukt aus Granit und Marmor überspannt. Der deutsche Vormarsch musste zwangsläufig von Osten und Süden kommen. Im Osten gibt es eine Reihe von Höhen, unter denen das Wasser der Huisne fließt. Die Aussicht erstreckt sich über eine Fläche mit unterschiedlicher Höhe, wobei steile Hügel und tiefe Täler häufig sind. Es gibt zahlreiche Wasserläufe. Die Huisne, die die Sarthe speist, wird selbst von einer Reihe kleiner Nebenflüsse gespeist. Der tiefste Boden war zu der Zeit, von der ich spreche, im Allgemeinen Wiesenland, das hier und da von Pappelreihen durchzogen war, während der höher gelegene Boden für den Anbau von Feldfrüchten genutzt wurde. Jedes kleine Feld war von Gräben, Wällen und dichten Hecken umgeben.

Der höchste Punkt der östlichen Höhen ist Yvré l'Evêque, das einst von einem Renaissanceschloss gekrönt wurde, in dem Heinrich von Navarra residierte, als er Le Mans unterwarf. Nördlich von Yvré, in Richtung Savigné, erstreckt sich das Hochplateau von Sargé, das im Westen zum Fluss Sarthe hin abfällt und eine der wichtigsten natürlichen Verteidigungsanlagen von Le Mans bildet. Östlich von Yvré überblickt man zunächst die Huisne, die an verschiedenen benachbarten Stellen von vier Brücken überspannt wird, deren Wiesenland in seinem Tal jedoch größtenteils von kleinen Wasserkanälen zu Bewässerungszwecken durchschnitten wird, was das Gelände für eine angreifende Streitmacht zusätzlich schwer zu durchqueren macht. Zweitens sieht man ein langes Plateau namens Auvours, dessen Besitz die Operationen eines Feindes zwangsläufig erleichtern muss. Wenn man dem Verlauf der Eisenbahnlinie aus Richtung Paris folgt, bemerkt man mehrere Kiefernwälder, die auf ehemaligen Heideflächen gepflanzt sind. Immer noch nach Osten blickend liegt das Dorf Champagné, dessen Hänge mit Weinreben übersät sind, während die Ebene aus Ackerland besteht, das mit Kastanienbüschen übersät ist. Nordöstlich von Champagné liegt Montfort, wo Chanzy zunächst den Großteil des 21. Armeekorps unter Jaurès stationierte. Dies war (abgesehen von seinen fliegenden Kolonnen auf einer Seite) die östlichste Position seiner Truppen zu der Zeit, als der deutsche Vormarsch begann. Die rechte Flanke des 21. Korps ruhte hier auf der Huisne. Die äußerste Linke erstreckte sich nach Norden in Richtung Sarthe, aber eine Division des 17. Korps unter General de Colomb bewachte die Eisenbahnlinien von Alençon (Norden) und Conlie (Nordwesten).

Angesichts der Huisne, der Höhen von Yvré und der Hochebenen von Sargé und Auvours mussten die Deutschen größtenteils auf den Hauptstraßen bleiben – denn so schlecht ihr Zustand zu dieser Jahreszeit auch sein mochte, war er nichts im Vergleich zu den vielen engen und oft tiefen Gassen, deren hohe Wälle und Hecken zudem Möglichkeiten für Hinterhalte boten – und es war offensichtlich, dass die Deutschen auf der Ostseite von Le Mans eine schwierige Aufgabe vor sich haben würden, selbst wenn sie das 21. Korps aus Montfort vertreiben sollten. Der Zugang zur Stadt ist jedoch von Südosten und Süden aus leichter. Hier gibt es zahlreiche Kiefernwälder, aber in Richtung Le Mans ist das Gelände nach Parigné-l'Evêque (SO) und Mulsanne (S) im Allgemeinen viel weniger hügelig als im Osten. Es gibt jedoch bestimmte Stellungen, die sich günstig zur Verteidigung eignen. In Changé, auf halbem Weg zwischen der Straße von Saint-Calais nach Le Mans *über* Yvré und der Straße von Grand Lucé nach Le Mans *über* Parigné, gibt es eine Anhöhe. Über eine Distanz von acht Meilen erstreckt sich außerdem – oder erstreckte sich zum Zeitpunkt, auf den ich mich beziehe – ein Weg namens Chemin des Boeufs, der sich für Verteidigungszwecke eignet und an mindestens zwei Stellen Anhöhen aufweist – Le Tertre Rouge, südöstlich von Le Mans, und La Tuilerie, südlich der Stadt. Die Linie des Chemin des Boeufs und die Position von Changé wurden von Chanzy zunächst dem 16. Korps anvertraut, dessen Kommandant Jauréguiberry sein Hauptquartier im südlichen Vorort Pontlieue hatte, einem wichtigen Punkt, der über eine Steinbrücke über die Huisne direkten Zugang zu Le Mans bot.

Als ich in den ersten Januartagen von Saint-Servan nach Le Mans zurückkehrte, zählten Chanzys Truppen insgesamt etwa 130.000 Mann, aber ein sehr großer Teil davon war in verschiedene Richtungen verstreut und bildete abgetrennte Kolonnen unter den Generälen Barry, Curten, Rousseau und Jouffroy. Die Truppen der beiden erstgenannten Offiziere stammten vom 16. Korps (Jauréguiberry), die von Rousseau waren eigentlich die erste Division des 21. Korps (Jaurès) und die von Jouffroy gehörten zum 17. Korps unter dem Kommando von General de Colomb. [Das 16. und das 17. Korps bestanden jeweils aus drei Divisionen, das 21. aus vier. Die deutschen Korps bestanden im Allgemeinen nur aus zwei Divisionen, verfügten jedoch über weitaus stärkere Kavalleriekräfte als Chanzy.] Es ist ein merkwürdiger

Umstand, dass sich unter den deutschen Truppen, die den Streitkräften des letzteren in diesem Stadium des Krieges entgegentraten, eine Division befand, die von einem General von Colomb kommandiert wurde. Beide Offiziere entstammten derselben alten französischen Familie, doch von Colomb stammte aus einem Hugenottenzweig, der Frankreich verlassen hatte, als das Edikt von Nantes aufgehoben wurde.

Chanzys andere Hauptkoadjutoren in Le Mans waren Jaurès, von dem ich bereits gesprochen habe, und Konteradmiral Jauréguiberry, der nach dem Oberbefehlshaber vielleicht der fähigste aller Kommandeure war. Er war baskischer Herkunft und 1815 geboren. Er hatte sich als Marineoffizier bei den Expeditionen auf die Krim, nach China und nach Cochinchina ausgezeichnet. Als er in die Armee der Nationalverteidigung eintrat, hatte er maßgeblich zu D'Aurelles Sieg bei Coulmiers beigetragen. Er wurde unter den Loire-Streitkräften als der Mann bekannt, der immer als Erster angriff und als Letzter zurückwich. [Er sah etwas älter aus, als es sein Alter rechtfertigte, da er sehr kahl war und nur einen Kranz weißer Haare um den Schädel hatte. Seine Oberlippe und sein Kinn waren rasiert, aber er trug einen weißen Backenbart in der Art eines „Koteletten". Er war schlank und ziemlich groß und verfügte über eine beträchtliche Nervenstärke und Energie. In späteren Jahren wurde er Marineminister im Kabinett Waddington, im zweiten Freycinet und im Kabinett Duclerc.]

Nachdem ich Chanzys wichtigste Untergebene erwähnt habe, ist es angebracht, dass ich kurz über Chanzy selbst berichte. Als Sohn eines Offiziers des Ersten Kaiserreichs wurde er in Nouart in den Argonnen geboren, und aufgrund seiner persönlichen Kenntnisse dieser Region ist es sicher, dass seine Dienste während des verheerenden Marsches auf Sedan wertvoll gewesen wären, als, wie Zola in „La Débâcle" richtig bemerkt hat, so viele französische Kommandeure die Natur und die Möglichkeiten des Landes, durch das sie vorrückten, überhaupt nicht kannten. Chanzy jedoch hatte, wie viele andere, die zu den Loire-Streitkräften gehörten, sein Leben in der Marine begonnen und sich mit 16 Jahren in diesen Dienst eingeschrieben. Doch nach sehr kurzer Erfahrung auf See ging er auf die Militärschule von St. Cyr, schloss sie 1843 als Leutnant ab, als er einundzwanzig Jahre alt war, wurde einem Zuaven-Regiment zugeteilt und nach Algerien geschickt. Er diente jedoch im Italienfeldzug von 1859, wurde Oberstleutnant eines Linienregiments und nahm als solcher an der Syrienexpedition von 1860–61 teil. Später war er bei den französischen Streitkräften, die Rom besetzten, wurde 1864 zum Oberst ernannt, kehrte nach Algerien zurück und wurde 1868 zum Brigadegeneral befördert.

Zu Beginn des Deutsch-Französischen Krieges bewarb er sich um den aktiven Dienst, doch die kaiserlichen Behörden wollten ihn nicht in Frankreich einstellen. Trotz der Verbindungen seiner Familie zum Ersten

Kaiserreich galt er wie Trochu als Orleanist, und es war nicht erwünscht, dass ein orleanistischer General die Gelegenheit bekam, sich beim geplanten „Marsch auf Berlin" auszuzeichnen. Marschall MacMahon jedoch hatte als Gouverneur von Algerien eine hohe Meinung von Chanzys Verdiensten, und nach Sedan, so besorgt er auch um sein Land in seiner misslichen Lage war, fand der Marschall, damals Kriegsgefangener, einen Weg, der Nationalen Verteidigung zu raten, Chanzys Dienste in Anspruch zu nehmen. Diese patriotische Intervention, die MacMahon unendliche Ehre einbrachte, verschaffte Chanzy eine Anstellung an der Spitze des 16. Armeekorps und später den Oberbefehl über die Zweite Loire-Armee.

Als ich ihn Ende 1870 zum ersten Mal sah, war er 58 Jahre alt, gut gebaut und größer als die meisten französischen Offiziere. Sein blondes Haar und sein blonder Schnurrbart waren grau geworden; aber seine blauen Augen waren hell geblieben, und sein hübsches, wohlgeschnittenes Gesicht mit der Adlernase und dem energischen Kinn hatte einen Ausdruck ruhiger Entschlossenheit. So war der General, von dem Moltke später erklärte, er sei der beste gewesen, den Frankreich den Deutschen während des gesamten Krieges entgegengesetzt hatte. Ich habe Chanzy kein einziges Mal aufgeregt gesehen, in dieser Hinsicht unterschied er sich stark von vielen seiner untergeordneten Kommandeure. Jauréguiberry ließ sich manchmal von seinem baskischen und Gougeard von seinem keltischen Blut mitreißen. So war es auch mit Jaurès, der, obwohl in Paris geboren, wie sein Neffe, der sozialistische Führer, das Blut des Midi in seinen Adern hatte. Chanzy gehörte jedoch einer ruhigeren, ruhigeren, entschlosseneren nördlichen Rasse an.

Er war religiös, und ich erinnere mich, dass es neben den Kaplänen, die die bretonischen Bataillone begleiteten, einen Oberkaplan im Generalstab gab. Dies war Abbé de Beuvron, ein Mitglied einer alten Adelsfamilie aus Zentralfrankreich. Stabschef war Generalmajor Vuillemot, Generalprovost Oberst Mora und die wichtigsten Adjutanten waren die Hauptleute Marois und de Boisdeffre. Speziell dem Hauptquartierdienst zugeteilt war eine ziemlich zahlreiche, ausgewählte Truppe unter General Bourdillon. Sie bestand aus einem Regiment berittener Gendarmen und einem Gendarmen zu Fuß, vier Schwadronen Chasseurs d'Afrique, etwas Artillerie, die hauptsächlich mit Gebirgsgeschützen ausgerüstet war, einer Aeronautikkompanie unter den Brüdern Tissandier und drei Schwadronen algerischer leichter Kavallerie vom Typ Spahi, die mit ihren wallenden Burnusen und ihren schnellen kleinen Araberpferden oft eine auffällige Rolle in Chanzys Eskorte spielten. Ein oder zwei Jahre nach dem Krieg stellte ich einen dieser Männer - er hieß Saad - als Diener ein, und er erwies sich als äußerst ergeben und aufmerksam. In dem harten Winter 1870/71 hatte er sich jedoch eine Lungenkrankheit eingefangen, und nach einigen Monaten musste ich ihn in das Militärhospital Val-de-Grâce in Paris bringen, wo er an galoppierender Schwindsucht starb.

Die deutschen Streitkräfte, die Chanzy gegenüberstanden, bestanden aus einem Teil der sogenannten „Armée-Abtheilung" unter dem Großherzog von Mecklenburg und der „Zweiten Armee" unter Prinz Friedrich Karl von Preußen, wobei letztere das 3., 9., 10. und 13. Armeekorps umfasste und über zahlreiche Kavallerie und fast 400 Kanonen verfügte. Der Prinz stellte fest, dass die französischen Streitkräfte teilweise extrem verstreut waren, und beschloss daher, zu handeln, bevor sie konzentriert werden konnten. Zu Beginn drangen die Deutschen in Nogent-le-Rotrou ein, wo Rousseaus Kolonne stationiert war, fügten ihm einen Rückschlag zu und zwangen ihn (7. Januar), sich nach Connerré zurückzuziehen – eine Entfernung von 30 Meilen von Nogent und weniger als 16 Meilen von Le Mans. Am selben Tag wurden Teile von Jouffroys Streitkräften bei Epuisay und Poirier (auf halbem Weg zwischen Le Mans und Vendôme) besiegt und ebenfalls zum Rückzug gezwungen. Die französischen Abteilungen (unter Jouffroy, Curten und Barry), die entlang der Linie von Saint-Calais nach Montoire und von dort nach Saint-Amand und Château-Renault stationiert waren – eine Strecke von etwa 800 Kilometern – waren nicht stark genug, um dem deutschen Vormarsch Widerstand zu leisten, und einige von ihnen liefen Gefahr, dass ihnen der Rückzug abgeschnitten wurde. Chanzy war sich der Gefahr bewusst und entsandte am Morgen des 8. Januar Jauréguiberry, um das Kommando über alle von Süden nach Südosten zwischen Château-du-Loir und Château-Renault verteilten Truppen zu übernehmen und sie nach Le Mans zu bringen.

Doch das 10. deutsche Korps rückte in diese Richtung vor und sicherte sich nach einem Gefecht mit Barrys Truppen bei Ruillé Stellungen rund um La Chartre. Dies bedrohte den Rückzug der Kolonne unter General Curten, die sich noch in Saint Amand befand, ernsthaft und stellte zudem eine weitere Bedrohung für Barry selbst dar, da seine Division über eine Front von 23 Kilometern in der Nähe von Château-du-Loir verteilt war. Jauréguiberry bat Barry jedoch, den Fluss Loir weiterhin zu bewachen, in der Hoffnung, dass Curten sich bis dorthin zurückziehen könne.

Während jedoch diese Verteidigungsversuche südlich von Le Mans unternommen wurden, rückten die Deutschen im Nordosten und Osten vor, wobei Prinz Frederick Charles unbedingt mit Chanzys Hauptstreitkräften in Kontakt kommen wollte, ungeachtet dessen, was am Loir und bei Saint Amand passieren würde. Im Nordosten rückte der Feind bis La Ferté Bernard vor; im Osten, bei Vancé, trieb eine Brigade deutscher Kavallerie die französischen Kürassiere und Algerier zurück, und Prinz Frederick Charles rückte dann bis nach Saint Calais vor, wo er sich auf eine entscheidende Schlacht vorbereitete. Ein Armeekorps wurde entlang der Huisne-Linie geschickt, ein anderes hatte den Befehl, auf Ardenay vorzurücken, ein drittes auf Bouloire, während das vierte, das Barry auf seiner linken Flanke zurückließ, auf Parigné-l'Evêque marschieren sollte. Mit Ausnahme einer Brigade Infanterie und einer Kavallerie, die abkommandiert waren, um den isolierten Curten zu beobachten und in Schach zu halten, marschierte praktisch die gesamte deutsche Zweite Armee gegen Chanzys Hauptstreitkräfte.

Chanzy seinerseits befahl nun Jaurès (21. Korps), die Stellungen von Yvré, Auvours und Sargé stark zu besetzen, während Colomb (17. Korps) die Anweisung erhielt, die Division von General Pâris nach Ardenay zu schicken, wodurch Colombs tatsächliches Kommando auf eine Division reduziert wurde, da Jouffroys Kolonne zuvor von ihr abgezogen worden war. Auf beiden Seiten war jede Operation aufgrund des sehr rauen Wetters mit großen Schwierigkeiten verbunden. Auf ein kurzes Tauwetter war erneut plötzlicher Frost gefolgt, sodass die Straßen mit einer Eisschicht bedeckt waren, die sie äußerst rutschig machte. Am 9. Januar setzten heftige Schneestürme ein, die einen fast blind machten, und doch ließen die verfeindeten Heere keine Stunde von ihren jeweiligen Bemühungen ab. Wenn ich mich manchmal an diese Tage erinnere, frage ich mich, ob viele, die von Napoleons Rückzug aus Moskau gelesen haben, völlig begriffen haben, was das bedeutete. Inmitten der Schneestürme des 9. griff eine deutsche Kavallerieeinheit unsere äußerste Linke an und zwang sie zum Rückzug in Richtung der Alençon-Linie. Da sich Rousseaus Kolonne in einer gefährlichen Position bei Connerré befand, wurde Colins Division des 21. Korps vorgeschickt, um sie in Richtung Montfort zu unterstützen. Gougeard rückte mit seinen Bretonen ebenfalls vor, um Colin zu unterstützen. Doch das 13. deutsche Korps griff Rousseau an, der nach zwei Gefechten aus Connerré vertrieben und zum Rückzug nach Montfort und Pont-de-Gennes über die Huisne gezwungen wurde. Er hatte etwa 800 seiner Männer an Toten, Verwundeten und Vermissten verloren, während der Feind kaum hundert verlor. Zur gleichen Zeit wurde Gougeard angegriffen und zum Rückzug nach Saint-Mars-la-Bruyére gezwungen.

Das wichtigste Ereignis des Tages jedoch war die Niederlage der Truppen von General Paris bei Ardenay durch einen Teil des 3. deutschen Korps. Letzteres war zahlenmäßig überlegen, aber die demoralisierten Franzosen leisteten kaum Widerstand, sodass die Deutschen etwa 1.000 Gefangene machten. Das Schlimmste jedoch war, dass der Feind mit der Einnahme von Ardenay sozusagen einen Keil zwischen die französischen Streitkräfte trieb und ihre Konzentration behinderte. In der Zwischenzeit marschierte das 9. deutsche Korps nach Bouloire, das zum Hauptquartier von Prinz Friedrich Karl wurde. Das 10. Korps hatte jedoch gemäß dem Befehl des Prinzen noch nicht nach Parigné l'Evêque vorrücken können, obwohl es Barry auf Jupilles und Grand Lucé zurückgedrängt hatte. Der einzige Vorteil, den die Franzosen an diesem Tag errangen, war, dass Curten sich aus Château-Renault zurückziehen konnte; Doch erst in der Nacht des 10., als er Chanzy kaum oder gar nicht mehr von Nutzen sein konnte, gelang es ihm, Château-du-Loir zu erreichen, wo es Jauréguiberry auf Chanzys dringende Appelle hin gelungen war, einige tausend Mann zur Verstärkung der Le Mans verteidigenden Truppen zusammenzutrommeln.

Vier Tage lang wurde an verschiedenen Punkten, vom Nordosten bis zum Süden der Stadt, gekämpft, mit ungünstigem Ausgang für die Franzosen. Chanzy war allerdings in diesem kritischen Moment bei schlechter Gesundheit. Einem Bericht zufolge, den ich damals hörte, hatte er einen Ruhranfall, einem anderen zufolge litt er an einer Halskrankheit, verbunden mit heftigen neuralgischen Schmerzen im Kopf. Ich glaube jedoch nicht, dass sein schlechter Gesundheitszustand den Ausgang besonders beeinflusste, der so stark von der Art und Weise abhing, wie seine Pläne und Anweisungen ausgeführt wurden. Die Strategie der Deutschen bei Sedan und in den Schlachten um Metz hatte die Generäle, die die französischen Armeen während der zweiten Kriegsperiode befehligten, stark beeindruckt. Man könnte wirklich sagen, dass sie in ständiger Angst lebten, vom Feind umzingelt zu werden. Wenn Chanzy es an Konzentration mangelte, wenn er die eine oder andere fliegende Kolonne aussandte und einen beträchtlichen Teil seiner Armee über ein weites Gebiet verteilte, dann lag das eben daran, dass er eine Kehrtwende der Deutschen befürchtete, die ihn in der Schlacht bei Le Mans einschließen könnte.

Die früheren Anweisungen, die Prinz Frederick Charles seinen Untergebenen übermittelte, scheinen eindeutig darauf hinzudeuten, dass eine Kehrtwende geplant war. Doch nach den Kämpfen am 9. Januar, als, wie ich bereits erwähnte, das 3. deutsche Armeekorps keilförmig in die französischen Linien eindrang, gab der Prinz jede Idee auf, Chanzys Streitkräfte einzukesseln, und beschloss, einen energischen Frontalangriff zu starten, bevor sie durch eine der noch vorgelagerten Kolonnen verstärkt werden konnten. Bei dieser Entscheidung könnte der Prinz durchaus vom Ergebnis der jüngsten Kämpfe beeinflusst worden sein, die die Überlegenheit der deutschen Truppen ausreichend demonstriert hatten, um zu zeigen, dass ein Frontalangriff unter den gegebenen Umständen mit weitaus weniger Risiko verbunden wäre, als wenn er sich einem wirklich energischen Gegner gegenübergesehen hätte. Captain Hozier, den ich zuvor in Versailles gesehen hatte, war zu dieser Zeit als *Times*-Korrespondent für die Armee des Prinzen tätig, und als er später die Kämpfe Revue passieren ließ, äußerte er die Meinung, dass der Ausgang der Operationen des Prinzen keinen Augenblick zweifelhaft gewesen sei. Dennoch leisteten die Franzosen in allen Punkten, bis auf einen, eine ziemlich gute Verteidigung, wie ich jetzt zeigen werde.

Zwölftes Kapitel

LE MANS UND DANACH

Die eigentliche Schlacht von Le Mans beginnt (10. Januar) – Jouffroy und Paris werden zurückgedrängt – Gougeards Kampf bei Champagné – Die bretonischen Mobilisés aus Conlie – Chanzys Entschlossenheit – Seine Befehle für den 11. Januar – Er inspiziert die Linien – Paris wird vom Plateau von Auvours vertrieben – Gougeards galante Rückeroberung des Plateaus – Meine Rückkehr nach Le Mans – Die Panik in La Tuilerie – Der Rückzug ist unvermeidlich – Abzug der Franzosen – Einmarsch der Deutschen – Straßenkämpfe – Deutsche Erpressungen – Meine Flucht aus Le Mans – Der Rückzug der Franzosen – Nachhutgefechte – Laval – Meine Verhaftung als Spion – Ein dramatisches Abenteuer.

Am Morgen des 10. Januar, als die entscheidenden Kämpfe vor Le Mans wirklich begannen, fiel noch etwas Schnee. Am Abend des 9. Januar hatte das französische Hauptquartier noch immer keine Nachrichten von den Generälen Curten, Barry und Jouffroy, und selbst die Kommunikation mit Jauréguiberry war nur sporadisch. Trotzdem hatte Chanzy sich entschlossen, zu kämpfen, und Jauréguiberry den Befehl gegeben, Jouffroy in Richtung Parigné-l'Evêque (SO) und Barry in Richtung Ecommoy (südlich von Le Mans) zu schicken. Aber die Straßen waren in so schlechtem Zustand, und die französischen Truppen waren so schwer auf die Probe gestellt und so schlecht versorgt, dass mehrere Anweisungen des Oberbefehlshabers nicht ausgeführt werden konnten.

Jouffroy tat zumindest sein Bestes, und nach einem harten und ermüdenden Marsch von Grand Lucé erreichte ein Teil seiner Division Parigné rechtzeitig, um an den dort ausgetragenen Kämpfen teilzunehmen. Doch für die Franzosen endete es katastrophal: Eine ihrer Brigaden verlor bis zu 1400 Mann, und die Deutschen machten insgesamt etwa 2000 Gefangene. Jouffroys Truppen zogen sich dann in einem beklagenswerten Zustand nach Pontlieue zurück, dem südlichen Vorort von Le Mans, und sorgten dafür, dass sich die Huisne zwischen ihnen und den Deutschen befand. In dieselbe Richtung wurde die demoralisierte Division von Paris, die bereits am Vortag in Ardenay besiegt worden war, vom 3. deutschen Korps aus Changé vertrieben, das nicht weniger als 5000 Gefangene machte. Es hatte nun die französischen Ost- und Südlinien fast vollständig durchtrennt und bedrohte jede direkte Verbindung zwischen dem 21. und dem 16. französischen Korps. Dennoch befand es sich in einer gefährlichen Lage, da beide Flanken Angriffen ausgesetzt waren, eine von Yvré und Auvours und die andere von Pontlieue und dem Chemin des Boeufs, wobei die letzte Linie vom 16. französischen Korps gehalten wurde.

In der Zwischenzeit waren Gougeards Bretonen in Champagné in einen Kampf verwickelt. Auf den Feldern und an den Hängen der Weinberge kam es zu einem ziemlich knappen Gefecht, gefolgt von einem Häuserkampf in den Straßen des Dorfes. Die Franzosen wurden schließlich zurückgedrängt; doch etwas später, als die Deutschen sich aus Champagné zurückzogen, besetzten sie den Ort erneut. Das Ergebnis des Tages war, dass der Feind, abgesehen von dem etwas gefährlichen Erfolg des 3. deutschen Korps, keinen großen Vorteil erlangt hatte. Sein 13. Korps hatte nur geringe Fortschritte gemacht, sein 9. war nicht in Aktion getreten und sein 10. war noch nicht näher als Grand Lucé. Auf der französischen Seite hatte Barry schließlich Mulsanne erreicht und damit die direkte Südstraße nach Le Mans gedeckt, während Jauréguiberry weiter unten in Ecommoy mit etwa 9000 Mann verschiedener Waffengattungen und Regimenter, die er zusammenbringen konnte, lag. Curtens Division konnte die unmittelbare Umgebung von Le Mans unmöglich rechtzeitig zum Kampf am 11. erreichen und erhielt daher den Befehl, nach La Suze südwestlich der gefährdeten Stadt zu marschieren. Am 10. erhielt Chanzy außerdem Verstärkung durch die willkommene Ankunft mehrerer zusätzlicher Feldgeschütze und einer großen Zahl von Pferden. Er hatte den Befehl gegeben, das Lager von Conlie aufzulösen, aber statt der vierzig- oder fünfzigtausend Mann, die das Lager früher liefern konnte, erhielt er jetzt nur noch etwa 9000 schlecht ausgerüstete, schlecht bewaffnete und fast untrainierte bretonische Mobilisés. [Andererseits hatte das Lager, wie ich bereits erwähnte, bereits den Großteil der Männer von Gougeards Division gestellt.] Sie wurden in sechs Bataillone aufgeteilt – eines davon kam aus Saint-Malo, die anderen aus Rennes und Redon – und wurden von einem General namens Lalande kommandiert. Sie erwiesen sich als keine Verstärkung; Sie wurden im Gegenteil zu einer Quelle der Schwäche und des Unglücks, denn ihr Verhalten besiegelte letztlich das Schicksal der Zweiten Loire-Armee.

Doch Chanzy war trotz seiner Beschwerden voller Energie und Entschlossenheit. Er wusste außerdem, dass zwei neue Armeekorps (das 19. und das 25.) zu seiner Verstärkung vorbereitet wurden, und er war noch immer entschlossen, zu kämpfen und vier oder fünf Tage durchzuhalten, bis er Prinz Friedrich Karl zum Rückzug zwingen konnte. Dann hoffte er, mit seiner verstärkten Armee erneut in Richtung Paris marschieren zu können. Merkwürdigerweise schickte Gambetta Trochu ausgerechnet an diesem kritischen Tag, dem 10. Januar, eine Depesche per Brieftaube, in der er ihm mitteilte, dass Chanzy und Bourbaki spätestens am 20. mit insgesamt über 400.000 Mann in die Hauptstadt vorrücken würden.

Aber wenn Chanzys Stimmung nicht nachließ, so war die seiner Männer doch sehr deprimiert. Untergebene Kommandeure hatten ihm dies wiederholt mitgeteilt; dennoch (sein Charakter hatte etwas Napoleonisches) ließ er nicht von seinem Vorhaben ab, sondern gab Anweisungen, dass am 11. eine entschlossene Verteidigung der Linien erfolgen sollte, verbunden mit einem entschlossenen Versuch, alle verlorenen Stellungen zurückzuerobern. Gleichzeitig blieben die Aussagen der Divisionsgeneräle über die niedrige *Moral* einiger Truppen nicht unbeachtet, denn es erging ein sehr bedeutsamer Befehl, nämlich, dass Kavallerie hinter der Infanterie aufgestellt werden sollte, wo immer dies ratsam erschien. Die Schlussfolgerung war offensichtlich.

Drei Divisionen und Lalandes bretonische Mobilisierung sollten die südöstlichen Linien von Arnage entlang des als Chemin des Boeufs bekannten Weges halten und sich so gut wie möglich mit den Divisionen von Pâris und Gougeard verbinden, denen die Aufgabe zufiel, das Plateau von Auvours und die Ufer der Huisne zu bewachen. Der Rest des 21. Korps (zu dem Gougeards Division gehörte) sollte den Raum zwischen der Huisne und der Sarthe verteidigen. Colombs fragmentarische Truppen sollten, abgesehen von Pâris' Division, weiterhin Le Mans im Nordosten decken. Barrys Männer sollten bei ihrer erwarteten Ankunft als Reserven um Pontlieue dienen.

Der Morgen des 11. Januar war hell. Es hatte aufgehört zu schneien, aber der Boden war noch einige Zentimeter dick. Um den Truppen und insbesondere den Militärwagen den Durchgang durch die Stadt zu erleichtern, befahl der Bürgermeister von Le Mans den Einwohnern, so viel Schnee wie möglich wegzuräumen; aber natürlich blieb er überall in der Gegend unberührt. An den beiden vorhergehenden Tagen hatte man Chanzy kaum gesehen, aber an diesem Morgen bestieg er sein Pferd und ritt entlang der Linien von der erhöhten Stellung namens Le Tertre Rouge zur ebenso erhöhten Stellung von Yvré. Ich sah ihn dort, eingehüllt in einen langen, lockeren Mantel, dessen Kapuze über sein Käppi gezogen war. In seiner Nähe war seine malerische Eskorte der algerischen Spahis, und während er sich mit einigen Offizieren unterhielt, zog ich ein kleines Skizzenbuch hervor, das ich bei mir trug, und versuchte, die Gruppe zu skizzieren. Ein Adjutant, der mich sofort bemerkte, kam herbei, um zu fragen, was ich tue, und ich musste daher die Erlaubnis vorzeigen, die ich bei meiner Rückkehr an die Front vom Stabschef erhalten hatte. Es stellte sich heraus, dass alles in Ordnung war, und ich machte mit meiner Arbeit weiter. Doch ein paar Minuten später nahm der General, nachdem er seine Befehle gegeben hatte, die Zügel auf, um davonzureiten. Als er langsam an mir vorbeiging, warf er mir nur einen kurzen, scharfen Blick zu und bemerkte mit einem schwachen Anflug eines Lächelns: „Das werde ich mir ein anderes Mal ansehen." Der Adjutant hatte ihm zuvor erklärt, was ich vorhatte.

An diesem Tag nahm das 3. deutsche Korps die Offensive wieder auf und vertrieb Gougeard erneut aus Champagné. Dann wurde das 9. Korps des Feindes, das am 10. Januar wenig oder nichts getan hatte und daher ziemlich frisch war, in Aktion gesetzt und startete einen entschlossenen Angriff auf das Plateau von Auvours. Es gab einen ziemlich langen Kampf, der von Yvré aus beobachtet werden konnte. Aber die Deutschen waren zu stark für Pâris' Männer, die sich schließlich auflösten und Hals über Kopf in schrecklicher Verwirrung auf die Brücke von Yvré zukamen. Flucht ist oft ansteckend, und Gougeard, der sich in ziemlich guter Ordnung aus Champagné zurückgezogen hatte, fürchtete, seine Männer könnten es ihren Kameraden gleichtun. Er richtete daher zwei Feldgeschütze auf die Ausreißer und stoppte so ihre Massenpanik.

Nachdem sie sich am anderen Ende des Plateaus festgesetzt hatten, rückten die Deutschen sehr vorsichtig vor und suchten ständig Deckung hinter den verschiedenen Hecken. General de Colomb, zu dessen Kommando die entlaufene Division von Pâris gehörte, bestand jedoch darauf, dass die Position zurückerobert werden müsse. Gougeard sammelte daraufhin eine sehr gemischte Truppe, darunter reguläre Infanterie, mobile Truppen, Mobilisés und einige von Charettes Volontaires de l'Ouest – früher in Borne als die päpstlichen Zuaven bekannt. Er stellte sich an die Spitze dieser Männer und unternahm energische Anstrengungen, Colombs Befehle auszuführen. Die Franzosen gingen fast im Angriff vor, die Deutschen erwarteten sie hinter den Hecken, aus denen ein Hagel aus Blei niederprasselte. Gougeards Pferd wurde unter ihm erschossen, ein paar Kugeln durchbohrten seinen Mantel und eine weitere – oder, wie manche sagten, ein Granatsplitter – schlug ihm sein Käppi vom Kopf. Dennoch führte er seine Männer weiter, und im schnell schwindenden Licht wurden die Deutschen nach wiederholten Gefechten an den Rand des Plateaus zurückgedrängt.

Das wurde mir später erzählt, denn zu diesem Zeitpunkt war ich bereits auf dem Rückweg nach Le Mans, das ich erreichen wollte, bevor es ganz dunkel wurde. Als ich am frühen Morgen aus der Stadt kam, hatte ich ein paar Esswaren in den Taschen mitgenommen, aber sie waren bald verzehrt, und ich hatte festgestellt, dass es unmöglich war, in Yvré überhaupt etwas zu essen zu bekommen, obwohl einige der sehr mittelmäßigen lokalen Weine erhältlich waren. Daher war ich sehr hungrig, als ich meine Schritte durch den Schnee zurückverfolgte, um zu der kleinen Herberge in der Rue du Gué de Maulny zu gelangen, wo ich mir eine Unterkunft gesichert hatte. Es war ein Fußmarsch von etwa vier oder fünf Meilen, aber die Kälte trieb mich an, und trotz des Schnees schaffte ich die Reise ziemlich schnell, so dass ich kaum mehr als eine Stunde später in einem warmen Raum vor einer dampfenden Suppe saß und alle möglichen Fragen darüber beantwortete, was ich tagsüber gesehen hatte, und insbesondere, ob *les nôtres* einen Sieg errungen hatte. Ich konnte nur antworten, dass die „Preußen" Auvours eingenommen hätten, die Kämpfe aber noch andauerten, da Gougeard losgegangen sei, um die Stellung zurückzuerobern. Das war im Moment allerdings auch schon alles, was ich über mich wusste. Der Wirt sah ziemlich düster aus und seine Tochter ein wenig beunruhigt, und ersterer schüttelte den Kopf und rief: „Sehen Sie, Herr Englisch, wir haben keine Chance – keine Chance für alle! Ich habe nicht gesagt, wer das tut, aber es ist wie das. Und, glauben Sie, das überrascht mich nicht, diese Preußen in dieser Stadt zu sehen, zu Hause!" [„Wir haben kein Glück, überhaupt kein Glück. Ich weiß nicht, warum, aber so ist es nun einmal. Und wissen Sie, es würde mich nicht überraschen, diese dreckigen Preußen von jetzt bis morgen in der Stadt zu sehen."] Unglücklicherweise für Le Mans und auch für Frankreich waren seine Vorahnungen richtig. Genau in diesem Moment ereignete sich tatsächlich eine große Katastrophe.

Jauréguiberry hatte den südlichen Vorort Pontlieue gegen neun Uhr morgens nach einem Nachtmarsch von Ecommoy aus erreicht. Er hatte seine 9000 Mann starke Truppe in drei Brigaden aufgeteilt. Da sie nicht für den sofortigen Einsatz geeignet schienen, wurden sie in die Reserve eingezogen, so dass ihre Ankunft an diesem Tag keine besondere Hilfe war. Gegen elf Uhr griff das 3. deutsche Korps aus Richtung Changé Jouffroys Linien entlang des nördlicheren Teils des sogenannten Chemin des Boeufs an, und obwohl Jouffroys Männer ziemlich gut kämpften, konnten sie ihre Feinde nicht daran hindern, die Stellung der Tertre Rouge einzunehmen. Dennoch erzielte der Feind in dieser Richtung keinen entscheidenden Erfolg; auch das 13. deutsche Korps, das die äußerste rechte Seite der angreifenden Streitkräfte bildete, konnte keine nennenswerten Erfolge erzielen. Doch Prinz Frederick Charles hatte Voigts Rhetz, der sich in Grand Lucé befand, den Befehl gesandt, mit dem 10. Korps auf Mulsanne vorzurücken, das die Franzosen geräumt hatten. Als er Mulsanne erreichte, erhielt derselbe General die Anweisung, dem 3. Korps zu Hilfe zu kommen, das mit Jouffroys Truppen im Kampf stand. Voigts Rhetz' Männer waren äußerst erschöpft. Trotzdem marschierte die 20. Infanteriedivision unter dem Kommando von General Kraatz-Koschlau weiter in Richtung Chemin des Boeufs und folgte der direkten Straße von Tours nach Le Mans.

Hier gab es eine erhöhte Stellung namens La Tuilerie – auch Ziegelwerk genannt – die eigens befestigt worden war, um zu verhindern, dass die Deutschen von Süden her in Le Mans einfielen. Erdwälle für Geschütze waren aufgeschüttet, Gräben ausgehoben worden, die Kiefern, die auf der Südseite von Le Mans so zahlreich waren, wurden für andere Schutzbauten sowie als Unterschlupf für die verteidigenden Truppen genutzt. Unglücklicherweise bestand diese verteidigende Truppe zum Zeitpunkt des deutschen Vormarsches aus schlecht ausgerüsteten, schlecht bewaffneten und fast untrainierten bretonischen Mobilisés [es waren nur ein paar alte Soldaten darunter.], die, wie ich bereits berichtete, am Vortag aus dem Lager von Conlie unter dem Kommando von General Lalande eingetroffen waren. Es stimmt, dass in der Nähe dieser Männer eine Infanteriebrigade des 6. Corps d'Armée stationiert war, deren Aufgabe es war, sie zu unterstützen und zu stabilisieren. Sie brauchten zweifellos Hilfe, denn die große Mehrheit war noch nie zuvor im Einsatz gewesen. Außerdem gab es zusätzlich zur Infanteriebrigade zwei Artilleriebatterien; ich fürchte jedoch, dass die Kanonenschützen größtenteils kaum mehr als Rekruten waren. Über die Qualität der Feuerwaffen, mit denen die Mobilisés ausgestattet wurden, wurden übertriebene Aussagen gemacht. Viele der Waffen erwiesen sich später als sehr schmutzig, sogar rostig, aber das war das Ergebnis von Vernachlässigung, die ihre Offiziere hätten beheben sollen. Es stimmt jedoch, dass diese Waffen größtenteils nur Perkussionsgewehre waren. Es wurde auch gesagt, dass die Männer keine Munition hatten, aber diese Aussage war sicherlich unzutreffend. Andererseits waren diese Mobilisés zweifellos sehr kalt und sehr hungrig – so wie ich selbst an diesem Tag –, da ihnen bis zum späten Nachmittag, also kurz vor dem Angriff, keine Rationen ausgegeben worden waren, und in diesem Moment bereiteten sie tatsächlich die Mahlzeit zu, auf die sie so lange gewartet hatten.

Die Winternacht brach herein, als Kraatz-Kosohlau sich mit seiner Division vor der Stellung von La Tuilerie befand. Er konnte sehen, dass sie befestigt war, und bevor er einen weiteren Vorstoß versuchte, feuerte er einige Granaten ab. Die Mobilisés gerieten sofort in Panik. Sie unternahmen keinen Versuch, sich zu verteidigen; obwohl sie hungrig waren, ließen sie sogar ihre Töpfe und Pfannen zurück und flohen in Richtung Pontlieue, die sozusagen eine lange Allee bildete, gesäumt von Fabriken, Textilfabriken, Bleichereien usw. Vergeblich versuchten ihre Offiziere, die Flüchtlinge aufzuhalten, schlugen sie sogar mit der flachen Seite ihrer Schwerter, vergeblich versuchten Lalande und sein Stab, sie am Rond Point de Pontlieue abzufangen. Nichts konnte sie zum Anhalten bewegen. Sie warfen ihre Waffen weg, um schneller zu rennen. Bei La Tuilerie wurde kein einziges Gewehr auf die Deutschen abgefeuert. Sogar die Infanteriebrigade zog sich zurück, ohne zu kämpfen.

All dies geschah zu einem Zeitpunkt, als alle dachten, die Kämpfe des Tages seien vorüber. Doch Jauréguiberry erschien auf der Bildfläche und befahl einem seiner Untergebenen, General Lebouëdeo, die verlorene Stellung zurückzuerobern. Lebouëdeo versuchte dies mit 1000 erschöpften Männern, die tagsüber im Einsatz gewesen waren, und scheiterte. Ein zweiter Versuch erwies sich als ebenso vergeblich. Offenbar wurde kein Versuch unternommen, Hilfe von Barry zu erhalten, der mit 5000 Infanteristen und zwei Kavalleriebrigaden in Arnage war und möglicherweise auf der linken Flanke des deutschen Korps gefallen wäre. La Tuilerie ging verloren und mit ihr auch Le Mans.

Ich trank in aller Ruhe Kaffee und las die Lokalzeitungen – damals erschienen in Le Mans drei oder vier –, als ich von der verheerenden Massenpanik hörte. Einige der Männer hatten die Stadt erreicht und verbreiteten bei ihrer Ankunft die Angst. Obwohl ich müde war, ging ich sofort zur Avenue de Fontlieue, wo allgemeine Aufregung herrschte. Gendarmen eilten hin und her, nahmen oft die Ausreißer fest und sammelten manchmal weggeworfene Waffen und Patronenhülsen auf. Die zurückgelassenen Waffen und Ausrüstungsgegenstände waren so zahlreich, dass man ganze Wagenladungen davon einsammeln konnte. Ab und zu galoppierte eine Estafette in die Stadt oder aus ihr heraus. Die Zivilisten, denen man begegnete, zeigten einen Ausdruck der Bestürzung. Es war tatsächlich für jeden, der wusste, wie wichtig die Lage von La Tuilerie war, offensichtlich, dass die Einnahme durch die Deutschen Le Mans in Gefahr brachte. Als die beiden Versuche, es zurückzuerobern, fehlschlugen, drängte Jauréguiberry auf einen sofortigen Rückzug. Andere Ereignisse der Nacht und des frühen Morgens machten dieses Vorgehen noch dringlicher. Denn bestärkt durch die Einnahme von La Tuilerie unternahmen die Deutschen neue Anstrengungen in anderen Richtungen, so dass Barry Arnage aufgeben musste, während Jouffroy die meisten seiner Stellungen in der Nähe des Chemin des Boeufs verlor und das Plateau d'Auvours erneut geräumt werden musste.

Am 12. Januar um 8 Uhr morgens schlug Chanzy einen neuen Versuch vor, La Tuilerie zurückzuerobern, der jedoch durch die Demoralisierung der Truppen verhindert wurde. Er war jedoch gezwungen, Jauréguiberrys Rückzugsvorschlägen widerwillig zuzustimmen. Gleichzeitig wünschte er sich einen langsamen und methodischen Rückzug und teilte Gambetta mit, dass er beabsichtige, sich in Richtung Aleneon (Orne) und Pré-en-Pail (Mayenne) zurückzuziehen. Dies bedeutete einen Vorstoß in die Normandie, und Gambetta wies darauf hin, dass ein solcher Kurs dem Feind die gesamte Bretagne schutzlos überlassen und es ihm ermöglichen würde, ohne Widerstand bis zur Mündung der Loire vorzudringen. Chanzy wurde daher angewiesen, sich nach Laval zurückzuziehen, und tat dies auch; da er jedoch bereits Befehle für die andere Route erteilt hatte, entstand große Verwirrung, und die neuen Befehle erreichten die untergeordneten Kommandeure erst am Abend des 12.

Vom 6. bis 12. Januar hatten die Franzosen 6000 Mann an Toten und Verwundeten verloren. Die Deutschen hatten 20.000 Gefangene gemacht und 17 Kanonen und eine große Menge Armeematerial erbeutet. Darüber hinaus gab es eine unkalkulierbare Zahl aufgelöster Mobiles und Mobilisés. Wenn Prinz Frederick Charles damals gewusst hätte, in welch beklagenswertem Zustand sich Chanzys Armee befand, hätte er wahrscheinlich energischer gehandelt. Es stimmt, dass seine eigenen Männer (wie von Hoenig zugegeben hat) nach den sechstägigen Kämpfen im Allgemeinen sehr erschöpft waren und sich auch oft in einem schlechten Zustand befanden, was Kleidung, Stiefel und Ausrüstung betraf. [Selbst als der Waffenstillstand eintrat, sah ich viele deutsche Soldaten, die französische Holzschuhe trugen.] Solche Dinge können nicht ewig dauern, und seit der zweiten Schlacht von Orleans Anfang Dezember hatte es kaum oder gar keine Gelegenheit gegeben, etwas zu erneuern. Bei den Kämpfen vor Le Mans beliefen sich die deutschen Verluste an Toten und Verwundeten jedoch nur auf 3.400 Mann, wovon 200 Offiziere waren, die die Franzosen so oft wie möglich zur Strecke brachten.

Am Morgen des 12. herrschte in Pontlieue großes Durcheinander. Kanonen, Wagen, Reiter und Infanteristen waren dort versammelt und blockierten die Brücke, die diesen Vorort mit Le Mans verbindet, zur Hälfte. Eine kleine Truppe unter General de Roquebrune versuchte tapfer, die Deutschen an einem Teil des Chemin des Boeufs aufzuhalten, um den Rückzug zu decken. Am Bahnhof war ein Kordon von Gendarmen aufgestellt worden, um zu verhindern, dass er von all den Ausreißern überfallen wurde. Einigen Hundert Verwundeten wurde jedoch der Zutritt gestattet, damit sie, wenn möglich, mit einem der vielen Züge entkommen konnten, die so schnell wie möglich losgeschickt wurden. Dieser Dienst wurde von einem Beamten namens Piquet geleitet, der mit größter Energie und Scharfsinn handelte. Von den fünf Eisenbahnlinien, die in Le Mans zusammentrafen, waren nur zwei verfügbar, die nach Rennes *über* Laval und die nach Angers. Aus einem wenig später von Herrn Piquet verfassten Bericht erfahre ich, dass es ihm gelang, 25 Züge loszuschicken, einige davon mit zwei oder drei Lokomotiven. Darunter befanden sich etwa 1000 Lieferwagen, Lastwagen und Personenwagen; das sind 558 Lieferwagen mit Proviant (teilweise zur Entlastung von Paris), 134 Lieferwagen und Lastwagen mit Artilleriematerial *und* Vorräten, 70 Lieferwagen mit Munition, 150 leere Lieferwagen und Lastwagen und 176 Personenwagen. Als die Deutschen den Bahnhof einnahmen, fanden sie dort jedoch noch etwa 200 Lieferwagen und Personenwagen und mindestens ein Dutzend Lokomotiven vor. Der letzte Zug fuhr um 14.45 Uhr ab. Ich selbst entkam (wie ich gleich berichten werde) kurz nach 14 Uhr, als der Bahnhof bereits bombardiert wurde.

Nachdem General de Roquebrune sich schließlich aus der Umgebung des Chemin des Boeufs zurückziehen musste, gelangten die Deutschen auf die lange Avenue von Pontlieue. Hier trafen sie auf den Großteil des Gendarmenkorps, das, wie ich bereits erwähnte, dem Hauptquartier unter General Bourdillon unterstellt war. Diese Männer, die zwei Gatlings bei sich hatten, zeigten verzweifelte Tapferkeit, um den deutschen Einmarsch in die Stadt zu verzögern. Ungefähr hundert von ihnen, darunter ein paar Offiziere, wurden während dieser mutigen Verteidigung getötet. Es stellte sich jedoch heraus, dass es unmöglich war, die Brücke zu sprengen. Die Operation war so lange wie möglich hinausgezögert worden, um den französischen Rückzug zu erleichtern, und als die Gendarmen sich selbst zurückzogen, blieb nicht mehr genügend Zeit, sie durchzuführen.

Die ersten Deutschen, die die Stadt betraten, gehörten der 38. Infanteriebrigade und einem Teil einer Kavallerieeinheit unter General von Schmidt an. Nachdem sie die Brücke von Pontlieue überquert hatten, teilten sie sich in drei Kolonnen auf. Eine davon marschierte die Rue du Quartier de Cavalerie hinauf in Richtung Place des Jacobins und der Kathedrale. Die zweite marschierte ebenfalls in Richtung Oberstadt, marschierte jedoch über die Rue Basse, die zum Place des Halles führte, wo sich die wichtigsten Hotels und Cafés befanden. In der Zwischenzeit bog die dritte Kolonne nach links ab und eilte zum Bahnhof. Doch zu ihrem großen Erstaunen wurde ihr Vormarsch wiederholt aufgehalten. Es befanden sich noch immer zahlreiche französische Soldaten in der Stadt, darunter Mobile Guards, Gendarmen, Franc-tireurs und eine Abteilung Marine-Füsiliere. Die deutsche Kolonne, die die Rue Basse hinaufzusteigen begann, wurde wiederholt beschossen, woraufhin ihr kommandierender Offizier seine Männer anhielt und zur Strafe sieben Häuser in Brand stecken ließ, bevor er versuchte, weiter vorzurücken. Dennoch wurde der Widerstand an verschiedenen Stellen fortgesetzt, beispielsweise auf dem Place des Jacobins und erneut auf dem Place des Halles. In der Nähe des letztgenannten Platzes befindet sich – oder befand sich – eine kleine Straße namens Rue Dumas, in der die Franzosen ein Dutzend oder zwanzig Deutsche erlegten. Ihr Kommandant wurde dadurch so wütend, dass er ein paar Feldgeschütze anfordern ließ und drohte, die ganze Stadt mit Geschossen zu überziehen.

In der Zwischenzeit gelang es einigen Franzosen, die in Le Mans zurückgeblieben waren, nach und nach zu entkommen. Viele Artillerie- und Verpflegungswagen konnten entkommen, und eine lokale Persönlichkeit, M. Eugène Caillaux – Vater von M. Joseph Caillaux, der in der zweiten Hälfte des Jahres 1911 französischer Premierminister war und heute (Dezember 1913) Finanzminister ist – schaffte es, mehrere Karren voller Gewehre, die einige der französischen Truppen weggeworfen hatten, aus der Stadt zu schaffen. Die Straßenkämpfe konnten jedoch nicht unbegrenzt fortgesetzt werden. Sie endeten, als etwa hundert Deutsche und eine größere Zahl Franzosen, sowohl Soldaten als auch Zivilisten, getötet worden waren. Die Deutschen rächten sich, indem sie die Häuser in der Rue Dumas und mehrere am Place des Halles plünderten, obwohl sie das dortige Hôtel de France verschonten, da ihr Kommandant Voigts Rhetz es für seine eigene Unterkunft reserviert hatte. Während die Bombardierung eines Teils der Unterstadt weiterging - besonders betroffen waren der Bahnhof und die Kaserne Caserne de la Mission - wurden die französischen Krankenwagen überfallen. In einem davon wurde auf dem Boulevard Négrier ein Patient in seinem Bett barbarisch mit dem Bajonett durchbohrt, unter dem Vorwand, er sei ein Franc-tireur, während er in Wirklichkeit der Mobilgarde angehörte. In der Ambulanz der École Normale wurden die Schwestern und Geistlichen ihren eidesstattlichen Aussagen zufolge schwer misshandelt. Patienten, von denen einige an Pocken erkrankt waren, wurden aus ihren Betten geworfen - die angeblich für die deutschen Verwundeten benötigt wurden. Es wurde so viel Wein wie möglich getrunken, Geld wurde gestohlen und es kam überall zu rachsüchtiger Zerstörung.

Der Bürgermeister [Der Präfekt, M. Le Chevalier, war der Armee auf ihrem Rückzug gefolgt, da er es als seine Pflicht ansah, den nicht besetzten Teil des Départements Sartha zu bewachen.] von Le Mans, M. Richard, und seine beiden *Adjoints* oder Stellvertreter gingen mit einem Handtuch als Waffenstillstandsfahne durch die Stadt und fanden auf dem Place de la Mission schließlich Voigts Rhetz, umgeben von seinem Stab. Der General teilte dem Bürgermeister sofort mit, dass die Stadt aufgrund ihres Widerstandes innerhalb von 24 Stunden eine Kriegsabgabe von vier Millionen Francs (160.000 £) zahlen müsse und dass die Einwohner die deutschen Truppen beherbergen und verpflegen müssten, solange sie dort blieben. Alle Einwände gegen diese harten Bedingungen wurden fast vierzehn Tage lang ignoriert. Als sowohl der Bürgermeister als auch der Bischof von Le Mans um eine Audienz bei Prinz Friedrich Karl baten, teilte ihnen der berühmte Graf Harry von Arnim mit – der seltsamerweise später deutscher Botschafter in Frankreich wurde, sich jedoch mit Bismarck anlegte und im Exil starb –, dass er sie freundlich empfangen würde, wenn sie nur ihre demütige Pflicht dem Prinzen gegenüber erfüllen wollten. Er würde sich jedoch weigern, irgendwelchen Vorstellungen im Namen der Stadt Gehör zu schenken.

In dieser Stadt mit 37.000 Einwohnern wurden schließlich zunächst 20.000 Pfund und einige kleinere Beträge zusammengebracht, und am 23. Januar wurde die Gesamtabgabe als besondere Gefälligkeit auf 80.000 Pfund reduziert. Einige deutsche Requisitionen sollten ebenfalls mit 20.000 Pfund dieses Betrags verrechnet werden, aber in Wirklichkeit waren es etwa die doppelte Summe. Eine öffentliche Anleihe musste inmitten ständiger Erpressungen aufgenommen werden, die sogar nach der Unterzeichnung der Präliminarien des Friedens anhielten, da die Deutschen Le Mans als eine Milchkuh betrachteten, aus der man nicht zu viel herauspressen konnte.

Die Ängste der Zeit hätten durchaus ausreichen können, um den Bürgermeister krank zu machen, aber tatsächlich erkrankte er an Pocken, und sein Platz musste durch einen Abgeordneten eingenommen werden, der zusammen mit dem Stadtrat, dem mehrere örtliche Notabeln angehörten, alles Mögliche tat, um die Gier der Deutschen zu befriedigen. Pocken, das möchte ich erwähnen, waren in Le Mans sehr verbreitet, und einige der Ambulanzen waren speziell für Soldaten reserviert, die sich mit dieser Krankheit infiziert hatten. Insgesamt wurden vom 1. November bis zum 15. April etwa 21.000 Männer (sowohl Franzosen als auch Deutsche), die an Wunden oder Krankheiten verschiedener Art litten, in den Ambulanzen der Stadt behandelt.

Einige Tausend Deutsche wurden bei den Einwohnern einquartiert, die sie häufig ungestraft ausraubten. Alle Beschwerden an den deutschen Gouverneur, einen Offizier namens von Heiduck, wurden ignoriert. Dieser befahl allen Einwohnern, bei Todesstrafe alle Waffen abzugeben. Ein anderer Erlass sah die gleiche Strafe für jeden vor, der der französischen Armee auch nur im Geringsten half oder versuchte, die deutschen Streitkräfte zu behindern. Darüber hinaus wurden die Redakteure, Drucker und Leiter dreier Lokalzeitungen kurzerhand verhaftet und in Gewahrsam gehalten, weil sie vor *Chanzys* Niederlage Artikel gegen die Deutschen geschrieben, gedruckt oder veröffentlicht hatten.

Am 13. Januar, der zufällig ein Freitag war, hielt Prinz Frederick Charles seinen triumphalen Einzug in Le Mans, während die Kapellen der deutschen Regimenter alle ihre populärsten patriotischen Melodien spielten, und zwar entlang der Route, die seine königliche Hoheit nahm, um die Präfektur zu erreichen – ein ehemaliges Kloster aus dem 18. Jahrhundert –, wo er sich niederlassen wollte. Am folgenden Tag erhielt der Bürgermeister folgenden Brief:

„Herr Bürgermeister,

„Ich bitte Sie, bis heute Nachmittag um halb sechs 24 Löffel, 24 Gabeln und 36 Messer an die Präfektur zu schicken, da nur gerade genug für die Anzahl der am Tisch sitzenden Personen geschickt wurden und es keine Möglichkeit gibt, die Gedecke zu wechseln. Für das Abendessen stellen Sie 20 Flaschen Bordeaux, 30 Flaschen Champagner, zwei Flaschen Madeira und 2 Flaschen Liköre zur Verfügung, die pünktlich um sechs Uhr in der Präfektur eintreffen müssen. Da der zuvor geschickte Wein nicht gut war, weder der Bordeaux noch der Champagner, müssen Sie bessere Sorten schicken, sonst muss ich der Stadt eine Geldstrafe auferlegen.

(Unterzeichnet) „Von Kanitz.“

Auf diese Mitteilung folgte fast unmittelbar danach eine weitere, die von demselben Offizier, einem der Adjutanten des Prinzen, stammte. Darin erklärte er (und verwendete dabei, wie gesagt, ausnahmslos abscheuliches Französisch), dass der *Café au lait in der Präfektur um 8 Uhr, das Frühstück* um 12 Uhr und das Abendessen um 19.30 Uhr serviert werden sollte. Jeden Morgen um 10 Uhr sollte der Bürgermeister 40 Flaschen Bordeaux, 40

Flaschen Champagner, 6 Flaschen Madeira und 3 Flaschen Liköre schicken. Er sollte auch Kellner zum Servieren bei Tisch sowie Küchen- und Spülmädchen bereitstellen. Und Kanitz schloss mit den Worten: „Wenn auch nur das Geringste schiefgeht, wird der Stadt eine beträchtliche Geldstrafe auferlegt. "

Am 15. Januar wurde dem Bürgermeister der Befehl gegeben, sofort für den Bedarf des Prinzen 25 Kilogramm Schinken, 13 Kilogramm Würstchen, 13 Kilogramm Zungen, 5 Dutzend Eier, Gemüse aller Art, insbesondere Zwiebeln, 15 Kilogramm Gruyère-Käse, 5 Kilogramm Parmesan, 15 Kilogramm bestes Kalbfleisch, 20 Hühner, 6 Truthähne, 12 Enten und 5 Kilogramm Puderzucker zu liefern. [Alle deutschen Befehle und Anforderungen werden im Stadtarchiv von Le Mans aufbewahrt.] Kein Wein war jemals gut genug für Prinz Frederick Charles und seinen Stab. Die Beschwerden, die an das Rathaus geschickt wurden, hörten nicht auf. Darüber hinaus ging der Champagnervorrat zur Neige, der in einem Ort wie Le Mans keineswegs groß war, und dann kamen alle möglichen Drohungen. Die Stadträte mussten herumlaufen und versuchen, hier und da in Privathäusern ein paar Flaschen aufzutreiben, um den Bedarf des fürstlichen Personals zu decken. Auch an Gemüse herrschte Mangel, und dennoch gab es eine unaufhörliche Nachfrage nach Spinat, Blumenkohl und Artischocken und sogar nach Obst für die Torten des Prinzen. Eines Tages ging Kanitz zu dem Haus, in dem der unglückliche Bürgermeister im Bett lag, und sagte ihm, er müsse aufstehen und Gemüse besorgen, da keines für die Tafel des Prinzen geschickt worden sei. Der Bürgermeister protestierte, dass die ganze Gegend mit Schnee bedeckt sei und es praktisch unmöglich sei, solch unaufhörliche Nachfragen zu befriedigen; aber, wie er später erzählte, konnte er sich, obwohl er krank und besorgt war, das Lachen nicht verkneifen, als er aufgefordert wurde, mehrere Pfund Trüffeln zu besorgen. Trüffel in Le Mans, in der Tat! Und das in jenen Tagen! Die Idee war völlig lächerlich.

Nicht nur die Ansprüche des Stabes von Prinz Frederick Charles mussten erfüllt werden, sondern auch die von Voigts Rhetz und allen Offizieren, die im Hôtel de France, im Hôtel du Dauphin, im Hôtel de la Boule d'Or und in anderen Gasthäusern untergebracht waren. Diese Herren veranstalteten gern Abendessen, und „mein Wirt" wurde ständig gebeten, kurzfristig allerlei Köstlichkeiten zu besorgen. Die Keller des Hôtel de France waren leergetrinkt. Auch die einfachen Soldaten verlangten in den Häusern, in denen sie einquartiert waren, das Beste von allem; und manchmal spielten sie dort außergewöhnliche Streiche. Ein halbes Dutzend von ihnen, die in einer Weinhandlung in der Rue Dumas, glaube ich, untergebracht waren, stach ein Fass Brandy an, goss den Inhalt in eine Wanne und wuschen ihre Füße in dem alkoholischen Getränk. Es kann sein, dass ein „Brandybad" gut für wunde Füße ist; und das könnte den Vorfall erklären. Wenn ich jedoch daran denke, muss ich immer daran denken, wie der verschwenderische Herzog von Gramont-Caderousse in den Tagen des Zweiten Kaiserreichs eines Nachmittags das Café Anglais in Paris betrat, nach einer silbernen Suppenterrine verlangte, zwei oder drei Flaschen Champagner hineingießen ließ und dann die reuelose Magdalena von den Boulevards, die er mitgebracht hatte, seine Füße im Sekt waschen ließ. Von diesem Nachmittag an bis zur Schließung des Café Anglais wurden dort nie mehr silberne Suppenterrinen verwendet.

Ich habe die vorstehenden Einzelheiten über die deutsche Besetzung von Le Mans angeführt – sie sind hauptsächlich offiziellen Dokumenten entnommen –, nur um dem Leser zu zeigen, was man erwarten könnte, wenn beispielsweise eine deutsche Truppe in Hull oder Grimsby landet und sich erfolgreich bis – sagen wir – York, Leeds oder Nottingham durchkämpft. Die Vorfälle, die sich in Le Mans ereigneten, waren keineswegs nur dieser Stadt vorbehalten. Viele ähnliche Vorfälle ereigneten sich in allen besetzten Gebieten Frankreichs. Ich möchte Prinz Frederick Charles sicherlich nicht persönlich Völlerei unterstellen. Aber in den Jahren nach dem Deutsch-Französischen Krieg verbrachte ich drei ziemlich lange Aufenthalte in Berlin und stieg in guten Hotels ab, wo Offiziere – manchmal Generäle – oft zu Mittag und zu Abend aßen. Und ihr Appetit überraschte mich oft, während ihre Manieren bei Tisch abstoßend waren. Damals trugen die meisten deutschen Offiziere Bärte, und ich bemerkte, dass es bei ihnen üblich war, zwischen den Gängen beim Mittag- und Abendessen Taschengläser und Taschenkämme hervorzuholen und ihre Bärte – sowie das Haar auf ihrem Kopf – über dem Tisch zu kämmen. Über ihre Essgewohnheiten und den Lärm, den sie dabei machten, sollte man nicht viel sagen. Was die Manieren angeht, war ich immer der Meinung, dass die Franzosen von 1870-71 in mancher Hinsicht durchaus berechtigt waren, ihre Feinde „Barbaren" zu nennen; aber das ist nun 43 Jahre her, und wie die Zeit Wunder wirkt, haben sich die Manieren des deutschen Militärs vielleicht verbessert.

Als ich etwas über das allgemeine Erscheinungsbild von Le Mans sagte, wies ich darauf hin, dass die Stadt jetzt einen Place de la République, eine Gambetta-Brücke, eine Rue Thiers und eine Statue von Chanzy hat; aber zur Zeit des Krieges und lange danach verabscheute sie die Republik (sie ließ ausnahmslos bonapartistische oder orleanistische Abgeordnete zurückkehren), verhöhnte Gambetta und verurteilte den Befehlshaber der Loire-Armee aufs Schärfste. Sie warf Chanzy vor, dass er die Stadt zu seinem Hauptquartier gemacht und in ihrer unmittelbaren Nähe gekämpft hatte. Da der Konflikt für die französischen Streitkräfte katastrophal ausgegangen war, bedauerten die Stadtbewohner, dass er überhaupt stattgefunden hatte. Warum hatte Chanzy seine Armee dorthin gebracht?, fragten sie empört. Er hätte genauso gut woanders hingehen können. Diese Manceau-Gefühle gegen den General waren so stark – ein Gefühl, das durch die Leiden der Einwohner zu dieser Zeit, insbesondere infolge der deutschen Erpressungen, hervorgerufen wurde –, dass der Unmut dort sehr groß war, als fünfzehn Jahre später die Statue des Generals (für die es eine nationale Spende gegeben hatte) in der Stadt aufgestellt wurde, und das Denkmal den schändlichsten Demütigungen ausgesetzt war. [In Nouart, seinem Geburtsort, gibt es eine weitere Statue von Chanzy, die ihn nach Osten zeigend zeigt. Auf dem Sockel steht die Inschrift: „Die Generäle, die den Marschallstab von Frankreich erhalten möchten, müssen ihn jenseits des Rheins suchen" – Worte, die er in einer seiner Reden nach dem Krieg sprach.] Aber das ist alles vorbei. Heutzutage gibt es sowohl in Auvours als auch in Pontlieue Denkmäler für diejenigen, die im Kampf für Frankreich um Le Mans gefallen sind, und zweifellos ist die Stadt, indem sie republikanischer wurde, auch patriotischer geworden.

Bevor ich erzähle, wie ich am Tag des Rückzugsbefehls aus Le Mans entkam, möchte ich kurz auf einige andere Punkte eingehen. Es ist hinlänglich bekannt, dass ich die englische Übersetzung von Emile Zolas großem Roman „La Débâcle" angefertigt habe, und viele meiner heutigen Leser haben dieses Werk wahrscheinlich entweder im französischen Original oder in der von mir erstellten Version gelesen. Nun habe ich immer gedacht, dass einige der von Zola in seine Erzählung eingeführten Charaktere etwas außergewöhnlich waren. Ich bezweifle, dass es zu irgendeinem Zeitpunkt des Krieges viele so absolut neurotische Degenerierte wie „Maurice" in der französischen Armee gab. Ich bin jedenfalls nie auf einen solchen Charakter gestoßen. Auch die Psychologie von Stephen Cranes „Rote Tapferkeitsauszeichnung", die einige Jahre nach „La Débâcle" veröffentlicht und von Kritikern, von denen die meisten noch nie in ihrem Leben unter Beschuss gestanden hatten, mit Beifall aufgenommen wurde, scheint mir außergewöhnlich zu sein. Mir ist die Psychologie der Waterloo-Episode in Stendhals „Chartreuse de Parme" viel lieber, weil sie allgemeiner anwendbar ist. „Die rote Tapferkeitsmedaille", so sagten uns die Kritiker, zeige, was ein Soldat mitten im Krieg genau fühlte und dachte. Anders als Stendhal hatte sein Autor jedoch nie „gedient". Zola ebenso wenig; und ich bin der Meinung, dass viele der Bilder, die uns Romanautoren von den Emotionen eines Soldaten im Einsatz gegeben haben, nur auf Ausnahmefälle zutreffen und selbst dann etwas übertrieben sind.

Beim Handeln bleibt keine Zeit zum Nachdenken. Die anstrengendsten Stunden für einen einigermaßen sensiblen Menschen sind die, die er im Nachtdienst als Wachposten oder als Mitglied einer kleinen Gruppe an einem einsamen Außenposten verbringt. Dann kommen vielleicht Gedanken an die Heimat und das Glück und an die Menschen, die man liebt. In diesem Zusammenhang muss ich noch eine Kleinigkeit erwähnen. Wenn bei den

Leichen von Männern, die im Deutsch-Französischen Krieg gefallen waren, Briefe gefunden wurden, waren es, wenn es sich um einen Franzosen handelte, meist Briefe von seiner Mutter, und wenn es sich um einen Deutschen handelte, meist Briefe von seiner Liebsten. Viele solcher Briefe wurden im Laufe des Krieges gedruckt. Es ist eine bekannte Tatsache, dass der Mutterkult eines Franzosen ein Merkmal des Nationalcharakters ist und dass eine Französin ihr Kind fast immer vor ihren Ehemann stellt.

Was mir jedoch während des Deutsch-Französischen Krieges besonders auffiel, war, dass die Ängste und seelischen Leiden der französischen Offiziere viel größer waren als die der Männer. Viele dieser Offiziere waren verheiratet, einige hatten kleine Kinder, und in den stillen Stunden einer einsamen Nachtwache wanderten ihre Gedanken oft zu ihren Lieben. Ich erinnere mich noch gut daran, wie mir eines Nachts in der Nähe von Yvré-l'Evêque ein Offizier sein Herz über dieses Thema ausschüttete. Der Grund dafür liegt auf der Hand. Je intelligenter ein Mann ist, desto größer ist sein Verantwortungsbewusstsein und die Kraft seiner Bindungen. Aber im Einsatz werden letztere beiseite geschoben; sie drängen sich nur in den von mir beschriebenen Momenten oder im Augenblick des Todes auf.

Während des Krieges gab es zweifellos zahlreiche Beispiele wirklicher Feigheit, aber viele der Männer, die hier und da ihre Stellungen verließen, ließen sich in Schutz nehmen. In den letzten Monaten litten sie oft schrecklich. Sie waren oft bestenfalls nur teilweise ausgebildet. In vielen Bataillonen herrschte wenig Zusammenhalt. Es fehlte sehr an tüchtigen Unteroffizieren. Anstatt reguläre Soldaten aus den *Depots* in Spezialregimenter zu rekrutieren, wie es oft geschah, wäre es vielleicht besser gewesen, sie unter den Mobilen und Mobilisés zu verteilen, die sie dadurch stabilisiert hätten. Nach allem, was ich in dieser Zeit erlebt habe, halte ich es für wesentlich, dass jede Territorialstreitmacht immer eine bestimmte Anzahl ausgebildeter Soldaten umfasst, die bereits zuvor im Einsatz waren. Und jede solche Streitmacht sollte immer von regulären Soldaten und tüchtiger Artillerie unterstützt werden. Ich habe berichtet, wie bestimmte bretonische Mobilisés La Tuilerie verließen. Sie flohen, bevor die regulären Soldaten oder die Artillerie sie unterstützen konnten; aber sie waren vielleicht die unerfahrensten Aushebungen in allen Streitkräften von Chanzy. Andere bretonische Mobilisés kämpften in anderen Bereichen sehr gut für Männer ihrer Klasse. So konnte man den Bataillonen von St. Brieuo, Brest, Quimper, Lorient und Nantes keinen Vorwurf machen. Sie waren besser ausgebildet als die in La Tuilerie stationierten Männer, und es braucht einige Zeit, um einen Bretonen richtig auszubilden. Wenn das gelingt, wird er ein guter Soldat.

Was meine eigenen Gefühle während des Krieges betrifft, so kann ich sagen, dass die Neugierde die wichtigste war. Um Journalist zu sein, muss man neugierig sein. Das ist eine *unabdingbare Voraussetzung* seines Berufs. Außerdem war ich sehr jung und hatte keine Verpflichtungen. Ich war vielleicht verliebt oder dachte, ich sei es, aber ich war auf mich allein gestellt und wollte so viel wie möglich sehen. Ich gebe gerne zu, dass ich etwas Angst hatte, als Gougeards Kolonne bei Droué plötzlich angegriffen wurde, weil ich unter Beschuss geriet. Aber Entschlossenheit kann genauso ansteckend sein wie Angst. Als Gougeard seine Männer sammelte und vorrückte, um die Deutschen zurückzuschlagen, packte mich Interesse und eine Art Aufregung. Da ich außerdem, zumindest nominell, dem Sanitätsdienst zugeteilt war, hatte ich Pflichten zu erfüllen, und das ließ keine Gelegenheit zum Nachdenken. Die Bilder der Krankenwagen in oder in der Nähe von Sedan gehören zu den eindrucksvollsten in „La Débâcle", und nach dem zu urteilen, was ich anderswo gesehen habe, hat Zola nichts übertrieben. Der Krankenwagen ist die wirklich schreckliche Seite des Krieges. Tote auf dem Boden liegen zu sehen, ist sozusagen nichts. Man gewöhnt sich daran. Aber zu sehen, wie sie amputiert werden und im Bett liegen und oft schwer an schrecklichen Wunden oder schrecklichen Krankheiten leiden – Ruhr, Typhus, Pocken –, das ist das, was allen außer den Ärzten und ausgebildeten Krankenschwestern die Nerven auf die Probe stellt. Bei mehreren Gelegenheiten half ich, verwundete Männer zu tragen, und empfand dabei keine Emotionen; aber mehr als einmal war ich fast überwältigt vom Anblick all des Leidens in einem Krankenwagen.

Als ich am Morgen des 12. Januar hörte, dass ein allgemeiner Rückzug angeordnet worden war, zögerte ich, welchen Kurs ich einschlagen sollte. Ich rechnete damals nicht mit Straßenkämpfen und der daraus resultierenden Gewalttätigkeit der Deutschen. Aber mein journalistischer Instinkt sagte mir, dass es sehr schwierig werden könnte, wegzukommen und mit meinen Leuten zu kommunizieren, wenn ich bis nach dem Einmarsch der Deutschen in der Stadt bliebe. Gleichzeitig dachte ich nicht, dass der deutsche Einmarsch so unmittelbar bevorstünde, wie es sich herausstellte; und ich verbrachte eine beträchtliche Zeit auf den Straßen und beobachtete den Tumult, der dort herrschte. Ab und zu zog ein stark dezimiertes Bataillon in ziemlich guter Ordnung vorbei. Aber zahlreiche aufgelöste Männer eilten in Verwirrung hierhin und dorthin. Hier und da war eine Straße mit Armeewagen und -wagen blockiert, deren Fahrer auf Befehle warteten und nicht wussten, in welche Richtung sie gehen sollten. Offiziere und Estafetten galoppierten auf allen Seiten umher. Dann wurden zahlreiche Verwundete in Karren, auf Tragen und auf Lastwagen zum Bahnhof gebracht. Andere gingen mit bandagierten Köpfen oder Armen in Schlingen mühsam in dieselbe Richtung. Außerhalb des Bahnhofs gab es eine starke Absperrung von Gendarmen, die versuchten, dem Druck einer großen Menge von entlassenen Männern standzuhalten, die in die Züge einsteigen und entkommen wollten. Als nach einem ziemlichen Kampf einige der

Verwundeten durch die Menge und die Absperrung gebracht wurden, folgten die entlassenen Soldaten, und viele von ihnen kämpften sich trotz aller Bemühungen der Gendarmen in den Bahnhof. Das Handgemenge *war* so verzweifelt, dass ich nicht versuchte, zu folgen, sondern, nachdem ich es eine Weile beobachtet hatte, den gleichen Weg zurück zu meiner Unterkunft ging. In dem kleinen Gasthof herrschte ein Tumult und Durcheinander, und nur mit Mühe konnte ich dort etwas zu essen bekommen. Etwas später gelang es mir jedoch, dem Wirt – sein Name war Dubuisson – zu sagen, dass ich der Armee folgen und, wenn möglich, einen Platz in einem der Züge ergattern wollte, die häufig abfuhren. Nachdem ich ein paar notwendige Dinge in meinen Taschen verstaut hatte, bat ich ihn, bis zu einem späteren Zeitpunkt auf meine Tasche aufzupassen. Dann gab mir der ehrenwerte alte Mann einige Tipps, wie ich in den Bahnhof gelangen könnte, indem ich ein Stück weiter ginge und über eine Palisade kletterte.

Wir bekundeten einander unser Beileid und schüttelten uns die Hände. Dann ging ich hinaus. Das Kanonenfeuer, das schon seit mehreren Stunden andauerte, war jetzt heftiger geworden. Mehrere Granaten waren im Laufe des Morgens auf oder in der Nähe der Caserne de la Mission eingeschlagen. Jetzt fielen andere in der Nähe des Bahnhofs. Ich ging jedoch meinen Weg, bog beim Verlassen der Rue du Gué-de-Maulny nach rechts ab, erreichte einige Zäune und gelangte auf die Bahnlinie. Ich umging sie und bog nach links ab, zurück zum Bahnhof. Ich kam an ein oder zwei Zügen vorbei, die warteten. Aber sie bestanden aus Lastwagen und geschlossenen Wagen. Ich hätte vielleicht auf einen der ersteren klettern können, aber es war ein bitterkalter Tag; und was die letzteren betraf, konnte ich natürlich nicht hoffen, in einen von ihnen einzusteigen. Also ging ich weiter in Richtung Bahnhof und erreichte bald, ohne Hindernisse oder Hindernisse, einen der Bahnsteige.

Da Le Mans ein wichtiger Knotenpunkt war, war sein Bahnhof sehr groß, in mancher Hinsicht geradezu monumental. Der Hauptteil war mit Glas überdacht und erinnerte an Charing Cross. Ich erinnere mich nicht mehr genau an die Zahl der Metalllinien, die durch ihn liefen, aber ich glaube, es müssen vier oder fünf gewesen sein. Dort warteten zwei Züge, einer davon, der größtenteils aus Personenwagen bestand, war mit Soldaten vollgestopft. Ich versuchte, in einen der Wagen zu gelangen, wurde aber heftig zurückgewiesen. Also ging ich zum Ende des Zuges und hinüber zu einem anderen Bahnsteig, wo der zweite Zug wartete. Dieser bestand aus Personenwagen und Lieferwagen. Ich kletterte in einen der letzteren, der offen war. Darin befanden sich eine Menge Verpackungskisten, aber es gab zumindest Stehplätze für mehrere Personen. Zwei Eisenbahner und zwei oder drei Soldaten waren bereits da. Einer der ersteren half mir hineinzukommen. Ich hatte, das muss man sagen, ein halbmilitärisches

Aussehen, denn mein grauer Friesenmantel war gerafft, und außerdem, was noch wichtiger war, trug ich die Armbinde des Roten Kreuzes, die man mir gegeben hatte, als ich Gougeards Kolonne folgte.

Fast unmittelbar danach fuhr der Zug voller Soldaten los. Die Kanonade war jetzt sehr laut und das Glasdach über uns vibrierte ständig. Einige Minuten vergingen, während wir unsere Eindrücke austauschten. Dann rannte plötzlich ein Bahnbeamter – es könnte M. Piquet selbst gewesen sein – den Bahnsteig entlang in Richtung der Lokomotive und rief dabei: „Dépêchez! Dépêchez! Sauvez-vous!" Im selben Moment sah man einen verirrten Artilleristen auf uns zueilen; doch plötzlich gab es ein schreckliches Krachen von Glas, eine Granate durchbrach das Dach und explodierte, und der unglückliche Artillerist fiel auf den Bahnsteig, offensichtlich schwer verwundet. Wir waren jedoch bereits in Bewegung, und da die Strecke klar war, kamen wir ziemlich schnell über das Viadukt, das die Sarthe überspannte. Dadurch waren wir außerhalb der Reichweite des Feindes und wurden langsamer.

Nach unserem konnten noch ein oder zwei weitere Züge entkommen, der letzte wurde, glaube ich, vergeblich von einigen Ulanen angegriffen, bevor er das Viadukt überquert hatte. Letzteres hätte dann gesprengt werden sollen, aber ein Versuch dazu erwies sich als erfolglos. Wir fuhren sehr langsam weiter, da so viele Züge vor uns waren. Ab und zu gab es auch einen ermüdenden Halt. Es war bitterkalt, und es war vergebens, dass wir mit den Füßen auf den Zapfen klopften, in der Hoffnung, sie dadurch zu wärmen. Die Männer bei mir waren auch verzweifelt hungrig und beklagten sich so bitter und so oft darüber, dass ich es mir schließlich nicht verkneifen konnte, ein wenig Brot und Fleisch, das ich in Le Mans besorgt hatte, hervorzuholen und mit ihnen zu teilen. Aber es bedeutete nur einen Bissen für jeden von uns. Als wir jedoch schließlich am Bahnhof von Conlie anhielten – etwa 20 bis 21 Kilometer von Le Mans entfernt –, kletterten wir alle hastig aus dem Zug, stürmten in ein kleines Gasthaus und kämpften fast wie wilde Tiere um Essensreste. Dann fuhren wir weiter, immer noch sehr langsam, immer noch immer wieder anhaltend, manchmal eine Stunde am Stück, bis wir, halb betäubt von der Kälte, müde vom Stampfen und immer noch ausgehungert, die kleine Stadt Sillé-le-Guillaume erreichten, die nicht mehr als 13 bis 15 Kilometer von Conlie entfernt ist.

In Sillé sicherte ich mir ein winziges Dachkammerzimmer im überfüllten Hôtel de la Croix d'Or, einem Gasthaus drittklassiger Art, das bereits von Offizieren, Soldaten, Eisenbahnbeamten und anderen Leuten belagert war, die Le Mans verlassen hatten, bevor ich es geschafft hatte. Mein vergleichsweise jugendliches Aussehen brachte mir jedoch die Gunst der drallen Wirtin ein, die, nachdem sie anderen Bewerbern wiederholt erklärt hatte, dass sie im ganzen Haus keine Ecke mehr frei hätte, mich beiseite nahm und mit gedämpfter Stimme sagte: „Hören Sie, ich werde Sie oben in ein kleines *Kabinett stecken* . Ich werde Ihnen gleich den Weg zeigen. Aber erzählen Sie es niemandem." Und sie fügte mitfühlend hinzu: „ *Mon pauvre garçon* , Sie sehen erfroren aus. Gehen Sie in die Küche. Dort brennt ein gutes Feuer, und Sie werden etwas zu essen bekommen."

Um die Wahrheit zu sagen, die Speisekammer war fast leer, aber ich besorgte mir ein wenig Käse und Brot und einen ganz mittelmäßigen Wein, der mir in meinem damaligen Zustand allerdings wie Nektar vorkam. Ich erinnere mich, dass ich mir eine Schüssel nahm und etwa einen halben Liter Wein hineingoss, um mein Brot zu tränken, das altbacken und hart war. Während ich mir am Feuer die Füße wärmte und mich mit dieser improvisierten *Soupe-au-vin verwöhnte* , fühlte ich mich bald wieder warm und belebt. Wenn man erst siebzehn Jahre alt ist und von frühem Ehrgeiz getrieben wird, lastet die Not nur leicht auf einem. Die ganze Welt lag damals vor mir, wie meine Auster, die mit Schwert oder Feder geöffnet werden konnte.

Später schrieb ich im Licht einer einsamen, flackernden Kerze in dem kleinen *Kabinett* im oberen Stockwerk, so gut ich konnte, einen Bericht über die jüngsten Kämpfe und den Verlust von Le Mans. Am frühen Morgen des nächsten Tages überredete ich einen Eisenbahner, der nach Rennes fuhr, mein Paket dort aufzugeben, damit es über *Saint* Malo nach England weitergeleitet werden konnte. Der Artikel erschien in der *Pall Mall Gazette* und füllte eine ganze Seite dieser Zeitschrift. Was auch immer seine Unvollkommenheiten gewesen sein mögen, es war zweifellos der erste ausführliche Bericht über die Schlacht von Le Mans von französischer Seite, der in der englischen Presse erschien. Tatsächlich traf es sich, dass die anderen Korrespondenten der französischen Streitkräfte, darunter mein Cousin Montague Vizetelly von *The Daily News* , in Le Mans blieben, bis es für sie zu spät war, die Stadt zu verlassen, da die Deutschen bereits eingezogen waren.

Bald begannen deutsche Abteilungen mit der Verfolgung der zurückweichenden Loire-Armee. Wie bereits erwähnt, änderte Chanzy am Abend des 12. Januar seine Pläne im Einklang mit Gambettas Ansichten. Die neuen Befehle lauteten, dass das 16. Armeekorps über Chassillé und Saint Jean-sur-Erve nach Laval zurückweichen sollte, dass das 17. nach Conlie nach Sainte Suzanne vorrücken sollte und dass das 21. von Conlie nach Sillé-le-Guillaume vorrücken sollte. Während des Rückzugs kam es zu mehreren Nachhutgefechten. Schon am 13. musste das 21. Korps, bevor es seine ursprüngliche Marschlinie ändern konnte, bei Ballon nördlich von Le Mans kämpfen. Am nächsten Tag wurde eines seiner Detachements, bestehend aus 9000 Mobilisés de la Mayenne, bei Beaumont-sur-Sarthe angegriffen und zog sich hastig zurück. Dabei ließen die Deutschen 1400 Mann in ihren Händen zurück, die ihrerseits nur *neun verloren* ! Die französischen Soldaten, die sich über Conlie zurückzogen, plünderten die dort verlassenen Vorräte teilweise. Ein Bataillon Mobiles versorgte sich auf dem Weg dorthin mit neuen Hosen, Mänteln, Stiefeln und Decken und erbeutete außerdem eine Menge Brot, Pökelfleisch, Zucker und andere Vorräte. Diese Dinge konnten zumindest vor den Deutschen gerettet werden, die bei ihrer Ankunft im verlassenen Lager eine Menge Militärmaterial vorfanden , fünf Millionen Patronen, 1500 Kisten Kekse und Fleischextrakt, 180 Fässer Pökelfleisch, zwanzig Säcke Reis und 140 Puncheons Brandy.

Am 14. Januar erreichte das 21. Korps unter Jaurès Sillé-le-Guillaume und wurde dort von der Vorhut des 13. deutschen Korps unter dem Großherzog von Mecklenburg angegriffen. Die Franzosen leisteten jedoch guten Widerstand und die Deutschen zogen sich nach Conlie zurück. Ich selbst hatte es am Vornachmittag geschafft, Sillé zu verlassen, aber die Strecke war so stark blockiert, dass unser Zug nicht weiter als bis Voutré, einem Dorf mit etwa tausend Seelen, kommen konnte. Da eine Bahnfahrt unmöglich schien, überredete ich einen Bauern, mich bis Sainte Suzanne mitzunehmen, von wo aus ich hoffte, querfeldein in Richtung Laval zu fahren. Sainte Suzanne ist eine alte und malerische Kleinstadt, die damals noch einen Wall und die Ruinen einer frühfeudalen Burg hatte. Ich aß dort in einem Gasthof zu Abend und schlief dort. Am Morgen (14. Januar) wurde mir gesagt, dass es für mich das Beste wäre, nach Süden in Richtung Saint Jean-sur-Erve zu gehen, wo ich auf die direkte Straße nach Laval stoßen und vielleicht auch ein Transportmittel finden würde. Die genauen Rückzugsbefehle kannte ich damals noch nicht. Ich hoffte, all den Truppen und Wagen aus dem Weg zu gehen, die die Straßen blockierten, aber das wurde mir nicht gelingen, denn in Saint Jean traf ich wieder auf sie.

An diesem Tag war ein Teil der Nachhut des 16. Korps (Jauréguiberry) – das heißt ein Detachement von 1100 Mann mit einer Schwadron Kavallerie unter General Le Bouëdec – von der deutschen Kavallerie unter General von Schmidt aus Chassillé vertrieben worden. Dies beschleunigte den französischen Rückzug, der in größter Verwirrung weiterging, wobei alle Männer überstürzt nach Saint Jean eilten, wo Jauréguiberry, nachdem er den Großteil seiner Truppen auf die Höhen jenseits des Flusses Erve gebracht hatte, der hier die Straße kreuzt, beschloss, die Verfolgung des Feindes aufzuhalten. Obwohl der Zustand der meisten Männer beklagenswert war, wurden in der Nacht des 14. und am frühen Morgen des folgenden Tages energische Verteidigungsvorbereitungen getroffen. Im Tiefland, in der Nähe des Dorfes und des Flusses, wurden Bäume gefällt und Straßen verbarrikadiert; während an den Hängen Batterien hinter Hecken postiert wurden, in die Schießscharten geschnitten wurden. Die feindlichen Truppen bestanden meines Wissens hauptsächlich aus Kavallerie und Artillerie. Letztere feuerten bereits auf uns, als Jauréguiberry an unseren Linien entlangritt. Eine Granate explodierte in seiner Nähe, und einige Splitter des Geschosses trafen sein Pferd am Hals und verursachten eine grausige, klaffende Wunde. Das arme Tier fiel jedoch nicht sofort, sondern galoppierte noch mehr als zwanzig Meter wie verrückt weiter, bäumte sich dann plötzlich auf und fiel als einziger Haufen auf den Schnee. Der Admiral, der ein guter Reiter war, löste sich jedoch schnell von seinem Pferd und drehte sich um, um ein anderes Pferd zu sichern – als er bemerkte, dass Oberst Beraud, sein Stabschef, der hinter ihm geritten war, von derselben Granate verwundet worden und von seinem Pferd gefallen war. Ich sah, wie der Oberst zu einem benachbarten Bauernhaus gebracht wurde, und erfuhr später, dass er dort gestorben war.

Das Gefecht hatte kein entscheidendes Ergebnis, aber Schmidt fiel auf die Straße zurück, die Sainte Suzanne mit Thorigné-en-Charnie verbindet, während wir uns in Richtung Soulge-le-Bruant zurückzogen, etwa auf halbem Weg zwischen Saint Jean und Laval. Während des Kampfes, während das Artillerieduell im Gange war, hatte sich jedoch fast die Hälfte von Jauréguiberrys Männern zurückgezogen, ohne auf Befehle zu warten. Ich glaube, dass er in der Nacht des 15. Januar nicht mehr als 7000 Mann zum Gefecht zusammenbringen konnte. Doch nur zwei Tage zuvor hatte er fast dreimal so viele bei sich gehabt.

Dennoch ließ sich für die Männer vieles einwenden. Das Wetter war noch immer bitterkalt, überall lag Schnee, es gab kaum oder gar keine Nahrung, das Kommissariat sah davon ab, Vieh auf den Bauernhöfen zu beschlagnahmen, denn in allen Departements Mayenne und Ille-et-Vilaine wütete die Viehpest. Hungrig, abgemagert, schwach, unaufhörlich hustend, manchmal von Pocken befallen, hinkten oder stapften die Männer verzweifelt weiter. Ihre Stiefel waren oft in einem äußerst erbärmlichen Zustand; einige trugen Holzschuhe, andere hatten, wie ich schon einmal sagte, nur Lumpen um ihre armen, erfrorenen Füße. Und die Straßen waren durch Kanonen, Wagen, Fuhrwerke und Fahrzeuge aller Art blockiert. Manchmal war eine Achse gebrochen, manchmal war ein Pferd tot in den Schnee gefallen, in jedem Fall war das eine oder andere Gefährt zum Stehen gekommen und hinderte andere daran, ihren Weg fortzusetzen. Ich erinnere mich, wie hungrige Männer Steaks aus den Flanken der toten Tiere schnitten, manchmal das Pferdefleisch roh verschlangen und es manchmal zu einer Hütte brachten, wo die habgierigen Bauern, die sich weigerten, auch nur einen Bissen Essen herzugeben, diese frierenden und hungrigen Männer sich wenigstens am Feuer wärmen und ihr Pferdefleisch davor rösten lassen mussten. Bei einem Halt schlugen drei Soldaten einen Bauern nieder, weil er schwor, er könne ihnen nicht einmal eine Prise Salz geben. Danach durchsuchten sie seine Schränke und aßen alles, was sie finden konnten.

Die Erfahrung hatte mich eines Besseren belehrt. Ich hatte mir vor meiner Abreise aus Sainte Suzanne die Taschen mit Schinken, Brot, hartgekochten Eiern und anderen Dingen gefüllt. Ich hatte mir auch in Saint Jean eine Mahlzeit besorgt und mir dort etwas Brandy besorgt, und ich aß und trank sparsam und heimlich, während ich weiterging und einen Trupp müder Soldaten nach dem anderen überholte. Die Entfernung zwischen Saint Jean und Laval ist jedoch nicht sehr groß. Der Karte nach zu urteilen, sind es höchstens 40 Kilometer. Außerdem bin ich nur die Hälfte der Strecke zu Fuß gegangen. Die Truppen bewegten sich so langsam, dass ich Soulge-le-Bruant lange vor ihnen erreichte und dort einen Mann dazu überredete, mich nach Laval zu fahren. Ich war am Nachmittag des 16. Januar dort, und da von hier aus noch Züge nach Westen fuhren, erreichte ich Saint Servan am nächsten Tag. So schlich ich mich bis zu meinem Ziel durch und rechtfertigte damit den Spitznamen L'Anguille – der Aal –, den mir einige meiner jungen französischen Freunde gegeben hatten.

Ein oder zwei Tage zuvor war mein Vater aus England zurückgekehrt, und ich fand ihn bei meiner Stiefmutter. Er interessierte sich sehr für meine Geschichte und sprach davon, selbst nach Laval zu gehen. Bald könnten weitere wichtige Entwicklungen eintreten, die Deutschen könnten zu Chanzys neuem Stützpunkt vorstoßen, und ich hatte das Gefühl, dass auch ich zurückkehren sollte. Das Leben, das ich geführt hatte, macht einen Menschen entweder körperlich aus oder schädigt ihn. Ich persönlich glaube, dass es mir sehr gut getan hat. Auf jeden Fall wurde beschlossen, dass mein Vater und ich zusammen nach Laval gehen sollten. Wir brachen ein paar Tage später auf und schafften es, mit der Bahn bis Rennes zu reisen. Aber von dort bis Laval war die Strecke inzwischen sehr stark verstopft, und so mieteten wir ein geschlossenes Fahrzeug, ein klappriges Ding, gezogen von zwei dürren bretonischen Gäulen. Da die Hauptstraßen noch immer mit Truppen, Artillerie, Gepäckwagen und anderen Hindernissen überfüllt waren, waren sie oft unpassierbar. Daher nahmen wir Umwege, auf denen sich unser Fahrer verirrte, so dass wir nachts im berühmten Chateau des Bochers Unterschlupf suchen mussten, das von Frau von Sévigné verewigt wurde und das mit wertvollen Porträts ihrer selbst, ihrer eigenen Familie und der ihres Mannes sowie einer Menge wunderschöner Möbel aus ihrer Zeit ausgestattet ist.

Ich glaube, wir brauchten insgesamt zwei Tage, um Laval zu erreichen. Nachdem wir in einem der Hotels eine Unterkunft gefunden hatten, machten wir uns auf die Suche nach Neuigkeiten, da wir seit Reisebeginn keine gehört hatten. Als wir einen Zeitungsladen entdeckten, betraten wir ihn, und mein Vater bestand darauf, ein Exemplar praktisch jeder Zeitschrift zu kaufen, die dort verkauft wurde. Unglücklicherweise kam dies einem örtlichen Nationalgardisten, der sich im Laden befand, höchst verdächtig vor, und als wir ihn verließen, folgte er uns. Mein Vater hatte gerade begonnen, Englisch mit mir zu sprechen, und beim Klang einer fremden Sprache wuchs der Verdacht des Mannes. Also kam er näher und verlangte zu wissen, wer und was wir seien. Ich antwortete, dass wir Engländer seien und dass ich zuvor die Genehmigung erhalten hatte, die Armee als Zeitungskorrespondent zu begleiten. Meine Aussagen wurden jedoch von diesem argwöhnischen Menschen mit Unglauben aufgenommen, der uns nach ein oder zwei weiteren Fragen bat, ihn zu einem Wachhaus in der Nähe einer der Brücken über den Fluss Mayenne zu begleiten.

Dorthin gingen wir, gefolgt von mehreren Leuten, die sich während unserer Unterredung eingefunden hatten, und fanden uns vor einem Gendarmenleutnant wieder, der angeklagt war, deutsche Spione zu sein. Unser Denunziant war in dieser Hinsicht sehr bestimmt. Hatten wir nicht mindestens ein Dutzend Zeitungen gekauft? Warum ein Dutzend, wenn vernünftige Leute mit einer zufrieden gewesen wären? Solche umfangreichen Einkäufe mussten sicherlich von einem finsteren Motiv veranlasst worden sein. Außerdem hatte er uns Deutsch sprechen hören. Englisch, wirklich? Nein, nein! Er war sicher, dass wir Deutsch gesprochen hatten, und war sich unserer Schuld ebenso sicher.

Der Leutnant sah ernst aus, und meine Erklärungen stellten ihn nicht ganz zufrieden. Die Lage war umso unangenehmer, als mein Vater zwar einen britischen Pass hatte, ich aber irgendwie meinen wertvollen Militärausweis in Saint Servan liegen gelassen hatte. Außerdem hatte mein Vater einige Dokumente bei sich, die als belastend angesehen werden konnten. Es handelte sich tatsächlich um von verschiedenen deutschen Generälen unterzeichnete Passierscheine, die wir gemeinsam benutzt hatten, als wir im November nach Paris durch die deutschen Linien kamen. Was meinen Korrespondentenausweis anging, der einige Zeit zuvor vom Stabschef unterzeichnet worden war, so hatte ich ihn bei der Durchsicht meiner Papiere auf dem Weg nach Laval nicht finden können, hatte mich aber mit dem Gedanken getröstet, dass ich ihn im Hauptquartier ersetzen lassen könnte. [Die Armbinde des Roten Kreuzes, die sich wiederholt als so nützlich für mich erwiesen hatte und es mir ermöglichte, ohne große Störungen zu kommen und zu gehen, befand sich in unserem Hotel in einer Tasche, die wir mitgebracht hatten.] Hätte ich sie dem Leutnant zeigen können, hätte er vielleicht unsere Freilassung angeordnet. Er beschloss, uns zum Oberbefehlshaber zu schicken. Mich ärgerte dieser Befehl nicht besonders, denn ich erinnerte mich an den betreffenden Offizier, oder zumindest glaubte ich ihn zu kennen, und war überzeugt, dass alles schnell wieder in Ordnung gebracht werden würde.

Wir brachen auf unter der Führung eines Brigadegenerals – oder Korporals – von Gendarmen und vier Männern, dicht gefolgt von unserem

Denunzianten. Mein Vater machte mich sofort darauf aufmerksam, dass der Brigadegeneral und einer der Männer Silbermedaillen mit dem Bildnis von Königin Viktoria trugen, also sagte ich zu dem ersteren: „Sie waren auf der Krim. Sie tragen die Medaille unserer Königin."

„Ja", antwortete er, „das habe ich an der Alma gelernt."

„Und dein Kamerad?"

„Er hat seinen Sieg bei der Tohernaya errungen."

„Ich nehme an, Sie wären froh gewesen, wenn Franzosen und Engländer in diesem Krieg Seite an Seite gekämpft hätten?", fügte ich hinzu. „Vielleicht hätten sie das tun sollen."

„ *Parbleu!* Die Engländer waren uns sicherlich einen *bon coup de main schuldig*, statt dessen haben sie uns nur kaputte Pferde und schlechte Stiefel verkauft."

Ich stimmte zu, dass es einige derartige Fälle gegeben hatte. Nach ein paar weiteren Worten war der Brigadier, glaube ich, von unserer englischen Nationalität überzeugt. Da er uns aber zum Provost bringen wollte, mussten wir dorthin. Eine immer größer werdende Menschenmenge folgte. Ladenbesitzer und andere Leute kamen an ihre Türen und Fenster, und die Worte „Das sind Spione, deutsche Spione!" ertönten wiederholt, was die Menge aufwühlte und sie immer feindseliger machte. Eine Weile folgten wir einem Kai mit Granitbrüstungen, unter dem die Mayenne floss, beladen mit Treibeis. Plötzlich jedoch bemerkte ich zu unserer Linken einen großen Platz, auf dem etwa hundert Männer der Nationalgarde von Laval Übungen machten. Sie sahen uns mit unserer Eskorte erscheinen, sie sahen die Menge, die uns folgte, und sie hörten die Rufe „Spione! Deutsche Spione!". Sofort brachen sie mit jener Missachtung der Disziplin, die bei den Franzosen zu dieser Zeit so charakteristisch war, aus ihren Reihen und rannten auf uns zu.

Wir konnten nur noch ein paar Schritte gehen. Vergeblich versuchten die Gendarmen, sich einen Weg durch die aufgeregte Menge zu bahnen. Wir waren von wütenden, finster dreinblickenden, schreienden Männern umringt. Verwünschungen brachen aus, Fäuste wurden geballt, Arme geschwenkt, Gewehre geschüttelt, und die widerspenstigen Nationalgardisten waren die eifrigsten von allen, uns anzuprangern und zu bedrohen. „Nieder mit den Spionen!", schrien sie. „Nieder mit den deutschen Schweinen! Her mit ihnen! Lasst uns sie erschießen!"

Es folgte ein sehr bedrohlicher Ansturm, und ich wäre fast von den Füßen gerissen worden. Doch im nächsten Moment stand ich an der Brüstung des Kais, mit meinem Vater neben mir und dem eisigen Fluss im Rücken. Vor uns standen der Brigadegeneral und seine vier Männer und bewachten uns vor den wütenden Bürgern von Laval.

„Übergeben Sie sie uns! Wir werden ihre Angelegenheit regeln“, rief ein aufgeregter
Nationalgardist. „Sie wissen, dass es Spione sind, Brigadegeneral.“

„Ich weiß, dass ich meine Befehle habe“, knurrte der Veteran. „Ich bringe sie zum Provost. Die Entscheidung liegt bei ihm.“

„Das ist zu viel Aufwand“, war die Erwiderung. „Lasst uns sie erschießen!“

„Aber sie sind keine Patrone wert!“, rief ein anderer Mann. „Werft sie in den Fluss!“

Dieser ominöse Schrei wurde aufgegriffen. „Ja, ja, zum Fluss mit ihnen!“ Dann folgte ein weiterer Ansturm, der so heftig war, dass unsere Lage hoffnungslos schien.

Doch der Brigadegeneral und seine Männer hatten es während der kurzen Unterredung geschafft, Bajonette aufzupflanzen, und als der Mob mit fünf blitzenden Stahlklingen konfrontiert wurde, ließ seine wilde Gier nach. Außerdem verhielt sich der alte Brigadegeneral großartig. „Bleibt zurück!“, rief er. „Ich habe meine Befehle. Ihr müsst mich erst zur Ruhe bringen, bevor ihr meine Gefangenen nehmt!“

In diesem Moment fiel mir einer der Nationalgardisten ins Auge, der mit der Faust drohte, und ich sagte zu ihm: „Sie irren sich gewaltig. Wir sind keine Deutschen, sondern Engländer!“

„Ja, ja, *Englisch, Englisch*!“ rief mein Vater.

Während einige der Männer in der Menge diese Aussage mehr oder weniger ungläubig wiederholten, kletterte ein schwarzbärtiger Mensch – den ich in diesem Augenblick noch vor meinem geistigen Auge sehe, so lebhaft hat mich die Angelegenheit beeindruckt – auf die Brüstung in unserer Nähe und rief: „Sie sagen, Sie sind Engländer? Kennen Sie London? Kennen Sie Regent Street? Kennen Sie Soho?“

„Ja, ja!“, antworteten wir schnell.

„Kennen Sie den Place d’Italia? Wie heißt die Music Hall dort?“

„Na, die Alhambra!“ Das „Imperium“, möchte ich hinzufügen, existierte damals noch nicht.

Der Mann schien zufrieden. „Ich glaube, sie sind Engländer“, sagte er zu seinen Freunden. Doch jemand anderes rief: „Das glaube ich nicht. Einer von ihnen trägt eine deutsche Mütze.“

Nun traf es sich, dass mein Vater mit einem Filzhut von einer Form aus London zurückgekehrt war, die damals dort ziemlich in Mode war und der seltsamerweise „Kronprinz“ genannt wurde, nach dem Erben des preußischen Throns – also dem Ehemann unserer Prinzessin, dem späteren Kaiser Friedrich. Die Nationalgarde, die ein wenig Englisch sprach, wollte diesen belastenden Hut in Augenschein nehmen, also nahm mein Vater ihn ab, und einer der Gendarmen steckte ihn auf sein Bajonett und reichte ihn dem Mann auf der Brustwehr. Als dieser auf dem Hutfutter „Christy, London" gelesen hatte, sagte er noch einmal zu unseren Gunsten aus.

Aber auch andere Leute wollten die verdächtige Kopfbedeckung untersuchen, und sie ging von Hand zu Hand, bevor sie meinem Vater in mehr oder weniger beschädigtem Zustand zurückgegeben wurde. Schon damals waren viele Männer hinsichtlich unserer Nationalität nicht zufrieden, aber während des Vorfalls mit dem Hut - der mir heute zum Lachen ist, obwohl damals alles sehr hässlich aussah - hatten die Männer Zeit gehabt, ihre Wut zumindest in beträchtlichem Maße abzukühlen, und nach diesem ernst-komischen Zwischenspiel waren sie viel weniger erpicht darauf, uns das Lynchjustizgesetz aufzuerlegen. Es kam zu weiteren Verhandlungen, und schließlich erhielten die Gendarmen, die immer noch mit gekreuzten Bajonetten vor uns standen, auf Beschluss des souveränen Volkes die Genehmigung, uns zum Oberbefehlshaber zu bringen. Dorthin gingen wir dann inmitten einer regelrechten Prozession wachsamer Wachen und Zivilisten.

Als wir vor dem Oberbefehlshaber erschienen, wurde mir sofort klar, dass unsere Schwierigkeiten noch nicht vorüber waren. Während des Rückzugs hatte es einige Veränderungen gegeben, und entweder war der Offizier, den ich in Le Mans gesehen hatte (das heißt Oberst Mora), durch einen anderen ersetzt worden, oder derjenige, vor dem wir jetzt erschienen, war nicht der Generaloberbefehlshaber, sondern nur der Oberbefehlshaber des 18. Korps. Jedenfalls war er mir völlig fremd. Nachdem er erstens die Aussagen des Brigadegenerals und der Nationalgarde gehört hatte, die uns angezeigt hatten und die die ganze Zeit in unserer Nähe geblieben waren, und zweitens die Erklärungen meines Vaters und mir, sagte er zu mir: „Wenn Sie eine Personalerlaubnis hatten, der Armee zu folgen, muss jemand im Hauptquartier in der Lage sein, Sie zu identifizieren."

„Ich denke", antwortete ich, „das könnte Generalmajor Feilding übernehmen, der – wie Sie sicher wissen – die Armee im Auftrag der britischen Regierung begleitet. Persönlich bin ich mehreren Offizieren des 21. Korps bekannt – General Gougeard und seinem Stabschef zum Beispiel – und auch einigen Adjutanten im Hauptquartier."

„Gut, lassen Sie sich identifizieren und besorgen Sie sich ein angemessenes Geleit", sagte der Oberbefehlshaber. „Brigadier, Sie müssen diese Männer zum Hauptquartier bringen. Wenn sie dort identifiziert werden, lassen Sie sie gehen. Wenn nicht, bringen Sie sie zum Schloss (dem Gefängnis) und melden Sie sich bei mir."

Wieder machten wir uns alle auf den Weg, dieses Mal kletterten wir die hügeligen, schlecht gepflasterten Straßen der Altstadt von Laval hinauf, über denen das große feudale Schloss der Stadt mit seinem dunklen, runden Bergfried aufragte. Bald erreichten wir das örtliche College, ein ehemaliges Ursulinenkloster, wo Chanzy sein Hauptquartier aufgeschlagen hatte.

In einem der großen Klassenzimmer saßen mehrere Offiziere, von denen mich einer sofort erkannte. Er lachte, als er unsere Geschichte hörte. „Ich wurde neulich selbst verhaftet", sagte er, „weil man mich auf Englisch mit Ihrem General Feilding sprechen hörte. Und dabei trug ich Uniform, genau wie jetzt."

Die Gendarmen wurden umgehend entlassen, allerdings nicht bevor mein Vater dem alten Brigadier etwas für sich und seine Kameraden in die Hand gedrückt hatte. Ihre Entschlossenheit hatte uns gerettet, denn wenn die Leidenschaften eines Mobs durch patriotischen Eifer entflammt werden, kann den Objekten seines Zorns das Schlimmste passieren.

Ein diensthabender Adjutant bereitete einen ordnungsgemäßen Geleitbrief vor (den ich noch besitze), und während er ihn aufsetzte, trat ein älterer, aber helläugiger Offizier ein und ging zu einem großen runden Ofen, um sich aufzuwärmen. Auf seiner verblichenen Mütze glitzerten noch immer schwach drei kleine Sterne, und sechs Reihen schmaler, angelaufener Goldborten zierten die Ärmel seines etwas schäbigen Dolmans. Es war Chanzy selbst.

Er bemerkte unsere Anwesenheit und ließ sich unseren Fall erklären. Er sah mich eindringlich an und sagte: „Ich glaube, ich habe Sie schon einmal gesehen. Sie sind der junge englische Korrespondent, der in Yvré-l'Evêque einige Skizzen anfertigen durfte
, nicht wahr?"

„Ja, *mon général* ", antwortete ich und salutierte. „Ich glaube, Sie haben mir die Erlaubnis durch Monsieur le Commandant de Boisdeffre erteilt."

Er nickte freundlich, als wir uns zurückzogen, und verfiel dann in eine nachdenkliche Haltung.

Wir machten uns auf den Weg durch die Altstadt von Laval und in Richtung Neustadt, mein Vater trug den Geleitbrief in der Hand. Die Gendarmen mussten den Leuten bereits gesagt haben, dass es uns gut ginge, denn jetzt begegneten uns nur noch freundliche Gesichter. Trotzdem übergaben wir den Geleitbrief einer Gruppe Nationalgardisten zur Inspektion, damit sie sich beruhigen konnten. Das geschah vor dem Krankenhaus, wo ich mir in diesem Moment kaum vorstellen konnte, dass ein junger Engländer – ein Freiwilliger des Sechsten Bataillons der Côtes-du-Nord Mobile Guards (21. Armeekorps) – krank von einer Erkältung dalag, die er sich während eines Aufstiegs in unserem Armeeballon mit Gaston Tissandier zugezogen hatte. Seitdem ist dieser junge Engländer als Feldmarschall Viscount Kitchener von Khartum berühmt geworden.

Aber die Nationalgarde bestand darauf, meinen Vater und mich in das Hauptcafé von Laval zu bringen. Sie ließen sich nicht abweisen. In echter französischer Manier wollten sie alle etwas Wiedergutmachung für ihre fehlgeleitete patriotische Impulsivität an jenem Nachmittag leisten, als sie gedroht hatten, uns zuerst zu erschießen und dann zu ertränken. Stattdessen überschütteten sie uns jetzt mit Punsch *à la française* , und als sich das Café bald mit anderen Leuten füllte, die sich uns anschlossen, kam es zu einer Szene, die fast darauf schließen ließ, dass das besetzte und unglückliche Frankreich endlich einen glorreichen Sieg errungen hatte.

Dreizehnte

DAS BITTERE ENDE

Treibjagden auf Deserteure – Ende der Operationen gegen Chanzy – Faidherbes
Schlachten – Bourbakis angebliche Siege und Rückzug – Die Lage in Paris –
Die schreckliche Todesrate – Der Zustand der Pariser Armee – Der blutige
Buzenval-Ausfall – Auf dem Weg zur Kapitulation – Die deutschen
Verhältnisse – Die Waffenstillstandsbestimmungen – Bourbakis Katastrophe
– Hätte der Krieg verlängert werden können? – Die Ressourcen Frankreichs
– Die allgemeine Erschöpfung – Ich kehre nach Paris zurück – Die Wahlen
zur Nationalversammlung – Die Verhandlungen – Der Zustand von Paris –
Die Vorbereitungen für den Frieden – Der triumphale Einzug der Deutschen
– Die Folgen des Krieges.

Wir blieben noch ein paar Tage in Laval und wurden dort nicht mehr gestört.
Ein Anblick, den wir mehr als einmal miterlebten, war von schmerzlichem
Interesse. Es waren die vielen Prozessionen von Deserteuren, die die
berittene Gendarmerie des Hauptquartiers häufig in die Stadt brachte. Die
ganze Gegend wurde nach Ausreißern abgesucht, von denen viele in den
Dörfern und auf einsamen Bauernhöfen gefunden wurden. Sie hatten im
Allgemeinen ihre Uniform abgelegt und Blusen angezogen, aber die Bauern
verrieten sie häufig, insbesondere da sie selten, wenn überhaupt, Geld für
Bestechungsgelder hatten. Abgesehen von diesen *Treibjagden* und den
Maßnahmen aller Art, die Chanzy zur Reorganisation seiner Armee ergriff,
geschah in Laval wenig von unmittelbarer Bedeutung. Gambetta war dort
gewesen und war dann nach Lille aufgebrochen, um sich über den Zustand
von Faidherbes Nordarmee zu informieren. Die deutsche Verfolgung von
Chanzys Streitkräften endete praktisch bei Saint Jean-sur-Erve. Es gab nur
noch ein weiteres kleines Gefecht bei Sainte Mélaine, aber das war alles. [Ich
sollte hinzufügen, dass die Deutschen unter Mecklenburg am 17. Januar
Alengon (Chantys ursprüngliches Ziel) nach wirkungslosem Widerstand der
Truppen unter Kommandant Lipowski einnahmen. Lipowski wurde bei
seinen Bemühungen von dem jungen M. Antonin Dubost, dem damaligen
Präfekten des Departements Orne und seit kurzem Präsident des
französischen Senats, unterstützt.] Mein Vater und ich kehrten daher nach
Saint-Servan zurück und schickten, nachdem wir gemeinsam einige Artikel
über Chanzys Rückzug und die gegenwärtigen Umstände verfasst hatten,
diese für die *Pall Mall Gazette nach London* .

Der Krieg näherte sich nun rasch seinem Ende. Ich habe bisher mehrere
wichtige Ereignisse unerwähnt gelassen, da ich meinen Bericht über die
Kämpfe bei Le Mans und den anschließenden Rückzug nicht unterbrechen

wollte. Ich habe jedoch das Gefühl, dass ich jetzt einen Blick auf die Lage in anderen Teilen Frankreichs werfen sollte. Ich habe gerade erwähnt, dass Gambetta nach seinem Besuch bei Chanzy in Laval (19. Januar) nach Lille ging, um sich mit Faidherbe zu beraten. Sehen wir uns also an, was der letztgenannte General getan hatte. Er stand nicht länger in Opposition zu Manteuffel, der in der Hoffnung in den Osten Frankreichs geschickt worden war, dass er Bourbakis Armee, die dort noch im Feld stand, wirksamer bekämpfen würde als Werder. Manteuffels Nachfolger im Norden war General von Goeben, mit dem Faidherbe am 18. Januar eine Schlacht bei Vermand schlug, der am nächsten Tag die Schlacht bei Saint Quentin folgte, die sieben Stunden lang bei Tauwetter und Nebel ausgetragen wurde. Obwohl es als französischer Sieg bezeichnet wurde, war es keiner. Die Deutschen verloren zwar 2500 Mann, aber die Zahl der französischen Toten und Verwundeten belief sich auf 3500, und Tausende von Männern wurden vermisst. Die Deutschen machten etwa 5000 Gefangene, während andere Truppen sich auflösten, ähnlich wie Chanzys Männer sich während seines Rückzugs auflösten. Aus strategischer Sicht war die Aktion bei Saint Quentin unentschieden.

In Ostfrankreich lieferte sich Bourbaki am 9. und 10. Januar zwei ergebnislose Gefechte bei Villersexel, südöstlich von Vesoul, und errang dabei jeweils den Sieg. Am 13. Januar kam es zu einem weiteren Gefecht bei Arcey, das er ebenfalls als Erfolg verbuchen konnte, wozu ihm Gambetta gratulierte. In der Region, in der er operierte, herrschte äußerst schlechtes Wetter, und seine Männer litten ebenso schwer wie Chanzys Truppen – wenn nicht sogar schwerer. Es gab Nächte, in denen sich Männer schlafen legten und nie wieder aufwachten. Am 15., 16. und 17. Januar kam es zu einer Reihe von Gefechten an der Lisaine, die zusammen als Schlacht bei Héricourt bekannt sind. Diese Gefechte führten zu Bourbakis Rückzug nach Süden in Richtung Besançon, wo wir ihn für den Moment verlassen, um die Lage von Paris zu diesem Zeitpunkt zu betrachten.

Seit Jahresbeginn war der Tag der Kapitulation der Hauptstadt immer näher gerückt. Paris fiel tatsächlich, weil die Nahrungsmittelvorräte praktisch erschöpft waren. Am 18. Januar wurde es notwendig, das Brot zu rationieren, das nun eine dunkle, klebrige Masse war, die Zutaten wie Kleie, Stärke, Reis, Gerste, Fadennudeln und Erbsenmehl enthielt. Jedem Erwachsenen wurden etwa 10 Unzen pro Tag zugeteilt, Kinder unter fünf Jahren erhielten die Hälfte dieser Menge. Aber auch die Gesundheitskosten der Stadt trugen zur Kapitulation bei. Im November gab es 7444 Tote unter der nicht kämpfenden Bevölkerung, gegenüber 3863 im November 1869. Die Zahl der Todesopfer im Dezember stieg auf 10.665, gegenüber 4214 im Dezember des Vorjahres. Im Januar starben täglich zwischen 60 und 70 Menschen an Pocken. Bronchitis und Lungenentzündung forderten immer mehr Opfer.

Vom 14. bis zum 21. Januar stieg die Sterberate auf nicht weniger als 4.465; von diesem Datum bis zum 28. Januar, dem Tag der Kapitulation, betrug die Zahl 4.671, während sie in normalen Zeiten in keiner Woche über 1.000 gelegen hatte.

Unter den Truppen verschlechterte sich die Lage immer mehr. Tausende von Männern befanden sich in den Krankenhäusern, und Tausende schafften es, zu desertieren und sich in der Stadt zu verstecken. Von 100.705 Liniensoldaten fehlten am 1. Januar nicht weniger als 23.938; von der Mobilgarde, die auf dem Papier 111.999 Mann zählte, fehlten 23.565 Einheiten. Kurz gesagt, jeder fünfte Mann war entweder ein Patient oder ein Deserteur. Was das deutsche Bombardement angeht, so hatte es einige moralische, aber sehr geringe materielle Auswirkungen. Abgesehen von den Schäden an Gebäuden wurden (wie ich bereits sagte) etwa hundert Menschen getötet und etwa zweihundert verwundet.

Die Regierung hatte nun wenig oder gar kein Vertrauen mehr in die Nützlichkeit weiterer Ausfälle. Da die extremistischen Zeitungen dennoch lautstark einen solchen forderten, beschloss man schließlich, die deutschen Stellungen jenseits der Seine westlich der Stadt anzugreifen. Dieser Ausfall, gemeinhin Buzenval genannt, fand am 10. Januar statt, einen Tag nachdem König Wilhelm von Preußen in Ludwigs XIV. Spiegelsaal in Versailles zum deutschen Kaiser proklamiert worden war. [Die Entscheidung, den König in den Kaiserstand zu erheben, war am 1. Januar gefallen.] Zweifellos wurde der Buzenval-Ausfall in erster Linie geplant, um der Nationalgarde die ständig geforderte Gelegenheit und Genugtuung zu geben, gegen die Deutschen geführt zu werden. Trochu, der das Oberkommando übernahm und sich im Fort Mont Valérien niederließ, teilte seine Streitkräfte in drei Kolonnen auf, die von den Generälen Vinoy, Bellemare und Ducrot angeführt wurden. Die erste (der linke Flügel) bestand aus 22.000 Mann, darunter 8.000 Nationalgardisten; Die zweite (die mittlere Kolonne) bestand aus 34.500 Mann, darunter 16.000 Gardisten, und die dritte (der rechte Flügel) aus 33.500 Mann, darunter nicht weniger als 18.000 Gardisten. Die Gesamtstreitmacht betrug somit ungefähr 90.000 Mann, wovon die Nationalgarde etwa ein Drittel dieser Zahl ausmachte. Jede Kolonne hatte zehn Batterien dabei, was für die gesamte Streitmacht 180 Geschütze darstellte. Die französische Front erstreckte sich jedoch über eine Entfernung von fast sechs Kilometern, und die tatsächliche Stärke der Armee war dadurch geschwächt. Es kam zu ziemlich verzweifelten Kämpfen bei Saint-Cloud, Montretout und Longboyau, aber die Franzosen wurden zurückgedrängt, nachdem sie 4000 Mann verloren hatten, hauptsächlich Nationalgardisten, während die deutschen Verluste nur etwa 600 betrugen.

Die Affäre verursachte in Paris Bestürzung, insbesondere weil mehrere prominente Männer in den Reihen der Nationalgarde gefallen waren. In der

Nacht des 21. Januar drangen einige Extremisten gewaltsam in das Gefängnis von Mazas ein und befreiten einige ihrer Freunde, die dort seit dem Aufstand vom 31. Oktober eingesperrt waren. Am nächsten Tag, dem 22. Januar, kam es auf dem Place de l'Hôtel de Ville zu einer Demonstration und einer Schlägerei, bei der Schüsse ausgetauscht wurden, die Menschen töteten und verwundeten. Die Regierung gewann jedoch den Sieg und revanchierte sich, indem sie die revolutionären Clubs schloss und einige extremistische Zeitungen verbot. Doch vier Stunden später trat Trochu von seinem Posten als Militärgouverneur von Paris zurück (in dem er durch General Vinoy ersetzt wurde) und behielt nur den Regierungsvorsitz. Ein weiterer wichtiger Vorfall ereignete sich am Abend nach dem Aufstand: Jules Favre, der Außenminister, hatte damals einen Brief an Fürst Bismarck gesandt.

Der erste Gedanke der Regierung war lediglich gewesen, zu kapitulieren – das heißt, die Tore der Stadt zu öffnen und die Deutschen auf ihre Gefahr hin eintreten zu lassen. Sie wollte weder über eine Kapitulation verhandeln noch sie unterzeichnen. Jules Favre deutete dies in seinem Brief an Bismarck an, und sicherlich hätte das vorgeschlagene Vorgehen die Deutschen – auf die die Augen der Welt gerichtet waren – in eine schwierige Lage bringen können. Aber Favre war dem großen preußischen Staatsmann nicht gewachsen. Bald wurden formelle Verhandlungen aufgenommen, und Bismarck arrangierte die Dinge so, dass, wie Gambetta später und zu Recht beklagte, das von Favre unterzeichnete Abkommen weit mehr für Frankreich als Ganzes galt als für Paris selbst. In Bezug auf die Stadt waren die Hauptbedingungen, dass eine Kriegsentschädigung von 8.000.000 Pfund gezahlt werden sollte; dass die Forts rund um die Stadt von den Deutschen besetzt werden sollten; dass die Garnison – Linien-, Mobilgarde- und Marinekontingent (insgesamt etwa 180.000 Mann) – Kriegsgefangene werden sollte; und dass die Bewaffnung (1500 Festungskanonen und 400 Feldgeschütze) sowie die großen Munitionsvorräte übergeben werden sollten. Andererseits wurde der französischen Regierung eine Truppe von 12.000 Mann für den „Polizeidienst" in der Stadt überlassen, und die Nationalgarde durfte auf Favres dringende, aber törichte Bitte hin ihre Waffen behalten. Außerdem sollte die Stadt mit Proviant versorgt werden. In Bezug auf Frankreich im Allgemeinen wurden Vereinbarungen für einen Waffenstillstand von 21 Tagen Dauer getroffen, um die Wahl einer Nationalversammlung zu ermöglichen, die über den Frieden verhandeln sollte. Bei diesen Vereinbarungen wurden Favre und Vinoy (der neue Gouverneur von Paris) von Bismarck und Moltke übertrumpft. Sie waren sich der tatsächlichen Lage in den Provinzen weitgehend nicht bewusst und stimmten sehr nachteiligen Bedingungen hinsichtlich der Linien zu, die die Deutschen und die Franzosen während der Waffenstillstandsperiode jeweils besetzen sollten. Obwohl man sich darauf einigte, die Feindseligkeiten in den meisten Punkten einzustellen, wurde keine entsprechende Vereinbarung hinsichtlich Ostfrankreichs getroffen, wo sich sowohl Bourbaki als auch Garibaldi im Einsatz befanden.

Letztere hatte am 21. und 23. Januar einige kleinere Erfolge bei Dijon erzielt, aber am 1. Februar - also zwei Tage nach der Unterzeichnung des Waffenstillstands - wurden die Garibaldianer erneut aus der burgundischen Hauptstadt vertrieben. Das war jedoch nichts im Vergleich zu dem, was Bourbakis unglücklicher Armee widerfuhr. Nachdem Manteuffel sie zum Rückzug von Besançon nach Pontarlier gezwungen hatte, war sie als nächstes gezwungen, sich in die Schweiz zurückzuziehen [Bevor dies geschah, versuchte Bourbaki sein Leben zu lassen.] (neutrales Gebiet, wo sie notwendigerweise von den Schweizer Behörden entwaffnet wurde), um der Gefangennahme oder Vernichtung durch die Deutschen zu entgehen. Letztere machten etwa 6000 Gefangene, bevor es den anderen Männern (ungefähr 80.000 an der Zahl) gelang, die Schweizer Grenze zu überqueren. Ein Teil der Armee konnte jedoch durch General Billot gerettet werden. Was die Lage anderswo betrifft, sollte ich erwähnen, dass Longwy drei Tage vor der Kapitulation von Paris kapitulierte; Belfort jedoch leistete bis zum 13. Februar Widerstand, als alle anderen Feindseligkeiten eingestellt waren. Seiner Garnison, die so tapfer von Oberst Denfert-Bochereau kommandiert wurde, wurden die Kriegsehren zuteil.

Wie ich in meinem Buch „Das republikanische Frankreich" schrieb, war das Land im Allgemeinen des langen Kampfes müde; und nur Gambetta, Freycinet und einige Militärs wie Chanzy und Faidherbe waren für eine Verlängerung. Von der Kriegserklärung am 15. Juli bis zur Kapitulation von Paris und dem Waffenstillstand am 28. Januar hatte der Kampf 28 Wochen gedauert. Sieben dieser Wochen hatten ausgereicht, um das Zweite Kaiserreich zu stürzen; aber erst nach weiteren 120 Wochen hatte die Dritte Republik ihre Waffen niedergelegt. Was auch immer die Fehler der Nationalverteidigung gewesen sein mögen, sie rettete zumindest die Ehre Frankreichs.

Es ist durchaus fraglich, ob die Lage hätte wiederhergestellt werden können, wenn der Krieg länger gedauert hätte, obwohl das Land zweifellos noch über viele Ressourcen verfügte. In „Das republikanische Frankreich" habe ich eine Reihe von Zahlen genannt, die zeigten, dass fast sofort über 600.000 Mann in den Einsatz hätten geschickt werden können und dass später weitere 260.000 hätten bereitgestellt werden können. Am 8. Februar, als Chanzy seine Armee weitgehend reorganisiert hatte, standen ihm allein 4952 Offiziere und 227.361 Mann mit 430 Kanonen zur Verfügung. Der sorgfältige und angesehene französische Militärhistoriker M. Pierre Lehautcourt schätzt die sonstigen Ressourcen Frankreichs jedoch noch höher ein als ich. Er weist auch zu Recht darauf hin, dass, obwohl ein so großer Teil Frankreichs besetzt wurde, das nicht besetzte Gebiet noch größer war und von 25 Millionen Menschen bewohnt wurde. Er schätzt die gesamte verfügbare Artillerie auf französischer Seite auf 1232 Kanonen, von denen jede durchschnittlich 242 Geschosse aufnehmen kann. Außerdem warteten 443 Kanonen auf ihre Geschosse. Er erzählt uns, dass die französischen Waffenfabriken zu dieser Zeit durchschnittlich 25.000 Chassepots pro Monat produzierten und täglich zwei Millionen Patronen lieferten, während ständig weitere große Lieferungen an Waffen und Munition aus dem Ausland eintrafen. Andererseits herrschte sicherlich ein Mangel an Pferden, deren Sterblichkeit in diesem Krieg wie in allen anderen sehr hoch war. Chanzy verfügte nur über 20.000, und der Remonte-Dienst konnte nur weitere 12.000 liefern. Allerdings hätten zweifellos in verschiedenen Teilen Frankreichs zusätzliche Tiere gefunden oder aus dem Ausland beschafft werden können.

Aber materielle Ressourcen, so groß sie auch sein mögen, nützen wenig, wenn eine Nation praktisch den Mut verloren hat. Trotz aller Bemühungen der Kommandeure war außerdem Gehorsamsverweigerung unter den Truppen im Feld weit verbreitet. Es hatte so viele Niederlagen und Rückzüge gegeben, dass sie jedes Vertrauen in ihre Generäle verloren hatten. Während des Waffenstillstands gab es noch zahlreiche Desertionen. Ich möchte hinzufügen, dass, falls der Kampf nach Ablauf des Waffenstillstands wieder aufgeflammt wäre, Chanzys Plan – der auf einem geheimen Militär- und Regierungsrat in Paris, wohin er Anfang Februar ging, Zustimmung fand – darin bestand, General de Colomb an die Spitze einer starken Streitmacht zur Verteidigung der Bretagne zu stellen, während er, Chanzy, mit seiner eigenen Armee die Loire überqueren und Südfrankreich verteidigen würde.

Als die Nachricht eintraf, dass ein Waffenstillstand unterzeichnet worden war und Paris wieder geöffnet war, arrangierte mein Vater sofort die Rückkehr dorthin, begleitet von mir und meinem jüngeren Bruder Arthur Vizetelly. Ich erinnere mich, dass wir reichlich Geflügel und andere Lebensmittel mitnahmen, um sie unter den Freunden zu verteilen, die in den letzten Tagen der Belagerung unter dem Mangel an Lebensmitteln gelitten hatten. Die Wahlen zur neuen Nationalversammlung waren gerade vorbei, und fast alle der 43 Abgeordneten, die nach Paris zurückkehrten, waren Republikaner, obwohl im Rest Frankreichs legitimistische und orleanistische Kandidaten im Allgemeinen erfolgreich waren. Ich erinnere mich, dass einer unserer Händler, ein begeisterter Royalist, kurz bevor ich Saint-Servan verließ, zu mir sagte: „Wenn Sie im Sommer wiederkommen, um uns zu besuchen, werden wir einen König auf dem Thron haben." In diesem Moment schien es tatsächlich so, als ob dies der Fall sein würde. Was das Kaiserreich betraf, konnte man es nur als tot betrachten. Es gab, glaube ich, in der gesamten neuen Nationalversammlung lediglich fünf anerkannte bonapartistische Mitglieder, und die meisten von ihnen kamen aus Korsika. So erklärte die

Versammlung mit fast einstimmigem Beschluss Napoleon III. und seine Dynastie für die „Invasion, den Ruin und die Zerstückelung Frankreichs" verantwortlich.

Nachdem die Nationalversammlung Thiers zum „Chef der Exekutive" ernannt hatte, kam es zu Friedensverhandlungen zwischen ihm und Bismarck. Sie begannen am 22. Februar. Thiers wurde von Jules Favre unterstützt, der den Posten des Außenministers behielt, hauptsächlich weil ihn niemand sonst übernehmen und einen Vertrag unterschreiben wollte, der für das Land unheilvoll sein musste. Die wichtigsten Bedingungen dieses Vertrags werden uns in Erinnerung bleiben. Deutschland sollte Elsaß-Lothringen annektieren, eine Kriegsentschädigung von 200 Millionen Pfund Sterling (zuzüglich Zinsen) erhalten und sich von Frankreich die handelspolitische „Meistbegünstigung" sichern. Die Präliminarien wurden am 26. Februar unterzeichnet und am 1. März von der Nationalversammlung angenommen, aber der eigentliche Vertrag von Frankfurt wurde erst im darauffolgenden Monat Mai unterzeichnet und ratifiziert.

In den Wochen nach dem Waffenstillstand bot Paris ein trauriges Bild. Für die Tausenden von Handwerkern, die während der Belagerung zur Nationalgarde geworden waren, gab es keine Arbeit. Ihre Zulage wurde verlängert, damit sie wenigstens einen Lebensunterhalt hatten. Aber die Unruhe war allgemein. Neben dem allgemeinen Hass auf die Deutschen, der sich überall zeigte und sogar in den in den Schaufenstern angebrachten Plakaten zum Ausdruck kam, wonach sich Deutsche dort nicht zu bewerben brauchten, war eine sehr verbitterte Stimmung gegenüber der neuen Regierung zu beobachten. Thiers war sein ganzes Leben lang Orleanist gewesen, und unter den Pariser Arbeitern herrschte allgemein das Gefühl, dass die Nationalversammlung Frankreich einen König geben würde. Dieses Gefühl führte zum späteren blutigen Aufstand der Kommune; aber wie ich in „Das republikanische Frankreich" schrieb, war es gerade die Kommune, die den französischen Royalisten eine Chance gab. Damit wurde ihnen eine Waffe in die Hand gegeben, die es ihnen ermöglichte zu sagen: „Durch diesen Aufstand und all diese schrecklichen Exzesse sehen Sie, was eine Republik bedeutet. Ordnung, Ruhe und fruchtbare Arbeit sind nur unter einer Monarchie möglich." Wie wir jedoch wissen, wurden die Bemühungen der Royalisten zum Teil durch die Hartnäckigkeit ihres Kandidaten, des Grafen von Chambord, und zum Teil durch das gute Verhalten der Republikaner im Allgemeinen, wie es ihnen sowohl Thiers als auch Gambetta geraten hatten, vereitelt.

Am 1. März, dem Tag, an dem die Nationalversammlung in Bordeaux die Friedensvereinbarungen ratifizierte, zogen die Deutschen triumphierend in Paris ein. Vier oder fünf Tage zuvor hatte mich mein Vater mit einer Sondermission nach Bordeaux geschickt, und damals sah ich nach langen

Jahren wieder Garibaldi, der zum französischen Abgeordneten gewählt worden war, sein Mandat jedoch aufgrund der belastenden Friedensbedingungen niederlegte. Andere, insbesondere Gambetta, taten genau dasselbe, um gegen den sogenannten „Teufelspakt" zu protestieren. Ich war jedoch rechtzeitig wieder in Paris, um den deutschen Einzug in die Stadt mitzuerleben. Mein Vater, mein Bruder Arthur und ich waren bei diesem historischen Anlass zusammen auf den Champs Elysées. Ich habe anderswo [in „Das republikanische Frankreich"] erzählt, wie eine Reihe von Frauen der Pariser Boulevards in den Büschen der Champs Elysées von jungen Schlägern ausgepeitscht wurden, die die schamlosen Annäherungsversuche dieser Frauen an die deutschen Soldaten nicht unnatürlich übel nahmen. An jenem Tag kam es jedoch zu einigen unglücklichen Fehlern, wie zum Beispiel dem Versuch, eine ältere Dame zu misshandeln, die lediglich mit den Deutschen sprach, um Informationen über ihren Sohn zu erhalten, der damals noch in Kriegsgefangenschaft war. Ich erinnere mich auch daran, dass Archibald Forbes niedergeschlagen und getreten wurde, weil er den Gruß des sächsischen Kronprinzen erwiderte. Einige der englischen Korrespondenten, die zum Schauplatz eilten, brachten Forbes in ein kleines Hotel im Faubourg St. Honoré, denn er war bei diesem brutalen Angriff schwer verletzt worden, obwohl ihn das nicht daran hinderte, einen anschaulichen Bericht über das zu verfassen, was er an diesem bedeutsamen Tag erlebte.

Der deutsche Einzug war im Großen und Ganzen als militärisches Schaustück recht beeindruckend; die Inszenierung war jedoch sehr schlecht und man kann sich nicht vorstellen, dass Napoleons Einzug in Berlin diesem Spektakel in irgendeiner Weise geähnelt hätte. Auch kann man nicht sagen, dass er dem Einzug der alliierten Herrscher in Paris im Jahr 1814 gleichgekommen wäre. Deutsche Prinzen in von Ponys gezogenen Korbkutschen trugen nicht gerade zur Würde des Spektakels bei. Darüber hinaus nahmen sowohl der Kronprinz von Sachsen als auch der Kronprinz von Deutschland (Kaiser Friedrich) praktisch inkognito daran teil . Kaiser Wilhelm wurde von seinen Räten davon abgehalten, die Stadt zu betreten, aus Angst, es könnte dort zu Unruhen kommen. Ich glaube auch, dass weder Bismarck noch Moltke anwesend waren, obwohl sie beide, wie der Kaiser, der vorläufigen Truppenparade im Bois de Boulogne beiwohnten. Die deutsche Besetzung beschränkte sich auf das Viertel der Champs Elysées, und am ersten Tag vermieden es die Pariser im Allgemeinen, dorthin zu gehen; aber am nächsten Tag - als die Nachricht, dass die Friedensvereinbarungen in Bordeaux angenommen worden waren, die Hauptstadt erreichte - strömten sie herbei, um sich „ *no amis les ennemis*" *anzusehen* , und genossen, wie ich glaube, die lebhafte Musik der deutschen Regimentskapellen sehr. „Musik hat Reize", wie wir alle wissen. Der Abzug der deutschen Truppen am darauffolgenden Abend war weitaus spektakulärer als ihr Einmarsch. Während sie mit ihren Kapellen spielten und sie selbst im Chor „Wacht am Rhein" sangen, marschierten sie auf ihrem Weg zurück nach Versailles die Champs Elysées hinauf, und diejenigen ihrer Kameraden, die noch in den Häusern einquartiert waren, kamen mit so vielen brennenden Kerzen, wie sie tragen konnten, auf die Balkone. Außerdem brannten hier und da helle Biwakfeuer, und die ganze lebhafte Szene mit ihrem Spiel von Licht und Schatten unter dem dunklen Märzhimmel war eine, die man lange in Erinnerung behalten würde.

Der Deutsch-Französische Krieg war vorbei, und für Europa hatte eine neue Ära begonnen. Das Kräftegleichgewicht hatte sich weitgehend verschoben. Frankreich war wieder nicht mehr der vorherrschende Kontinentalstaat. Diese Position hatte es eine Zeit lang unter Ludwig XIV. und später, noch deutlicher, unter Napoleon I. eingenommen. Aber in beiden Fällen hatte sein Ehrgeiz die Oberhand gewonnen. Die Ziele Napoleons III. waren weniger weitreichend. Die Machtideen, die er hegte, waren weitgehend seinem Wunsch untergeordnet, das von ihm wiederbelebte *Regime zu festigen* und die Kontinuität seiner Dynastie zu sichern. Aber gerade das Nationalitätsprinzip, das er mehr als einmal darlegte und das er im Falle Italiens verfocht, führte zu seinem Untergang. Er gab Italien Venetien, verweigerte ihm aber Rom und entfremdete es dadurch. Außerdem wurde die Festigung Deutschlands – aus seiner eigenen nationalistischen Sicht – zu einer Bedrohung für die französischen Interessen. So wurde er vor allem durch seine eigene *Falle in die Luft gejagt*, und Frankreich musste für seine Fehler büßen.

Der Deutsch-Französische Krieg war vorbei, wie ich bereits sagte, aber es gab ein schreckliches Nachspiel – nämlich den Aufstand der Kommune, dessen einleitende Merkmale ich in „Republican France" beschrieben habe. Es gibt nur eine einigermaßen gute Geschichte dieses furchtbaren Aufstandes in englischer Sprache – eine, die vor einigen Jahren von Herrn Thomas March geschrieben wurde. Es ist jedoch eine Geschichte aus offizieller Sicht und daher einseitig und in gewisser Hinsicht ungenau. Auch die englische Version der Geschichte der Kommune, die von einem ihrer Anhänger, Lissagaray, zusammengestellt wurde, sündigt in die andere Richtung. Ein unparteiischer Bericht über den Aufstand muss noch geschrieben werden. Wenn ich verschont bleibe, habe ich vielleicht das Privileg, dazu beizutragen, indem ich ein Werk verfasse, das den Richtlinien dieses vorliegenden Bandes sehr ähnlich ist. Ich besitze nicht nur den größten Teil der Literatur zu diesem Thema, darunter viele Zeitungen aus dieser Zeit, sondern war während des Aufstands auch in Paris oder seinen Vororten.

Ich skizzierte die Leichen der Generäle Clément Thomas und Lecomte nur wenige Stunden nach ihrer Ermordung. Ich sah die Kolonne von Vendôme fallen, während amerikanische Besucher in Paris in den Hotels der Rue de la Paix „Heil, Columbia!" sangen. Ich geriet in derselben Straße unter Beschuss, als dort eine Demonstration stattfand. Mit Pässen von beiden Seiten ausgestattet, ging ich in die Stadt und wieder hinaus und wurde Zeuge der Kämpfe in Asnières und anderswo. Ich besuchte die Clubs in den Kirchen, bei denen Frauen oft von den Kanzeln aus Reden hielten. Ich sah, wie Thiers' Haus zerstört wurde; und als das Ende kam und die Versailler Truppen in die Stadt einmarschierten, war ich wiederholt mit meinem guten Freund, Captain Bingham, in die Straßenkämpfe verwickelt. Ich erinnere mich, wie ich den Angriff auf den Elysée-Palast von einem Balkon unseres Hauses aus skizzierte und diesen Balkon einige Stunden später auf dem Bürgersteig fand, als er von einer Granate einer Kommunardenbatterie in Montmartre weggerissen worden war. Schließlich sah ich Paris brennen. Ich starrte auf die Flammengarben, die über den Tuilerien aufstiegen. Ich sah, wie die ganze Fassade des Finanzministeriums in die Rue de Rivoli fiel. Ich sah, wie das jetzt verschwundene Carrefour de la Croix Rouge in einem einzigen Feuersturm brannte. Ich half, Wasser zu holen, um den Brand im Palais de Justice zu löschen. Ich wurde mit einem Bajonett gestochen, als ich, nachdem ich einige Stunden auf diese Weise gearbeitet hatte, versuchte, mich bei einem anderen Brand, auf den ich im Laufe meiner Streifzüge stieß, meiner Pflicht zu entziehen. Diese ganze Zeit meines Lebens blitzt in meinem Gedächtnis so lebhaft auf, wie Paris selbst unter den wundersamen Sternen dieser lauen Nächte im Mai aufblitzte.

Auch mein Vater und mein Bruder Arthur erlebten einige bemerkenswerte Abenteuer. Einmal überredeten sie einen wagemutigen Pariser Kutscher, sie von einem Brand zum nächsten zu fahren, und zwar während der Straßenkampf noch im Gange war. Während sie weiterfuhren, rannten hin und wieder Männer und Frauen eifrig aus Häusern, in die man verwundete Kämpfer gebracht hatte, und dachten, sie müssten dem medizinischen Beruf angehören, da niemand sonst in einem solchen Moment in Paris herumlaufen würde. Diese guten Leute vergaßen die Journalisten. Der Dienst in der Presse bringt Verpflichtungen mit sich, denen man sich nicht entziehen darf. Der Journalismus ist nicht nur die Chronik des Tages geworden, sondern die Grundlage der Geschichte. Und jetzt weiß ich nicht, ob ich meinen Lesern Lebewohl oder *Auf Wiedersehen sagen soll* . Ob ich jemals einen detaillierten Bericht über die Pariser Kommune versuchen werde, hängt von verschiedenen Umständen ab. Nach dreiundvierzig Jahren „im Stahlwerk" neige ich dazu, mich müde zu fühlen, und meine Gesundheit ist nicht mehr das, was sie einmal war. Dennoch müssen meine Pläne in erster Linie von der Aufnahme dieses Bandes abhängen.